青年期を生きる精神障害者へのケアリング

縦断的 narration 分析をとおして

葛西康子 著

北海道大学出版会

はじめに

　筆者は，初めて臨床に出たときから現在に至るまで，精神科臨床，とりわけリハビリテーション領域である精神科デイケアを主な臨床実践のフィールドにしてきた。

　ケアの担い手として筆者が出会ってきた人たちは，精神障害者といわれる人たちである。地域に住み，社会生活を営みながら，精神疾患というやまいを抱え，生活のしづらさを抱えながら生きている，生き抜いている人たちである。30年間精神病院に入院し続けていた人もいた，若いときはちゃきちゃき働き活躍していたのに発病によって人生が一転してしまった人もいた，中学生のころから入退院を繰り返しながら大学生になっていた人もいた，あどけない顔してやってくる高校生もいた，子持ちのお母さんもいた，若かりし過去に大きな罪を犯しひっそり暮らしている人もいた。

　さまざまな人たちとの出会いのなかで，筆者の仕事は，彼ら彼女らがいかに人生を切り開き「生き抜いて」いくかに添う関わりが求められていた。しかし「添う関わり」は簡単なことではなかった。難しかった。長くつきあっているうちに「生き抜け」ず，命を落としてしまう人たちもいて関わり続けることができなくなってしまうことも経験した。知ったふりして指導，助言的関わりをして失敗したこともあった。なんとか役に立ちたいと思う　心で関わっていると，自分一人が空回りしてしまっていた。

　結局は彼ら彼女らの歩調に合わせ，息づかいを知り，何を思っているかを教えてもらい，それに添うことが近道であることに気づきだした。人が人生を生き，成長していく過程にともに添うことのできるケアの担い手となることが，筆者の臨床実践の課題となっていき，そのための臨床研究が求められていると思うようになったのである。具体的には，援助者の文脈に基づいた一方的な客観的な観察とアセスメントによる分析ではなく，当事者である精神障害者の文

脈で，もしくはともにつくりあげる文脈のなかで，当事者の主観的体験事実とその意味を知ることから始めようということであった。

しかし，これは当時，意外にも精神科リハビリテーションのなかで十分に議論されてきてはいなかった。病気や障害を抱えるという，いわば自分あらざるものの出現に，人はどのように対処し，どのように自己存在の確かさ感(self-awareness)を育て成長させ生き抜いていくのかといったテーマについて，当事者の体験から立ち上げられた問題提起は，十分になされてきていなかったのである。

これは，初発の青年期を生きる精神障害者を主とした精神科デイケアに関わるなかで，筆者にとって，さらに大きな課題として膨らんでいった。

彼ら彼女らはこれから人生を切り開こうとしている人たちであり，復権としてのリハビリテーションのみならず，これから成長し育ちゆくであろうハビリテーションの課題も抱えた人たちなのである。

このような課題に向き合っていくときには(これは青年期に限らず，であるが)，失ってしまったもの，病気や障害を認めて一つ一つ諦めていくリハビリテーションではなく，当事者が自らの成長を目指して何をどうがんばったらいいのか，に添えるケア論が必要なのである。

本書はこうした問題意識から取り組まんとするものである。

したがって本書の目的は，青年期において精神障害を抱えて生きていかざるを得なくなった，もしくは生活のしづらさを抱えて生き抜いていかざるを得ない，青年期を生きる精神障害者へのケアリング論の生成を目指すことである。

繰り返しになるが，病気・障害を抱えるということは，自分あらざるものの出現であり，自己の存在における危機的な体験にほかならない。筆者は，こうした自己の危機的状況の直面から始まる精神障害者へのケアリングプロセスについて，それでもなお自己の成長，自己存在の確かさ感(self-awareness)が育まれていくプロセスに着目し，そのケアリングについて明らかにすることを，ここで目指していきたいと考えている。

目　次

はじめに

1. 精神障害者の体験からケアリングを考える　1

1.1. ケアの思想　1
- 1.1.1. なぜ，今「ケアリング」なのか　1
- 1.1.2. ミルトン・メイヤロフ *On Caring* を読む　3
- 1.1.3. メイヤロフ *On Caring* の検討　14

1.2. 精神障害者の体験から何を学ぶのか　26
- 1.2.1. 精神障害者の手記から　28
- 1.2.2. 精神障害者の手記がもたらす意味とは　44

1.3. 精神障害者の体験の意味を探求する先行研究　55

1.4. 精神障害者の主観的体験に焦点を当てたケア　59
- 1.4.1. 「体験としての障害」へのケア──障害受容論　59
- 1.4.2. 精神科デイケアにおけるケア　65

1.5. 本書における精神障害者観　70

2. 青年期を生きる精神障害者の主観的体験　73

2.1. 体験をどのように聴くのか　73
2.2. 主観的体験の綴り方とは　76
2.3. 青年期を生きる精神障害者の主観的体験の軌跡　77
- 2.3.1. 竹さんの narration の軌跡　78
- 2.3.2. 桜さんの narration の軌跡　106
- 2.3.3. 桃さんの narration の軌跡　128
- 2.3.4. 杉さんの narration の軌跡　140
- 2.3.5. narration 1 と 2 全体を通した軌跡の変位　155

2.4. narration における自己と体験の綴り方分析　159
　　　　2.4.1. 竹さんの narration 軌跡分析から──自分を見つめ，見方を変えると，
　　　　　　　病気になってよかったかも……　160
　　　　2.4.2. 桜さんの narration 軌跡分析から──病気に負けてない私と病気に
　　　　　　　負けている私の行ったり来たり　172
　　　　2.4.3. 桃さんの narration 軌跡分析から──過去の体験や病気をまとい，
　　　　　　　とにかく目の前の今を生きる　180
　　　　2.4.4. 杉さんの narration 軌跡分析から──病気はなくならないし
　　　　　　　始末できないけど，我慢せず楽な自分になろうと試みる　185
　　2.5. 7つの綴り方の特徴分析　197

3. 青年期を生きる精神障害者の回復過程 …………………………………205
　　3.1. 青年期を生きる精神障害者における自己の体験構造の生成
　　　　──体験構造の綴り方の意味　205
　　3.2. 「見えない障害」を抱えた青年期を生きる
　　　　精神障害者の対処努力　208
　　3.3. 回復過程を捉えなおす　213

4. 青年期を生きる精神障害者へのケアリング ……………………………219
　　4.1. 相手が成長し潜在能力を発揮することを助けるということ　219
　　4.2. 自己の生の意味を発見するということ　221
　　4.3. ケアの担い手としての役割機能　223
　　4.4. ケアリングにみる時間論的アプローチ　229

　　付録　分析手続きの手順と留意点　233
　　引用文献　237
　　おわりに　241

青年期を生きる精神障害者へのケアリング

1. 精神障害者の体験からケアリングを考える

　本章の目的は，表題である「青年期を生きる精神障害者へのケアリング」に関わる基礎概念の検討と課題の提起にある。最初にケアリング概念を紹介し本書における位置づけを述べ，次に精神障害者自身の手記及び主観的体験に焦点を当てた先行研究について検討する。そのうえで，当事者の主観的体験世界に着目するケアリング研究の課題を提起したい。

1.1. ケアの思想

1.1.1. なぜ，今「ケアリング」なのか

　対人援助の場に関わる専門職種はさまざまである。
　筆者がチームを組んでともに働いてきた専門職をあげるだけでも，看護師，保健師，保育士，精神保健福祉士，臨床心理士，作業療法士，理学療法士，医師など，まったくもって多岐にわたる。こうした専門職の実践領域はキュアとして医療モデルに基づき展開した対人援助から，現在は，生活のしづらさという障害へのケアとして，生活モデルに基づいた対人援助へ，またはQOLの追求へと拡がってきている。こうした拡がりを背景にして，対人援助は1対1の状況ではなく異なる職種の専門職がチームを組んで一人一人の利用者に関わっていくというケア状況へと変化してきた。つまり異職種がチームを組んで多面的に関わるという筆者の経験は，決して特別なことではなく，必然的なものであった。

しかし，それぞれに専門領域があり，教育体系もそれぞれに違いがありながら，サービスを受ける利用者を中心にしたチームを組むこと，ケア共同体をつくりあげる過程は，決して自然発生的にできあがるものではない。それは各々の構成員による意図的な作業を必要とするものである。

このケア共同体をつくりあげる意図的な作業に必要不可欠なものは，何であろうか。整理整頓された役割分担と組織化が行われているチームでは，チーム意識が薄らぎ，分断されたサービスが利用者を翻弄する危険性をはらむ。異職種がともに合同チームを組んで利用者へのサービスを行おうとするチームでは，各々の専門職性のゆらぎが支障となり，チームワークが困難となっていくことも生じる。どのチームアプローチをとってもメリットとともに，デメリットが生じてくる。

そこで筆者は，このようなチームアプローチについて検討するのも一つの方法だが，もう一方に，何より対人援助というテーマにおいて，異職種がともに共有できる普遍的な理念の生成が重要なのではないかと，考えるに至った。状況の変化に沿って考えれば，職種の違いを越えて，対人援助職に共通する普遍的な理念を創り出し，確認していくことは，何より対人援助職に関わるものたちに対する，歴史的な時代の要請でもあると考える。

この普遍的な理念として，ケアリングの思想は位置づく。それは，個人的には看護師でありながら，臨床心理士でもある筆者にとっても，職種の違いを越えて，一貫した普遍的な理念として息づいているものである。

日本においてCAREがケアというカタカナで用いられ始めたのは，聖路加看護大学学長の日野原(1996)が紹介しているエピソードであるが，第2次世界大戦直後，米国占領軍による日本へのボランティア救済事業を担ったCooperative for American Remittances to Everywhere, Inc.の頭文字，CAREが，「ケア物資」として使われたことに始まるのだという。頭文字をあわせただけのCAREが，本来の意味にも重なる結果となってスタートしたというエピソードは興味深い。さらに医療・看護の世界で，Careという概念が紹介されたのは，日野原によると医師Francis W. Peabody(1927)がThe Care of the Patientという論題で用いたことに始まるのだそうである。急速な科学進歩に

よるサイエンスとしての医学が，患者の人間性の尊重や配慮を欠き，古きよきアートとしての医学が薄れゆくことへの警告を発した論文のなかに，Care という概念が登場したということなのである。

操(1996)は，看護専門職においてケア・ケアリングが用いられていったその始まりは，疾患中心ではなく，人間中心の看護の側面を強調するフローレンス・ナイチンゲールの看護論からであったとしている。これは，ナイチンゲールの看護論にみる，人間の自然治癒能力を阻害するものを取り除くという環境への着眼と，人間に本来備わっている回復力や育つ力を信じる人間観が，ケアリングの世界観に通じるからであろうと，推論されるところである。

その後，ケア・ケアリングの概念が議論されるようになったのは，目覚ましく科学技術が進歩していく 1970 年代以降である。1971 年ミルトン・メイヤロフ(Milton Mayeroff)による *On Caring*(訳書『ケアの本質』)はその代表的な著作である。著者ミルトン・メイヤロフは哲学者であるが，彼のこの論文が看護界に及ぼした影響は大きく，現在活躍する看護研究者を触発し，ケアリングに関する議論を発展させたといわれている。

そこで，本書では，ケアリング研究において多大な影響を与えたと評価され，筆者もまた同様に大いなる示唆を受けた，メイヤロフの *On Caring* について，まず概観することから始め，本書の主題にひきつけそれを読み直していくことにしたい。

1.1.2. ミルトン・メイヤロフ *On Caring* を読む*

ミルトン・メイヤロフは哲学者である。メイヤロフは *On Caring*(Mayeroff (1971))に先立って，1965 年 *The International Philosophical Quarterly* において On Caring を発表している。1971 年の著書は，Ruth Nanda Anshen によって企画・編集され，さまざまな分野において傑出した思想家，世界的指導者による著作物を紹介する目的で出版された"世界展望双書"のなか

---

　　*同書を読むにあたっては，訳書を参考にしつつ，原文と照らし合わせながら読み進めた。文中に引用したものは，基本的には訳書に沿っているが，意味を理解するうえで重要と思われた部分については一部筆者が訳しなおした箇所もある。

の1冊である。そして邦訳は遅れること15年を超えた1987年『ケアの本質』(田村真・向野宣之訳)として発表されている。

メイヤロフは，序文の冒頭に，ケアとは相手が成長し潜在能力を発揮する(actualize himself)ことを助けることであると述べている。それは成果ではなく，関係の深まりの道筋であり一つの過程であると定義づけられている。ケアリングとは，人生の文脈において，ケアリングを取り巻く他の価値や諸活動とを秩序づける道筋であり，他者へのケアリングをとおしてケアの担い手もまた成長し，自分自身の人生の意味を生きていくと述べている。ケアリングが人生における秩序と意味をもたらすということは，その人の人生に基本的な安定性をもたらし，"場のなかにいる(In-Place)"ことを得，"心を安んじて(at home)"生きているということを意味している。そしてそれは，ケアする―される相互関係において両者に起こりうるということが述べられている。

「ケアとは相手が成長し潜在能力を発揮する(actualize himself)ことを助けること」の意味については，一言説明が必要である。なぜならば，訳書や解説書にはケアとは，「相手が成長すること，自己実現することを助けること」と記されているからである。なぜ自己実現ではなく，潜在能力を発揮すること，と訳しなおしたか。理由の一つは，自己実現という言葉が，手垢にまみれていくなかで，本来の意味から逸脱し，競争原理が働く場でのエゴイスティックな自己の貫き方といった印象すら与えるものになっていたり，ゴールとして，思いの行きつく先として，幻想化されてしまっている感が否めないからである。

しかし，メイヤロフがいっていることは，もっと日常的な場で，人間関係のなかで生じるできごととして，相手が「私が私でいられると感じるひととき」だったり，「なんとか，ここまでできた」「どうにかなった」と感じたりする，そのような人間の営みを，actualize himselfと表したのではないかと思うのである。また潜在能力を発揮すること，としたほうが，本来もつ人間の自然回復力，成長する力に助力するという意図や通底する人間観が伝わってくるだろう。ケアリングは，自己実現という成果を目指すものではないのだ。

日々変化していく関係の深まりの道筋のなかで，他者へのケアリングをとおし，ケアの受け手のみならずケアの担い手もともに成長し，自分自身の人生の

意味を生きていくという視点は，まさにケアの本質をついた記述といえる。メイヤロフによれば，ケアすること，助力するということは，他者に必要とされる体験であり，それに応えようとする行為である。とするならば，それは，ケアの担い手の潜在能力の触発につながり，成長につながることは必然なのだ。ケアリングがもたらす人生における秩序と意味とは，ケアの受け手─担い手ともに，己の人生における生きる意味について，あるおさまりどころを得て，またそれを継続・更新し，生き続けられるということなのであろう。

On Caring は，ケアリングを一般的に記述すること，ケアリングがその人の人生にどのような秩序づけを行うかを説明する，という2つの主題によって構成されている。

著書の前半は，したがってケアリングの記述に頁が費やされている。「Ⅰ　他者の成長を助けることとしてのケア」では，成長を助けることの「基本的なパターン」，そして，その成長と潜在能力の発揮の本質を示す「人格の成長と思想(Idea)の成長」について述べられている。

メイヤロフは，ケアする対象を「私自身の延長のように身に感じとる」と表現する。「私自身の延長のように」というときの，ケアする対象とケアの担い手との関係は，依存やしがみつき，支配や寄生関係とは異なり，ケアする対象は存在の権利をもつ。そのうえで，「身に感じとる」道筋とは，ケアの対象の価値を尊重し，成長する欲求をもっているということを実感として受けとめ，かつケアの対象が自身の成長のために自分を必要としていると感じとる，そういった応答性の合一体験を基本的なパターンとする過程であると述べている。つまり自身の成長のために必要とされ，働きかけられ応答する関係が，ケアリングで展開する関係であることがここでは示されている。

この応答性は他者のみに開かれるものでなく，「身に感じとる」道筋に示されているように，自分自身に対する応答性にも感度よく開かれているものだということが述べられている。これは，ケアの対象が自身の成長のために自分を必要としていると感じとる，ケアの担い手の感受性であり，さらにはケアリングの過程において，他者の幸せ(成長)を自分の幸せ(成長)と感じとる感受性も含まれているものと思われれる。

ケアの担い手にとって，専心(devotion)はケアリングの非常に重要な本質であるとし，あなた任せというような受動的な，生きた接触の喪失とは違い，能動的な他者への専心をとおした応答によってケアは実質をもつといえるのだといっている。専心(devotion)とは，身を捧ぐ献身ではなく，他者をまるごと受けとめようとすることであると筆者は理解している。受けとめようとする，またはわかろうとするケアの担い手の関わりが，専心(devotion)という意味なのである。

　メイヤロフはさらに，ケアリングの過程における成長と潜在能力の発揮への援助とは，相手がほかの誰かをケアできるように援助すること，及び自分自身をケアすることができるように援助すること，であるという。このことは，ケアリングという一つの概念が，成長するのを援助し，さらにはいかに機能し働きうるかを考えて援助することだとも言い換えられている。

　ケアリングは，ケアの受け手と担い手という二者関係にとどまらず，自身をケアし対処していくという一者へ，そしてほかの誰かをケアする三者関係にまで，その射程を広げていくのである。

　メイヤロフは「Ⅱ　ケアの主な要素」でケアの主な因子を，「知識」，「リズムを変えること」，「忍耐」，「正直」，「信頼」，「謙遜」，「希望」，「勇気」に分けて述べている。以下にその要約をあげる。

「知識(Knowing)」……誰かをケアするためには，多くのことを知る必要がある。それは，明確な知識と暗黙の知識，それを知っていることと，それをどうするかを知っていること，直接的知識(〜を知る)と間接的知識(〜について知る)，これらすべての「知識」を含む。

「リズムを変えること(Alternating Rhythms)」……動いてみたり，動かないで何もしないでみたり，習慣に流されず立ち止まってみて，期待しているものが達成されたかどうかを吟味するということ。リズムを変えるというのは，こうした狭い枠組みと，より広い枠組みとの間を往ったり来たりする行動のリズムのことを指している。つまり時間の区切りを長くとって関連させたり，短くとって独立させたりし

ながら吟味することを表している。

「忍耐(Patience)」……忍耐によって相手の好機を見つけることができる。時熟(時が熟する)を待つ忍耐と理解できる。このように相手に時間を与えることができるということは，時間的側面の問題にとどまらず，相手の生活の範囲を広げることにもなる。忍耐は寛容を意味し，ケアには重要な要素となる。

「正直(Honesty)」……"自分自身に正直である"ということ。あるがままの相手を見つめる一方で，あるがままの自分をも見つめ，自分がしていることを吟味し見極める勇気をもつということ。このような正直さがケアに全人格的な統一を与えるのである。

「信頼(Trust)」……ケアする相手の存在の独立性を，他者として尊重するということ。それは，決断を独力ですることができる人として，任せることであり，勇気がいることである。信頼されているという認識は，相手にとって，自身が成長していくということを確信させる。そして同時にその相手もまたほかの人の成長を信じられる。これは，自身が成長していくという確信，自身の判断力と誤りから学ぶ能力，直感への信頼ももたねばならない。自身に対する信頼の欠如は相手の要求をもみえなくする。

「謙遜(Humility)」……ケアは相手の成長に呼応していくものであるがゆえに，ケアは，ケアされている人から継続的に学ぶことを意味している。つまりケアする人は常に謙虚なのである。そしてケアは決して特権をもたず，私のケアとほかの誰かのケアに価値の違いがあるわけではないということを自覚するという謙遜，自己の傲慢さへの謙遜，あるがままの自分であることへの謙遜を意味している。

「希望(Hope)」……私のケアを通して相手が成長していくという希望を意味している。この希望は，現在の充足感と豊かさとして現れる生き生きとした現在そのものである。未来の希望は現在を豊かにするが，未来に従属した現在は現在の貧困化を招いてしまう。ゆえに，ここでいう希望は種々の可能性に満ちた現在の表現としての希望なのであ

る。可能性に満ちた現在の希望とは，ケアリングを通じて相手の実現化(realization)を望むことであり，まさに今ここでのケアリングの展開を意味している。それゆえに希望の重要な様相は勇気となる。「勇気(Courage)」……「正直」，「信頼」，「希望」における「勇気」もあるが，未知の世界に踏み込む場合の勇気も存在する。しかしそれは，過去の経験をとおした洞察力と現在に対して開かれた感受性ゆえに決して盲目ではない。ケアリングの能力と相手が成長することの2つを信頼することと，「勇気」は相互に関連する。

　このケアの主な因子から立ち現れてくるケアリングは，相手が成長し，潜在能力を発揮することを助けることであるとし，応答性のものであることを基本パターンとしながらも，ケアの担い手の働きかけとしてはきわめて自律的で能動的であることがうかがわれる。その特質は，次の章「Ⅲ　ケアの主要な特質」において，ケアの諸相を特徴づけるなかでさらに明らかにされている。

　メイヤロフは，ケアにおいて「他者は第一義的に大事なものである」と断言する。そのうえで，「相手をケアし，成長への助力をすることにおいて，私は自己の潜在能力を十分に発揮する」と述べ，「他者が成長していくために私を必要とするというだけでなく，私も自分自身であるためには，ケアの対象たるべき他者を必要としているのである」とはっきり述べている。自分自身の潜在能力を十分に発揮するために，相手の成長を助けるという逆転をメイヤロフは強く否定してはいるが，自分自身へのケアと他者へのケアとの間の葛藤を否定はしていない。

　私が自分自身であるということは，他者に必要とされる人になることであり，私を必要とする他者がいなくてはならないのである。そしてこの部分は，相手の成長や幸せを自分の成長・幸せと感じる，利他主義といわれる基本姿勢をよりポジティブに解明したものとして理解できる。

　この他者の重要性とともに強調されるのは，「成果よりも過程が第一義的」とされている点である。過程とは，他者との関わりが展開する，コントロールのきく，現在という時の積み重ねという意味をもっている。この成果よりも過

程，とするところにメイヤロフのケアリングにおける過去―現在―未来の時間論の特徴を理解するかぎが潜んでもいる。それは，「希望」というケア因子の部分において示唆されていたところでもあるが，さらに以下の記述からも明らかになってくる。

　「現在は，過去と未来をむすぶ決定的に重要なものであり，これらから切り離すことはできない。なぜなら現在は，過去から受け継いだ示唆と洞察によって支えられているのであり，新しい成長を見込むことができるという未来への期待によって豊かなものとなっているからである」(訳書 p. 72)

　「もしも，現在(過程)が，それ自体のために大切なものとして取り組まれず，また，単に必要悪か，彼方にあるものに対する手段としてしか現在が扱われず，そのため，現在そのものが基本的に未来(結果)に従属しているのだということになると，ケアすることはもはや不可能になる」(訳書 p. 73)

　メイヤロフは徹底して現在に着目し，現在を豊かにすることに焦点を当てている。過去は示唆と洞察によって現在を支え，未来は可能性を現在に示唆することによって豊かにするものとして，現在と過去，未来との関係は表され，現在を中心とした時間論が展開しているのである。それは，あくまでも「私たちがコントロールできるのは，現在においてだけである」という現実から出発している。成果よりも過程を重視する，過程の第一義的重要性が強調されるのは，刻一刻と過ぎゆく現在においてのみ，私と他者は関わることができるがゆえである。刻一刻と現在が過ぎゆくなかで，積み重なっていく結果が過程であり，目標や目的もまた現在のなかにあって機能することが，成長するということであると述べられている。

　このようにメイヤロフの過程の重視には，過ぎゆく過去と迎える未来が織り重なり多層化している現在という時間論が基底にあるものと思われる。

　ここから，ケアリングの展開は，現在は過去に従属し規定されたものではなく，未来に従属する(明日の成功のために今を生きるというような)ものでもなく，現在という過程のつながりに過去と未来を織り込んで，その文脈のなかに自己をおくことでもあると理解できる。

メイヤロフは，ケアリングの展開を，両親―子ども，教師―学生，精神療法家―クライエント，夫婦，芸術家―作品という関係を想定して述べているが，精神病患者に対するケアにおいては，特に，ケアする能力について，「特殊な訓練以外に，人間関係についてのなまはんかでない感受性が要求される」と述べている。ここでは，相手もまたケアを受容できる状態でなくてはならない，と述べるに至り，関係性を感知する敏感なアンテナをもつことに加え，ケアの受け手と作業同盟を結ぶことの重要性をも示唆している。

　この関係性の問題は，ケアが連続性を前提としていることを説くなかで，さらに述べられていく。「ケアの対象が変わらないこと」では，場に居続ける誠実さが求められることが述べられ，「ケアにおける自責感」においては，ケアの担い手が相手をまるごと受けとめることができているかどうかの自責感を抱えながらも，ケアを継続することによって，それを克服していくということが述べられている。ケアリングの土俵から逃げ出さずに生き残り，踏みとどまり続けることこそが，相手との関係の断絶を克服することであり，さらには，自分自身の内部の断絶を克服することになるのである。

　「自責」と言う言葉は，やや異質にも感じられるが，ここでメイヤロフは，はっきりとは述べてはいないが，おそらく受けとめようとするときに生じる，自己の傷つきについても気づいていたのではないかと思われる。

　では，ケアリングに終わりはないのだろうか。自身をケアできるようになった患者と治療者や成長した子どもと両親などを例に出しながら，この問いに対して，メイヤロフは少なくとも，ケアを脱却することがケアリングの目的となることはないと述べ，治療や日常の世話という行為は終結するが，互いの成長を助け合うような相互性をもった関係は継続すると述べている。

　そして再度，ケアであるといえる範囲とは「全体としてとらえた私の行動が相手の成長を援助しているという状態でなければならない」という制限内での事柄であり，事実上，成長していないのであれば，ケアをしていることにはならないと断じているのである。

　メイヤロフは，ケアリングの一般的な記述を上記のように述べたあと，人をケアすることについて対象を限定し，自分以外の人格をケアするには，まるで

自分がその人になったように理解し，相手の世界で，相手の気持ちになることができなければならないと述べている。それは，相手とともに(being with)，相手のために(being for)いるということであり，ケアの担い手がケアの対象を"同一の世界"に存在している人として，ともに同一のレベルで生きて働いているものとして感じることでもあると述べている。決してこれは，他者への没入，同一化を意味するものではない。あくまでも自−他の区別のもと，私のなかの内なる他者，もしくは他者のなかに位置づく私，を意味している。したがって，「他者について私が理解できるものは，私が自分自身の中で理解できていることのみなのである」と述べるように，ケアの担い手としての私とケアの相手としての他者との関係において生じる理解の限界についてもメイヤロフは論じている。

両者が"ともにいる(being with)"ということは，ケアリングそのもののプロセスを特徴づけるものである。つまり，比較的公平な離れた関係の相から，寄り添う他者と"ともにいる(being with)"という相へという関係の深まりが，ケアリングのプロセスであり，それは「リズムを変えること」という視点においては，一つの相であるとも述べられている。

自分自身に対するケアリングの場合も，ケアリングの要素や特質はそのまま当てはまるとしつつも，その前提に自己以外の何か，誰かをケアする必要性があると述べている。

ここから，メイヤロフは，ケアリングの形態を，「Ⅴ　ケアリングはいかに価値を決定し，人生に意味を与えるか」という，人生という大きな文脈においてその本質を捉える議論に移っていく。

その第1点は「ケアリングはそれに関連する他の価値を位置づける」とし，ケアリングはあらゆる領域に深く関わってきて，人生において実りある秩序と，自己−外界との深いところの調和をもたらすとしている。そして，第2点目に「ケアリングは，私がこの世界で"場の中にいる"事(to be "In-Place" in the world)を可能にする」と表している。

"場の中にいる(In-Place)"という意味は，新たな場の発見が生活のなかに絶えず起こり創造されていく力動的なものであるという。つまり"場の中にい

る(In-Place)"ということは，自己－外界との調和であるという空間的な側面と同時に，時間的でもあり，現在(いま)に生き，さらに新たな未来に向かっているという意味も含んでいるということなのである。筆者の言葉に言い換えれば，ほどよく心地よい居場所を感じられる現在(いま)に生き，自身のおさまりどころを感じ続けられること，である。

ケアリングが人生において実りある秩序をもたらす包括的なものに導くということは，ケアリングが"場の中にいる"ことを可能にし，相手に対するケアと同時に自分自身に対するケアリングとの間にも調和がとれるということなのだと述べている。ここからもケアリングにおけるケアする－される相互関係の重要性が導かれる。

この相互的な関係において"場の中にいる(In-Place)"ことができるというとき，ケアの担い手はその相手を"即する他者(appropriate others)"という言葉で表しうるとメイヤロフは示している。それは自己達成とも言い換えられるとし，達成や成長を可能にする他者という意味をもっている。私と"即する他者(appropriate others)"との関係とは，拡張した自己のように他者を身に感じとり(I experience)，その成長に同一化する，そのような関係であると述べている。これは，著作の冒頭で，「私自身の延長のように身に感じとる」と表現した関係と同義と捉えられる。ケアの担い手は，"即する他者(appropriate others)"のニーズに，いつでも応えることができる状態にあり，そのような関係においてこそ，ケアリングの諸要素(専心，信頼，希望，勇気)がいっそう際立つのだと述べている。

そして，ケアの担い手は，"場の中に(In-Place)"，"ともにいること(being with)"において，「即する他者を見出し，その成長を助けていくことをとおして」，「自己の生の意味を発見し創造していく」というのである。ここに，自己の生の意味を生きることが優先されるという逆転はありえない。なぜならば，即する他者へのケアリングを中心に据えた人生を生きること，それが第一義であり，それ自体が，自己の生の意味を生きることだからであると述べられている。

メイヤロフの述べるケアリングは，こうした相互的な関係論によって，ケア

の担い手とケアを受けるものとの境界線を透明にしていく。彼は，著作をとおして，働きかけるケアの担い手の側にとってのケアリング論を一貫して述べているのではあるが，次の「Ⅵ　ケアによって規定される生の重要な特徴」へ読み進むと，もう一方で，ケアリングとはケアの担い手に，そしてその対象に何をもたらすのか，という問いへの答えをも見出すことができるのである。要は，ケアの担い手の側に立った記述でありながらも，それはそのまま，受け手の側の記述として読むことができるわけである。

　メイヤロフは，ケアリングにおいて"場の中にいる(In-Place)"というのは，安定性，基本的確実性によるおさまり方を得ることであり，「生きることの過程はそれだけで十分なもの(enough)である」，「完璧ではないが"ほどよい(good enough)"」と感じられることなのだと整理する。そして自己の生の意味を生きているということは，自分の生を実生活のなかで理解するということであり，「了解性が浸透」していくことだと述べ，ここで，ケアリングこそ人間の存在様式の中心であり，「私は，ケアをとおして，またケアされることをとおして，自分の世界をよく了解」でき，この了解性のもとに，「この世界の中で心を安んじて(at home in the world)いることができる」と述べるに至るのである。

　ここからケアリングがもたらすものとは何なのかを見出すことができるだろう。メイヤロフは，この文脈においてケアリングの対象とケアの担い手を区別してはいないと思われる。つまり"ともにいること(being with)"における自己と即する他者との関係において，成長と人生の意味をもたらすケアリングは，ともに場を同じくしているこの世界の中で心を安んじさせ(at home in the world)自分が何者かという自己の存在に気づかせるものなのだと，読むことができる。

　著書の最後，メイヤロフは，以下の文章によって結んでいる。

　「人は自分の場を発見することによって自分自身を発見する。その人のケアを必要とし，またその人がケアする必要があるような即する他者を発見することによって，その人は自分の場というものを発見する。ケアすること，ケアされることを通じて，人は自分が存在全体(自然)の一部であると

感じるのである。ある人やある考えが成長するのを助けているときこそ，私たちは，その人やその考えのもっとも近くにいるのである。<u>自己の生の意味を生きるということの根底的な性質は，くしくも，生の尽きせぬ深みを限りなく知ることに通じている。これは，人生の様相が極めて尋常でないときに，人生は尋常であり，"特別なことは何もない"かのように見えるのと同様である</u>。たしかに，私たちは人生のもっとも奥深いところにある了解性に気づいたのであるが，究極的に言えることは，そこに生きる私たちの存在は個々にはかり知れぬ性格を持っているということであり，これが音楽の通奏低音のように人生に浸透し，彩りを添えているのである」（訳書 p.87，下線は筆者）

筆者は，ここから青年期を生きる精神障害者のケアリング，そしてその研究の方向性の意義を読み取る作業に取り組むこととしたい。

1.1.3. メイヤロフ On Caring の検討

メイヤロフが看護研究者を触発し，ケアリング概念の議論の発展に寄与していったことはすでに述べた。

ケアリングの解説書を書いたC.L.モンゴメリー（Carol Leppanen Montgomery 1993）は，メイヤロフの哲学的なケアリングの本質について，「ケアリングは人生に意味と秩序を与える実存主義的立場に立つものであり，私たちはそれを基にかかわりを組み立て，この世界における自分の居場所を感じとるのだ」と紹介している。ケアリング理論研究者のM.S.ローチ（M. Simone Roach 1992）もまた，自らの人生に意味と秩序を与えるものとして捉えるメイヤロフのケアリングを紹介し，ケアリングが「他者を成長させる」ことを重要視している点と，ケア要素の専心（devotion）の重要性に着目し，紹介している。特に，この専心はケアリングにとって不可欠であり，かつ他者に価値をおくその文脈においては，何かをやろうとすることとやらされることの分割線を消滅させていく，と解説している。これはメイヤロフのケアリングにおけるケアする—される相互性を前提とした関係論の特徴の読み解きとして捉えられる。

図1は，筆者が理解したメイヤロフのケアリングの過程を図解したものであ

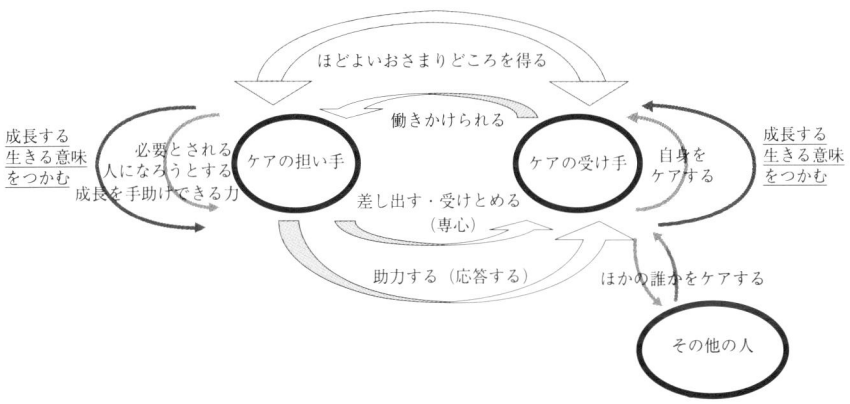

図1　Mayeroff のケアリング過程の図解

る。

　著書を読み，筆者が感銘を受けたのは，第1にケアリングとは他者を第一義においた応答性の行為であるということである。それは，ケアの担い手が自身を差し出して相手を受けとめることによって，働きかけられ助力としての応答が可能になるという図式である。あくまでも，他者が起点となるのである。そして第2に，ケアリングという成長と潜在能力を発揮させることへの援助とは，自分自身をケアし，かつほかの誰かをケアできるように援助することだとする点であり，さらに他者へのケアリングをとおして，ケアの担い手もまた成長すると述べている点である。この相互性の概念は，筆者の臨床実感にもっとも沿うものでもあった。長い入院を経て地域生活を営み始めたデイケアメンバーの生き抜く力や，仲間や恋人をつくり支え合う姿は，まさに自身をケアする力であるとともに他者をケアする力への助力を教えられるものであった。筆者はデイケアのメンバーに育ててもらったのである。このような筆者の臨床実感は，ケアリングが，人生における生きる意味にまで波及し，空間的な時間的な連続性をもった自己の気づきと，ほどよく充たされた人生のおさまりどころをもたらすものであるという理解を導いた。ケアリングの過程は図1の矢印が内側から外側へ，繰り返し渦巻状に展開する道筋であると思われる。筆者は，ケアリングが過程を重視し，過去や未来に縛られずに豊かで自由な現在を生きるとい

う時間感覚を読み取ったとき，日常的に身を縛る囚われから解放される思いさえした。

さて，個人的な感慨はここまでにとどめ，まずは，臨床における思想・哲学としてのケアリングと，ケアの担い手とケアの受け手との相互的な自他の関係性について，論じていくことにする。

ケアリングは臨床と研究を支える哲学であり思想である

筆者は，「青年期を生きる精神障害者へのケアリング」という本書のテーマに引き寄せて，この著書から，臨床実践への示唆そして研究の方向性とその意義を裏づけしていきたいと考えている。

臨床実践への示唆として何より重要なのは，他者を第一義的に捉え，利他主義の思想が貫かれているということである。これは，決して他者に従属することでも自己犠牲でもない。なぜならば，そこには他者を生かすことは自分を生かすことになるというケアリングの信念があるからである。ケアの担い手はケアの受け手から必要とされるだけではなく，ケアの担い手が自分自身であるためにも，ケアの受け手を必要とするのである。相互に必要とされ，必要とする関係なのである。他者への専心をとおした応答は，決して受動的な行為ではないのである。もう少し付け加えれば，専門家の専門性とは，ケアの受け手から必要とされるに足る，働きかけられるに足る，態度や知識や技術でなくてはならないといえるだろうし，その専門性が生かされ，そして生かす他者としてケアの受け手がいるのだということを知っていなければならない。このような関係において，ケアの担い手もまた恩恵を受けているのである。

クライエントから，なぜあなたは，他人の苦しみの語りばかりを聴いていて，それでもこの仕事を続けていられるのか，辛くならないのか？　と問われることがある。そのたび，筆者は，ケアの受け手であるクライエントからいかに恩恵を受けているか，について話すことにしている。そうするとクライエントは，すうっと肩の荷をおろしたようにして，うなづいてくれる。

では，この問いに対して，メイヤロフはどのように答えているだろうか。

ケアリングとは，"場の中にいる(In-Place)"ことをほどよく(good

enough)感じとり，"即する他者(appropriate others)"のニードに応え，その成長を助けていくことである。そして，そのプロセスはケアすることとケアされることどちらにおいても，自己の生の意味を発見し創造し，人生における秩序をもたらすことなのである。この提起が，何よりの答えを示していると筆者は考えている。

　ケアリングとは相手の成長を助けていくことなのであるが，同時に他者へのケアリングをとおしてケアの担い手もまた成長するのである。両者はケアすること—されることをとおして，互いに，自分の世界を了解でき，場のなかにほどよくおさまる自分を感じとり，安んじる(at home)ことができるのである。自己の生の意味とは，自分一人で獲得するものではなく，あくまでも場(外界)とのつながりのなかで，他者との関係のなかで，自分に求められているもの，必要とされていくなかにあるということをメイヤロフはいっているのだと思われる。人生における秩序には，人生における生きる意味や自己との折り合い，そして自分のなかでおさまりをつけ，心を安んじる(at home)という意味があると思われるが，それは互い(ケアの担い手とケアの受け手)が身に感じとり経験すること，受けとめ合うことによって生じるものであることを忘れてはならないのである。

　このような他者を起点とした利他主義と他者への専心は，臨床を支える思想としての根幹をなす，重要なテーゼであると筆者は考える。そして主題である青年期を生きる精神障害者へのケアリングを考えようとするとき，この視点はさらに重要な意味をもつものとなってくる。

　青年期の発達途上において，発病を余儀なくされた精神障害者をケアするということは，まさに相手が成長し，潜在能力を発揮することを助けることそのものである。そして彼ら彼女らが病気と障害を抱えながらこの先の人生を生きていく，生き抜いていく道を探るときの，人生における意味と自己のおさまりどころを感じとっていくケアリングプロセスが必要であると思われるのである。

　本書の試みは，この試行錯誤のプロセスを，当事者の主観的体験から立ち上げることを志向したものである。このプロセスを記述していくということと，主観的体験から立ち上げるという意味において，メイヤロフのケアリング論は，

臨床実践とともに，さらに臨床研究を支える哲学ともなりえている。

　それは，ケアの担い手がケアの受け手に必要とされる，働きかけられるという関係を結ぶのと同様に，働きかけられる存在としての研究者（調査者）という立場で，臨床的な人間研究・援助研究を試行することを指している。それは，研究協力者と同盟関係を結ぶという課題を迎え入れることであり，協力者にとって即する他者（appropriate others）として研究者が主観的世界に接近するという臨床的な研究のあり方の模索でもある。

　「私自身の延長のように身に感じとる」道筋は，収集したデータを多様な視点からわかろうとする，受けとめようとする分析方法を指し示すものでもあると考えられる。それは，成長のために必要とされ，働きかけられることによる応答性の行為が，他者のみに開かれるものではなく，自分自身に対する応答性でもあると述べているところから汲み取ることができる。つまり収集したデータを簡単に自分の領分でわかろうとしないこと，多様な視点からみたときに，わからないことの出現に対しての感受性を高めること，受けいれがたい，耳障りのよくないデータであろうとも受けとめようと，わかろうとし続けること，わからずに揺さぶられる苦痛・不安定感に身をおくことから逃げないこと，などが分析方法上の課題として読み取れるのである。

　これは容易なことではないが，質的分析法を試みるとき，「当事者から学ぶ」姿勢を貫くとき，避けてはならない道のりなのである。そしてこの「身に感じとる」道筋を辿ることによって，初めて「当事者から学ぶ」新たな発見がもたらされるのだと思う。

　メイヤロフのケアリング論は，ケアの担い手として，研究者として，臨床実践・研究を支える哲学として，遵守すべき理念となりえるものを呈示していると読むことができるだろう。

ケアリングにおける自他関係

　メイヤロフが相互的な関係論を展開する際に持ち出す，"即する他者（appropriate others）"という自他関係の記述は，彼のケアリング論の大きな特徴となっている。彼は"即する他者（appropriate others）"とは，自己達成とも，

達成や成長を可能にする他者という意味をもつとも，述べている。

　邦訳書でもこの用語の訳出には熟慮を要したと記されており，結果「補充関係にある対象（他者）」という訳語を当てている。これは，成長可能性をもった他者（ケアの受け手）とそれを助けるケアの担い手との関係において生じる充足感・充実感を汲み取った訳として適切な訳語といえる。しかし，そうするともう一方で，「私自身の延長のように身に感じとる」と表現された関係性や，ニーズにいつでも応えることができる応答性の関係性の意味が薄れてしまう印象も否めない。邦訳書のあとがきでは，補充関係にある対象（他者）とは，「他にかけがえのない（人生の）同行者」，「自己を映す鏡」とも言い換えられるとし，そうした関係性の意味を表すためにも，appropriate を「補完」ではなく，「補充」と訳出したと解説している。筆者は，この関係性の意味が伝わる訳語を記したいと思い，ここで"即する他者（appropriate others）"という訳語を当ててみたわけである。

　したがって，もう少し，この応答性の関係という理解にひきつけて，appropriate others が示す言葉の意味について読み込むことにしたい。

　この"即する他者（appropriate others）"という言葉は，たとえば自己を自己ならしめる他者（非自己）として，もしくは自己を映し出す鏡のような役割をもつ「内なる他者」として理解することも可能であろうし，ケアリングの実際において，他者との関係性や他者経験についてその他者性の機能の探求が重要であることを示すものでもあると捉えられる。

　この点について読み解くとき，鷲田（1999）が述べる自他のアイデンティティの「補完性」の記述は，大変示唆的であり，より深い理解へと導いてくれる。鷲田は，R. D. レインを引用しつつ「アイデンティティには必ず他者が必要だ」と述べ，私が「だれ」かとして他者に求められること，「他者の他者としての自分」が経験できることが，自己存在の確かさを感じることであると述べている。自他が補完的であるというのは，足りないところを補う他者というのでも，一方的に規定性をもつ他者もしくは自己というのでもない。私が「だれ」かについて自ら感じることのできる他者の存在であり，相互の関係が自己の規定に関わるという意味において，補完的なのである。

メイヤロフの示す"即する他者(appropriate others)"と私との関係は、この相互の関係性における自他の補完性を表しているものと筆者は理解している。であるならば、補完、もしくは補充関係にある他者という言葉のほうが適切であろうとも考えられる。

しかし、一方でメイヤロフのいう「拡張した自己のように他者を身に感じとり(I experience)、その成長に同一化する」関係までは、この言葉で十分に表しえないのではないだろうか。この関係は、鷲田が〈ホスピタリティ〉を「他者を迎え入れること」として検討している部分に重なってくる。鷲田は、「他者を迎え入れる」ということは、むしろ「自己を差し出すこと」であると述べ、「他者の経験をまるでわがことのように受容し理解すること(他者の同化＝Aneignung des afremden)というのは、同時に、じぶんが自己自身にとってよそよそしいものに転化すること(自己の他化＝Fremdwerden des Eigenen)でもある」ことを論じている。そしてここから、「〈臨床〉とは、ある他者の前に身を置くことによって、そのホスピタルな関係の中でじぶん自身もまた変えられるような経験の場面」であるということを導き出しているのである。

ここで「拡張した自己のように他者を身に感じとり(I experience)、その成長に同一化する」を「他者の同化」に、「appropriate othersを見い出し、その成長を助けていくことをとおして」、「自己の生の意味を発見し創造していく」を「自己の他化」へ置き換えてみる。他者の成長への同一化(他者の同化)が同時に自己の生の意味の発見(自己の他化)でもあるということを考えると、この自他関係を表す言葉が"補充"ではどうしても、表しきれなくなってくるのである。かといって、"即する他者(appropriate others)"となると、私と他者との関係の磁場において感じうる、経験されうる自己存在の確かさ感の意味に傾きすぎた訳語ともいえるだろう。が、本書ではメイヤロフの自他関係の主要な特徴を表す言葉として、"即する他者"という訳語を以後、用いていきたい。

ケアリングの主な要素から読み取れること

著作のなかで、メイヤロフが具体的に述べた、8種のケアの主な要素からも

学ぶところが大きい。

「知識」,「リズムを変えること」,「忍耐」ではケアするために相手をまるごと受けとめ,「知る」ということの奥深さを教えられ,「謙遜」では,知るという行為が継続的にケアされている人から常に学ぶ謙虚さであることを教えられる(これについては,さらに詳しく後述する)。

さらに「正直」,「信頼」,「謙遜」,「希望」,「勇気」から,相手に「専心」することの重要性と,あるがままの自分でいること,うわべではすまされないケアの対象者とケアの担い手との関係性の厳しさを教えられる。

また,他の研究者はほとんど取り上げてはいないが,ケアの要素から,ケアリングにおける時間論的アプローチを読み取ることが可能であるところも特徴的な点である。それは,「リズムを変えること」,「忍耐」,「希望」,「勇気」の記述からうかがうことができる。メイヤロフのケアリングからは,知るという過程において,「リズムを変え」時間的区切りを変えることで十二分に吟味することを教えられ,「忍耐」において時熟を待つことを示唆される。そして,「希望」,「勇気」において,未来の位置づけが示されていくのである。

メイヤロフは,過去-現在-未来という時間の流れのなかで,未来や過去に規定され,従属した現在ではなく,豊かな現在の創造を中心にした時間論を展開し,ケアの主要な特質においてもそれを繰り返し述べている。つまり現在を中心に据えたケアリングの時間論的アプローチとして読み取ることができるのである。

現在を中心としたケアリング

引き続きこの現在を中心に据えたケアリングを読み深めてみたい。

メイヤロフは過去-現在-未来の関係を,先述の引用以外にも,以下のように述べ,現在の意味を表している。

「過去と未来は,私に対して固定され横たわっているものではなく,ともに未知であり,かつ期待に満ちた広がりを持っているものである。私の現在に対する思いは,過去を反省すること,つまり何があったか,何がありえたのかを反省することにより深められ,また未来に対し思いをめぐらす

ことによって，私が未来のために行動する動機づけとなるような，豊かな可能性を開いてくれるのである。このように現在を深め広げることと，私が自分独自の能力を発揮できることとは，同時に進行するのである。」(訳書 p. 166)

メイヤロフは，「他者と関わることができるのは，現在においてのみ」であり「私たちがコントロールできるのは，現在においてだけである」がゆえに，刻一刻と過ぎ行く現在と過程を第一義的に重要だとしている。関わり働きかけ，変えることができるのは現在のみであるという大前提は，あたりまえすぎることだが，その原点に立ち戻ることは，「固定され横たわる」耐え難い過去や，脅かされる未来にさいなまれているケアの対象やケアの担い手に力を与えてくれる。生きづらさを抱えて暮らす現在が，変わりうるそして可能性を開く現在へと逆転し，現在を中心にすることによって，過去をつなぎ，未来への希望を再構成することができるのである。

そして，この現在を豊かにすることこそが，同時に「自分独自の能力を発揮すること」であるというのである。ここから，ケアリングの展開は，現在は過去の因果に従属し規定されたものではなく，未来に従属する(明日の成功ために今を生きるというような)ものでもなく，現在という過程のつながりに自己をおくことの正当性に，確信をもてることでもあると理解できるのである。これは時間の流れを意識したときに自己への有力化をもたらす，ポジティブな時間意識への転換となっている。

メイヤロフの過去-現在-未来の関係は，まず現在という過程が中心にあり，そこに過去と未来が織り重なり，多層化した現在という奥行きをもった時間概念が基底にあるものと思われる。

これは，ピエール・ジャネ(Pierre Janet)が現在化(présentification)を自己の存在の生成とつなげて言及し，かつ「記憶の本質的現象は物語ること(narration)である」[1]と示している部分とつなげて考えるとさらに研究上重要

---

1) この部分の引用は，邦訳された文献『人格の心理的発達』(関計夫訳，1955)と原文のL'Évolution Psychologique de la Personnalité とを照らし合わせて読んだうえで，改めて発見した部分を含めた。それは，用語訳に関わるところで，ジャネの原文に沿う

ピエール・ジャネの現在化について

メイヤロフからは離れるが，時間と人格との関連から，時間的人格を提起し，現在を重要視する人格論を展開した先人に，ジャネ(Janet 1929)がいる。

ジャネ(1929)は「記憶の本質的現象は物語ること(narration)である」と述べ，「われわれが語る(récit)場合には同時に現在の観念を作ることが必要である」として，現在化(présentification)という現象を取り上げた。

現在化とは，「われわれの話(récit)を現在に一致するように変える」ことであり，辻褄の合うように物語(narration)り，現在の行動との間の関係をつなぐことであると読み取ることができる。

ここで引用した部分は，「個人の伝記」に関わる記述であるが，文脈としては，時間的人格[2]の統一について言及している部分であり，先の引用における「記憶」は，時間的人格と置き換えて理解することができる。つまり「時間的人格の本質的現象は物語ること(narration)である」と読み換えることが可能

と，récit，narration は厳密にその意味に従って使い分けられているため，本論においては，「復誦」と訳されている récit を「語り」「話」と訳しなおし，「物語る」，「語る」と訳されている narration を「物語る」「物語」と訳しなおした。ジャネは récit と narration の関係を，「Récit の発達は narration の手続きとして examinant できる」(1928)と表している。つまり，直接的過去や直接的将来の現在化において語り(récit)が構成され，よりタイムスパンの長い遡った過去，先の将来の現在化において narration が構成されるとジャネは述べ，それを使い分けているのではないかと筆者は理解している。

さらに，この「現在化」については，訳本においては présentation が括弧書きで割り当てられていたが，原文では，présentification であったため，それを割り当てた。文脈からすればもっともな用語であることに気づかされる。この発見は，筆者の力によるものというよりは，学部ゼミの検討をとおして得た知見である。指摘をされた田中孝彦先生(都留文科大学)，参加された学生たちに大いに感謝したい。

2) 時間的多様のなかで自己の統一が維持されるということ。ジャネは空間的多様から自己を統一し他から区別する内面的な活動を身体的人格とし，社会的多様から認められる人格の統一と区別を社会的人格として，この3つの観点から人格は統一され区別され，絶えず行為や言語や各種の働きを続けるものとして人格論を展開している。

である。これを次の記述に重ねてみるとさらに深い意味が含まれていることがわかってくる（〈 〉は筆者が挿入した）。

　それは，「記憶〈時間的人格〉とは要するに生活を語る〈récit〉ことであり，人はこの生活の話〈récit〉を生活〈行動，行為〉に適用し，利用しようと欲したからだ。記憶が何かに役立つためには，これ〈語り＝récit〉を行動と結合することが必要だ。それは現在の瞬間になされるのである〈つまり現在化〉」という記述である。

　要するに，ここで，ジャネは，記憶には現在の観念が必要だと述べているだけでなく，時間的人格の生成において現在化が必要であるということ，そして物語ること(narration)，語ること(récit)による現在化をとおして生成される記憶，時間的人格は，辻褄の合った「語りrécit」「物語narration」が行動と結合し，現実生活へ具現化することで役に立つのだと述べているのである。

　ここで，中心にあるのは現在における一致，としていることが重要であり，まさにここが，メイヤロフの過去や未来とつながった豊かな深まりをもつ現在の位置づけと重なり合う部分なのである。

　ジャネの現在化の議論は，メイヤロフが述べるケアリングにおける過去-現在-未来のつながりにおいて豊かな深まりをもつ現在という位置づけと同様の時間論を，先に示してくれていると捉えられる。さらにメイヤロフにおいて自己の有力化をもたらす豊かな深まりをもつ現在というものが，ジャネにおいては現在化(présentification)として，自己の存在の生成とつなげて言及され，かつその本質的現象は「物語ること(narration)」として示されているところが研究上重要な示唆をもたらしてくれる。つまり豊かな現在を表す現在化(présentification)は，生活を語る(récit)なかでなされ，それは時間的多様のなかにおける自己の統一と区別としての時間的人格の存在，より広い意味において筆者の言葉に言い換えれば自己存在の確かさ感(self-awareness)[3]をもたらすのである。

---

　3) 自己存在の確かさ感(self-awareness)とは，空間的な社会的な時間的な多様さのなかにおいてなお，感じることのできる私という存在であり，私という器の所属感であり，自己の存在の気づきという意味として用いている。

こうした時間論をも含めた自己存在の確かさ感(self-awareness)と物語(narration)のつながりは，相手が成長し潜在能力を発揮することを助け，人生に秩序をもたらすケアリングの具体的側面を検討するときに，特に重要な視点になるものである。

ケアを受ける人(当事者)から学ぶということについて——ケアリング研究の展望

メイヤロフのケアリングは臨床実践における哲学として学ぶばかりでなく，臨床研究における哲学として学ぶべきであることを，先に述べた。これは，ケアの主要な因子である「知識」を得るという行為の重要性と「謙遜」という要素からも，導かれていくものである。

繰り返しになるがメイヤロフは，「知識」とは，明確な知識と暗黙の知識，それを知っていることと，それをどうするかを知っていること，直接的知識(〜を知る)と間接的知識(〜について知る)，これらすべての「知識」を含む，と述べ，「謙遜」においては，ケアは相手の成長に呼応していくものであるがゆえに，ケアされている人から謙虚に継続的に学ぶことを意味している，と述べている。

ケアの担い手が継続的に徹底して当事者(ケアを受ける人)から謙虚に学び，「知識」を得，それをどう用いるかを知ろうとする，それこそが臨床実践研究の本質であることはいうまでもないだろう。

しかしながら，ケアリング研究においてその多くはケア提供者側からの記述が多く，ケア・ケアリングの受け手の主観的体験世界を含んだ研究がいまだ不十分であることが，操(1996)によって指摘されているように，この精神がケアリング研究に引き継がれているとは言い難い現実がある。とかく，研究として取り上げられるのは，明確な知識であり，知っていることが重視され，間接的知識に偏りがちである。

しかしながら臨床実践で有用なのは，前述の知識を踏まえたうえでの，経験知・暗黙知であり，じかに関わり合うことによって得る直接的知識なのではないだろうか。得られた「知識」をケアリングに結びつけるためにどうするかを知っていることなのではないだろうか。

メイヤロフの On Caring は，ケアの受け手から継続的に学ぶ姿勢を原点とする研究の方向性を指し示すうえで，その実践と研究を支える思想として，今もって示唆に富んだ著書といえるだろう。筆者は，今一度「謙遜」という原点に立ち戻り，青年期を生きる精神障害者へのケアリングについて，当事者の主観的体験から検討し，その道筋を表し，新たな「知識」を掘り起こすことを目的として，本研究に取り組もうと計画している。それこそが，より実践的なケアリングの理論を明らかにすることにつながると信じているからである。

1.2. 精神障害者の体験から何を学ぶのか

日本における精神保健および精神障害者福祉は，この25年で大きく変化した。1980年WHOが国際障害分類試案を発表し，1981年，国際障害者年を迎えて以来，精神障害という概念は広がり，精神保健法(1987)から精神保健福祉法(1993)の制定に伴って，急速に変化してきている。しかし，よりよい地域医療の実践を議論すべき時代に入っているにもかかわらず，再び精神障害者を社会防衛的見地から処遇するかのような心神喪失者医療観察法案が強行採決されていく経過をみるにつけ，いまだ精神障害者への偏見，そして精神科医療の貧困さが改善されたとは言い難い現実が明らかに現存しているのもまた事実である。

近年は，障害者福祉の基本理念であるノーマライゼーションの思想と人権思想が具体化しつつあり，精神保健福祉の領域においても，障害者自身の発言の場が増え，マスコミにも実名報道で取り上げられるようになり，当事者運動も盛んになってきている。精神保健福祉に関わるさまざまな問題が提起されるなか，その道の切り開き方の一つとして，当事者自身の声を反映させる方向へ，そして協働して協議する方向へ向けて進めていく必然性が生じてきているのである。

地域精神保健福祉において，先駆的な活動を展開している「やどかりの里」は約30年の実践の歴史をもっている。坂本(2000)はその歴史について，まず地域精神保健福祉が貧困な時代を背景に誕生してからの20年を，「ごくあたり

まえの生活」へという「やどかりの里」の理念が生成される実践の時期として位置づけ，後の 10 年と今後を量的な拡充と新たな質の形成期とおいている。新たな展開とは，職員のリーダーシップではなく，活動の方向性や運営に関わるところからメンバー（利用者）とともに話し合って決定していくという，「メンバーとの協働の活動づくり」の展開であると坂本は位置づけている。

もはや，精神障害者へのケアの担い手である援助者が，ケアの質を高めようとするときに，その主体である当事者と手を結び，当事者から学ばずしては，何も始まらない時代に入っているのである。しかし，そう謳うことは簡単であるが，それを臨床の場で生かしていこうとすると，ことは簡単ではないように思われる。

当事者から何故，学ぼうとするのか，何を学ぶのか，どのように学ぶのか，そもそも援助者とは何者か，が重要な問題として浮きあがってくる。「当事者から学ぶ」ことの本質を見失ってしまえば，それは，単なる援助者としての責任の放棄のみならず，当事者を利己的に利用することにすらつながってしまうのではないだろうか。

前節で述べたとおり，筆者にとって「当事者から学ぶ」ことを支える臨床哲学こそが，メイヤロフのケアリングの思想である。他者は第一義的に大事な存在であり，「信頼」と「謙遜」をもって，ケアされている人から能動的に学び続け，それをどうケアの実践に生かしていくかを知ることが，ケアの担い手には求められているのだ。

以上のことを前提に踏まえたうえで，筆者は，まず手始めに，当事者たちが己の生きた体験を綴った手記の検討に着手することにした。目的は手記の内容について検討するのでも，当事者自身にとっての意味を検討するのでもなく，そこで綴られた当事者の生きた体験の軌跡から，読み手は何を「知識」として得るのであろうか，という受け手・読み手にとっての意味を検討することにおいた。精神医療・精神保健福祉の歴史的背景も鑑みつつ，彼ら彼女らの生きられた体験が受け手にもたらしてきた意味に焦点を当てることこそが，ケアの担い手として何を学ぶのか，という「知識」の意味を明らかにし，それをどうするのかについて知ることにつながると考えたからである。

具体的な方法としては，歴史的な時代背景をおさえながら，当事者の手記を一つ一つ精読することによって進めていった。

1.2.1. 精神障害者の手記から

精神障害者の手記を読む

精神障害者の手記に類する文献は，おおよそ，1960年以降の発刊が主となっている(ここでは邦訳文献については訳出された年代でみていく)。表1[4]に本書において検討した精神障害者の手記を列挙した。手記の文献は，あとがき，もしくはまえがきが掲載され著者もしくは編集者の出版の意図が示されている著作を選び，検討した。

日本において，一番初めに発表された精神障害者の手記としては，『分裂病の少女の手記』(邦訳1955年)があげられる。著者はケースワーカーであり精神療法家でもあったセシュエーとなっているが，著書の構成は前半にルネという分裂病[5]の少女が回復したすぐあとに物語ってくれたものとして表した手記が載せられている。そして，後半はセシュエーの解釈となっている。著書の「序」の部分では，「分裂病は，一見痴呆を思わせるような心的衰弱状態に於いても，魂と知能とを保持し，それを表現できないにしても，ときにはきわめて活発な感情を体験できるのである」と述べ，ルネの手記から，その「内的生活を発見」することができることを示唆している。手記は，ルネが「5歳の時に体験した最初の非現実感」の経験を語るところから始まる。非現実的に変容する周囲の環境，建物や人そして恐怖感に苦しみ闘っていた事実が語られていき，18歳ごろにセシュエー(ママ)の精神分析を受けるようになってからも，「光の国」という「組織」の命令下に落ち精神病院入院の体験が綴られていく。

---

4) このリストは文献データベースを用いた検索結果ではなく，不十分なリストであることは否めない。示した著作以外にも多数文献は存在するものと思われるが，全体の傾向をつかむに足るものにはなったと思う。今後も，今回あげることのできなかった文献や新たに出版されていくであろう手記に注目し検討し続けていこうと思っている。

5) 「分裂病」という呼称は現在「統合失調症」と改名されているが，原著書が古い呼称を用いている場合に限り，「分裂病」という言葉をそのまま用いることにする。

表1　精神障害者の手記

著者	表題	方法	備考
セシュエー(1950)初版邦訳(1955)	分裂病の少女の手記	(自著)著者の患者の回想的な記録と著者の解釈	
ハナ・グリーン(1964)邦訳(1971)	分裂病の少女　デボラの世界	自著(小説)	
小林美代子(1971)	髪の花	自著(小説)	54歳で群像新人賞を受賞，2年後，自ら生を断った。
小林美代子(1972)	繭となった女	自著(小説)	
クリフォード・W.ビアーズ(初版1908)邦訳(1949)まもなく絶版→再邦訳(1980)	わが魂にあうまで	自著	邦訳は遅かったが，当事者の著作としてさらには，精神衛生活動へとつなげた功績をもつ書としても最初の著作。
松本昭夫(1981)	精神病棟の20年	自著	続編「精神病棟の20年　その後」が1997年出版されている(未読)。
瀬谷健(1991)	精神病棟閉ざされた200日	短歌に本人の説明と状況を補足して編集	
全国精神障害者団体連合会準備会(1993)	こころの病い：私達100人の体験	共著	
「精神障害者の主張」編集委員会編(1994)	精神障害者の主張―世界会議の場から	共著	世界精神保健連盟の世界会議は，ビアーズが始めた精神保健活動に端を発したワシントン会議(1930年開催)以来の伝統をもつもの。
ジュディ・チェンバレン(1988)邦訳(1996)	精神病者自らの手で	自著	
佐治正昭(1996)	精神病棟からの・への訴状―わたしの闘病記	自著	
浅見順平(1996)	精神病棟の春	自著	
P.C.カイパー(1988)邦訳(1997)	うつ，その深き淵より	自著	

(表1　続き)

ケイ・ジャミソン(1995)邦訳(1998)	躁うつ病を生きる	自著	
谷中輝雄編集(1997)	地域で生きる；精神障害者の生活と意見	自らの体験をまとめて文集にした雑誌『爽風』第12号から第15号収録	1988年「失われたものを追い求めず－精神障害者の生活の記録(創刊号－6号収録)」、1993年「旅立ち　障害を友として－精神障害者の生活の記録(7－12号収録)」が先立って出版されている(未読)
星野文男・大村祐二・香野英勇(1998)	精神障害者にとって働くとは	「私たちにとって働くとは」というテーマにおける体験発表会の記録	やどかりブックレット・障害者からのメッセージ・1
菅原和子・菅原進(1999)	過去があるから今がある今があるから未来がある・1　2人の旅人がやどかりの里にたどり着くまでの軌跡	講演起こし・編集委員聞き取り	やどかりブックレット・障害者からのメッセージ・2
香野英勇(1999)	僕のこころに聞いてみる・1　マイ　ベスト　フレンド	講演をもとに編集委員が作成	やどかりブックレット・障害者からのメッセージ・4
星野文男・大村祐二・香野英勇・宗野政美(2000)	精神障害者がいきいきと働く	「働く」をテーマにした講演記録(メンバー3名職員1名)	やどかりブックレット・障害者からのメッセージ・6

ルネは，入院してもなお「組織」との戦いとささやき声からの防御に費やされる日々のありさまを語り，一転して非現実感のなかで身動きがとれなくなったり，常同的行為を繰り返したりしていた体験を語っている。回復のきっかけは，「私自身のシンボル」である「小さな猿」の出現からであったという。そして，具体的にはリンゴをほおばる満足感という何ということはない行為が回復をもたらしていくのである。こうした「現実」を得るまでの細かな心の襞の動きが著作には記されている。そして，ルネは「自分の身体を知ることを学び」，赤ちゃんのお人形である「エゼキエル」の世話をするセシュエーをとおして，「私はママの身体に入りエゼキエルとして生まれ変わ」り，「私は美しい現実界に復帰し」ていったというのである。手記の最後は，以下の言葉で結ばれて

いる。

> 「現実を喪失して数年の間残酷な非人間的な「光の国」に住んだ人のみが本当に生活の喜びを味わい，人間的存在として共存の真の意味を重んじることができるでしょう」

この手記に示されたルネの体験は，セシュエーの治療的関わりの特徴もあって象徴的なかたちで進んでいるが，読み手としてひきつけられるのは，一つ一つの場面における日常のつぶさな心の動きを表している言葉の綴りの重みとそこから引き出される共感である。「人間的存在として共存」するというごくあたりまえの気づきをともに共有することができ，さらには，統合失調症者の心が，共感をもって了解可能な世界として伝わってくるのである。

当事者の手記ではないため表1にはあげていないが，統合失調症者との人間としての，魂への接近を描いた作品としては，看護婦であり精神療法家であったシュビング著『精神病者の魂への道』も名著としてあげられる。これはセシュエーの10年前，1940年に発表されているが，邦訳は1966年であり，11年遅れて日本には紹介されている。

統合失調症者の心の世界を描いたものとして次にあげられるのは，ハナ・グリーンの『分裂病の少女　デボラの世界』(邦訳1971年)である。16歳の少女の3年間の精神病院における生活から治癒へ，狂気から現実への道のりを描いた小説である。この書は手記ではなく，小説の形態をとってはいるが，自身の精神病体験をもとにして書いた小説といわれており，そこに登場するフリード博士は有名なアメリカの精神分析医であるフリーダ・フロム＝ライヒマンだと伝えられている作品でもある(フリーダ・フロム＝ライヒマンは先の『精神病者の魂への道』の英訳書においては序文を書いている)。訳者はそのあとがきにおいて，「グリーンのこの小説は，小説にもかかわらず，あるいは小説であるがゆえに，セシュ・エー女史のそれとは違った意味ですぐれた「分裂病の手記」という側面ももっているのである」と評している。グリーンにしてもセシュエーにしても，そこに記された手記・小説は，精神病者のありのままの姿を知るという行為に読者を巻き込み，精神病者の心の世界は了解可能であり接近可能であることを伝える役割を担っていたといえるだろう。

日本で最初に小説という形態をもってであったが，精神障害者の手記が発表されたのは，1971年『髪の花』続いて1972年『繭となった女』であろう。いずれも著者は精神病院への入院体験をもつ小林美代子氏である。

『髪の花』は精神病院に入院している病者が（架空の）母へ手紙を書き綴るという書体で，日々の入院生活のなかで繰り広げられる悲惨なありさまと，さりげない精神病者の日常が描かれている。著者は54歳でこの作品によって群像新人賞を受賞している。

当時，精神医学界に広がっていた反精神医学をも視野に入れた江藤淳の選評を紹介する。

「この作品の新味は，狂気を自己主張あるいは自己顕示の手段と心得ているかのごとき幾多の現代小説のなかで，狂気の苦しさというものを描き出している点にあると思われる。つまり作者は，それだけ生きるということについて謙虚なのである。

近頃では，狂人の方が正常人より純粋だとか，むしろ現代社会の"ゆがみ"が狂人によって告発されているのだというような言説をなす者が，専門の精神科医の中にさえときおり見受けられる。インテリの寝言とはこのことであって，こういう曲学阿世のともがらは，狂人のなかにひそむ治りたい願望について，一掬の涙すら注ぐことができないのである。単なる安価なヒューマニタリアニズムでこの涙を流すことができないのは，それにもかかわらず狂気というものがはなはだ治りにくいものだからである。

（中略）

ここに描かれているのは悲惨なことばかりであり，"善意"のインテリも的確に批判されてはいるが，この小説には一貫して不思議な安息感が流れている」

筆者は，「生きるということについて謙虚」な作者評と小説全体に流れている「不思議な安息感」という表現に同意する。著者は，小説のあとがきに「『髪の花』は，引き取り手がないために，全快してもなお十幾年を病院に閉鎖されている方々が今なお多くいることと，その望みのない生を社会に訴え，何らかの救済措置が講ぜられることを祈って，書きました」と記述している。

しかし，それはセンセーショナルな告発からは程遠く，むしろ，静かに生きる精神病者のことを「知って」欲しいという素朴な願いがにじみ出ている。それは次作の，自伝的小説『繭となった女』(1972)のなかで，著者は小説が発表され始めたころの心境を「私は体験者として，精神病者の心理と願いと置かれた現状を，世の人々に知ってもらえたのが大変うれしかった」と表現していることからも，「知ってもらう」ための静かな意図がうかがえるのである。

『繭となった女』(1972)は，自らの半生を綴った自伝的小説である。大正期に生まれ，昭和初期から貧困生活のなか，12のときに働きに出て，母の死，弟の死，父の死，姉妹の精神病院入院とまもなくの死を過ごし，速記者として働いて戦中・戦後を生き抜いた著者は，昭和30年代に入ってからメニエール病の発症に続いて精神病を病む。精神病院入院中に投稿した小説が掲載されたあとに退院し，小説家としての人生を歩み出すまでがこの著作に綴られている。

精神病院に入院したとき，姉や妹への耐え難い自責感に苛まれて，窓の格子を両手でつかんで「許してー」と主人公(著者)が叫び続けているときに，スカートをぎゅっと引っ張って「やめてー私たちも辛いのよ」と言う老女や，「心が静まるまで吐き出させてあげなさいよ」と静かに言う中年の患者とのやりとりに，筆者は援助者としてかなわないという思いを抱かざるを得なかった。

そして，小説家として歩み出した著者はその心境を「私は精神病院に入ったのは幸せだったと思う。他人と自分をある程度知ることが出来たからである。人間の悪の尊さも，善の尊さも，知ることができた。(中略)不幸の積み重ねは，実は幸福の積み重ねだったのだ。今，私は，心にゆとりをもてたことを幸せだと言いきれる」と表しているのである。

小説としては一貫して悲惨な事実の連続である作品ではあるが，筆者は，そのなかに『髪の花』同様の不思議なほどのユーモアと安らぎを感じた。一家離散の状況下で兄弟姉妹がジュースを囲んで飲む場面，戦時下にトランプ占いをする場面，入院中にマージャンをしたり，甘酒を作ったりする場面などがそうした思いを抱かせた。受けとめきれないできごとの連続ゆえに救いを求めたくなる筆者の器の小ささゆえか，単なる感傷なのかもしれないが，穏やかでささやかなユーモアのなかに確かな幸せについて教えてくれるように感じられたの

である。
　しかし，著者はあとがきに以下の言葉を残している。
　　「飢餓感は今も去らない，埋められそうなものは判ってますのに，到底手に入らない気がします。飢えを満たす作品をつくりあげられるかどうか判りません。ただ夢中で書いてみるしかないのです」
　自らの体験を書いたら埋められそうなことがあるといっているのだろうか？埋められそうなものは何だと小林美代子氏は思っているのだろうか？　でも，それは到底手に入らない気がする，といい，つまりは満たされないのである。だからこそ，彼女は夢中で書いているのか，生きようとしているのか。とも思うのであるが，読むたびに新しい連想がわき，読み手である筆者もまた読み方が揺れてしまい，どうしても定まらない。そういうものなのかもしれない，もしくはこの飢餓感が病いの苦しみなのかもしれないとも感じられる。
　次に日本において出版された精神障害者の手記は，クリフォード・W. ビアーズ『わが魂にあうまで』である。しかし，この著書の初版本は1908年であり，邦訳が1949年に一度出版されている。まもなく絶版となりその後，江畑によって再び1980年，1960年度版が再訳され発刊に至っている作品である。つまり，本著は精神障害者の手記，自叙伝としては，本来最初の出版物である。本著の冒頭部分には，「私は，単に本を書くために自分の人生を語っているわけではありません。そうすることが，当然の義務と思えるからです。かろうじて死から逃れ，明らかに致命的な疾病から奇跡的に健康を回復した人は，きっと次のように自らに問うでしょう。「いかなる目的で，私の命は救われたのだろう」。私はこの疑問を，自らに問い続けてきました。この本は，いくぶんかその答えになっているでしょう」と示されている。著者は1900年から3年間精神病院に入院し，その劣悪極まりない治療環境と悲惨で残酷な虐待の体験を強いられ，退院後，精神科治療と看護の改革と予防を含んだ精神衛生運動に邁進するまでの半生を綴っている。ビアーズはこの著作の草稿を心理学者として著名なウイリアム・ジェームスに見せ，「あなたの報告は，医師にも看護士にも示唆に富んでいます」と言わせしめている。訳者の江畑敬介も本書は，「精神障害者の介護と治療を改善し，精神疾患を予防する運動を開始するために書

かれたものである」と紹介し,「アメリカ精神衛生運動の歴史的原点」となったと評している。ビアーズはウイリアム・ジェームスと,精神科医アドルフ・マイヤーの支持を得て,20世紀初頭のアメリカにおける精神衛生運動の中心人物として以後活躍し続けた人物なのである。本書は精神衛生運動の始点となり,より多くの人々,専門家をその運動に巻き込み協働を可能にしていくという明確な役割を果たしていた。

次の手記は1981年,松本昭夫氏の『精神病棟の20年』という著書である。この著作は,昭和10年生まれ,詩人でもある著者が1956-57年から7回の入退院を経て1975年退院し,現在に至るまでの手記となっている。著書には電気ショックやインシュリンショックの生々しい治療体験が綴られ,病名・病状について本人への説明はなく,思いが聴き取られるような(著者は「切開」という表現も使っている)カウンセリングもなく,幻覚・妄想に囚われた状態が長く続いていたにもかかわらず,癒されずに精神医療に失望していく心理が描かれている。そしてそれは,退院後の七転び八起きの社会復帰エピソードのなかにも映し出されている。著者は入退院を繰り返しながらも,奮闘し仕事につき社会のなかで暮らし続けていた人である。しかし,精神病の原因は自分自身にある(フロイトのリビドーだといっている)と言い,「社会を責めたり,周囲を責めたり,芸術を責めたりすることは出来ない,と私は思う」ときっぱりと言っている。当事者だからこそわかる病いの体験と,だからこそ,関わる人々に望む支援について深い示唆を与えてくれる書である。

著者が当初入院したときには,一人思いを内に秘め話を聞き出してくれるのを待っていたにもかかわらず,そこへ触れようとする医療者がまったくおらず,病気やその症状について説明してくれることもなかったこと(著者はカウンセリングといっている)の落胆を記している。つまり,病識のなさといわれるものは,医療者とのこうした希薄なやりとりによって形成されてしまうということを示しているとも読み取れる。当事者が病気を否認する前に,医療者が目の前にいる病者を否認してしまっていたという事実がそこにはある。著者は退院とともに,服薬中断→再入院という経過を繰り返し辿っており,社会復帰への支援についてまったく語るべき体験がないことから,あとがきでは精神障害者

への福祉対策の必要性を強調して述べている。この手記が関係者の何らかの糧になることを望み，筆をおいているのである。この著書は，自らの体験から，精神障害者が他者とともに社会のなかで生きやすくなることを何より望んで示された手記であったといえるように思われる。

同様の趣旨で描かれた手記としては，10年後の1991年，瀬谷健『精神病棟閉ざされた200日』がある。この書は社会復帰対策が謳われている精神保健法が制定されてからの入院治療体験が綴られた手記としての特徴がある。しかし，なおも著者が受けた医療者からのまなざしは冷たく陰湿で相互一方通行である。著者は診療行為を「人間のとるすべての行動に症状名がつくと言ってよい」と評し，この時代においてなおも，精神病院へ入院するという事実は当事者の社会的役割を変容させ，ときには喪失さえさせかねない体験となることを記している。著者のあとがきには「精神病者と呼ばれている人たちへの誤解と偏見を少しでもなくしてくだされればと願っている」と記されている。

精神障害者の手記は，このあと1993年全国精神障害者団体連合会の結成をもって『こころの病い：私達100人の体験』(1993)が出版され，世界精神保健連盟世界会議が幕張で開催されたことを契機に精神病体験者の体験発表集という形をとって『精神障害者の主張』(1994)が出版されていく。

『こころの病い：私達100人の体験』(1993)は，日本の精神障害者による体験手記集である。精神障害者の当事者団体である，全国精神障害者団体連合会の結成の前年に準備会が出版し，「1人でも多くの方がこの本を読んでこの病気のことを理解」してほしいとの願いを込めて，当事者の手で企画し，出版された本である。表題にあるように，この本では，さまざまな精神障害をもった人々100人の体験が，実名でもしくは写真入りで，綴られている。したがって，これらの内容をここでまとめて紹介するのは至難の技であるが，一編一編から伝わってくるのは，やはり，人間としてごくあたりまえに生きることと，ささやかな，確かな，幸せをつかむことの大切さである。

人間としてごくあたりまえの幸せをつかむという人権意識と，その闘いを喚起する姿勢がより鮮明に示されているのが，世界会議の体験発表をまとめた『精神障害者の主張』(1994)であろう。それは，まえがきにおいても，章立て

からもうかがわれる。第1章は「私の体験」，第2章は「権利を守る」であり，第3章は「支えあう仲間」としてセルフヘルプグループの実践が発表されているのである。第3章にて「ユーザー運営のセルフヘルプ・プログラム」を発表しているのが，ジュディ・チェンバレン(Judi Chamberlin)であり，『精神病者自らの手で』(1988，邦訳1996年)の著者である。

　ジュディ・チェンバレンは，精神病院へ入院した当事者の立場から，精神病者の意識覚醒(consciousness-raising)，エンパワメント，精神病者によるオルタナティブの創設を目指す活動家であり，専門家である。『精神病者自らの手で(On Our Own)』のなかで，ジュディ・チェンバレンは，患者が，自分の意見をいう，日常生活の継続をしようとする，いわば，人間としてごくあたりまえの行為を遂行しているだけであるにもかかわらず，それが精神病のせいにされてゆく日常を記述している。ここで登場する援助者の多くは残念ながら加害者として描かれている。入院生活は，患者に苦悩を隠す方法を身につけさせ，無力感をもたらすものとして描かれる。精神病とラベリングされた人たちは，治療の名のもとに，自分の人生を決定する自由を奪われるとし，薬物治療は化学的拘束であるともいう。入院生活による管理は，患者のためという論理のなかで行われこそすれ，自分の判断・認識への信頼を奪い，依存をつくり，権威への服従を強いると告発する。著者が定義するオルタナティブな施設とは，非専門家による施設であり，サービスを受けている人たちに，すべての決定権がある場をいう。そして援助を受ける人が，援助をする人でもあるという場である。

　この著書による指摘は，施設治療に対する徹底批判である。ジュディ・チェンバレンの手記は，「理解」を目的とした綴りを超えて，当事者として社会に向けたある意図的な主張があり挑戦的な綴りとして受け取ることができる。

　上記の体験手記が出版されたのを契機に，表1をみるとわかるように，1990年代に入ると，当事者の手記が次々と発表されていく(おそらくここに示したのは，ごく一部に過ぎない)。日本においては，同1996年，『精神病棟からの・への訴状－わたしの闘病記』(佐治正昭 1996)，『精神病棟の春』(浅見順平 1996)が発表されている。

佐治氏は15歳で統合失調症を発症してから回復まで(現在は喫茶店のマスターをされている)の十数年間の手記をしたためている。浅見氏の手記は，1990年前半期の入院体験をもとに記されたものである。この2冊の本は，闘病時期が違っているにもかかわらず，手記の意味するところは不思議と共通するものがあるように思われる。佐治氏は「私の闘病記」を書きおえたあとで「自分の気持ちは，まずは正直に伝えられていると思う」と記し，浅見氏は書き綴りきろうとする気持ちを「精神病棟の生活がどんなものであるのかを読者に知ってもらうだけでもいい，その単調な流れの中に何かが見えてくるかも知れない」と表している。つまり，自分を記す作業のなかで，日常性の綴りから自らの生を確かめる，日常に潜む病いの事実と自己との対話を記すことによって，自己のなりたちの模索と確かさ感を得ようとしているかのような印象を与えるのである。

P. C. カイパー(Piet C. Kuiper 1988)『うつ，その深き淵より』(邦訳；那須弘之 1997)とケイ・ジャミソン(Kay Jamison 1995) *An Unquiet Mind*(邦訳『躁うつ病を生きる』田中啓子訳 1998)は，精神科臨床における専門家が綴った病いの体験手記としての特徴をもつ。これは，当事者の病いの体験を知るということ，病気を患った自己の問題に向き合うということに，ようやく医療者の関心が注がれるようになった結果でもあるだろう。

『うつ，その深き淵より』は，精神科医として多くの著書をもつ，大学の臨床精神医学教授であるカイパー医師が，63歳で鬱病(妄想観念を伴う鬱病)を患い，その発病から3年間の治療・回復の経過を詳細に綴った著作である。いわゆる疾患のカテゴリのなかで綴られた症例報告ではなく，当人が専門家であるがゆえの，冷静なる観察力による，治療場面では語られないであろう，日常の体験記録が綴られている点において，本著は，貴重な資料を提供している。

著者の記述からは，罪の意識に囚われた鬱病の患者が，ここまで自己卑下し，優劣の関係に敏感になり，医療者のちょっとした仕草，振る舞いがこんなにも傷つけたりするのかと，援助者の加害性を感じずにはいられなかった。一方で，救いとなったのは，自分は地獄にいると信じ，妻や，娘さえも，認識することができず，他者を拒絶しもっとも孤立した暗澹たる状態のときでも，「本人は

第一義的に，みんなが接触の手をさしのべてくれないことに苦しんでいる」と述べている部分である。そして周りの人たちの真の思いやりは，「瞬間的」にせよ，ここは地獄ではないかもしれないと思えた，とカイパーは回想している。どんなに精神状態が最悪であっても，援助者の働きかけや，誠意は通じるという信念は捨ててはならないのである。著者は，病勢が退いた後に，主治医ノーレンの言葉「回復期のうつ病患者には，経過観察が必要です。同時に，患者が直面する社会的状況とそれに起因する失望を，十分吟味しなくてはなりません。そうしなければ，再発する危険性が大きくなります。更に精神病だったという事実をうまく処理できなければ，新たな病気を誘発する恐れもでてきます」を引用し，同じく初期の主治医，ヴァン・ティルブルハの立てた「医師をはじめとして看護者は誰でも，純粋な身体症状だけを訴える患者に対しても，感情領域に目を向け，どんな気分かを聞き出すべきである」という原則を，導いている。つまり，「失望」や「精神病だったという事実の処理」を行っていく過程においては，「感情領域」へのケアが必要であることを導いているのである。ここでは，病者を生活者としてケアすることの意義と「いかに生き抜くか」をケアするための重要な観点が示されているのである。

『躁うつ病を生きる』は，現役の臨床心理学者ケイ・ジャミソンが綴った，自らの躁鬱病との闘いの手記である。著者が，カミングアウトに踏み切る紆余曲折の心の軌跡を辿ってゆくと，言葉で言い尽くせない緊張感が読み手に伝わってくる。治療に対する抵抗は，単純な文脈で語れないことがこの手記から伝わり，薬物療法を認めつつも，「薬を飲みたくないというものに効く薬はない」といい，薬を飲んでも効かないかもしれないと感じる恐怖と不安を述べている。また，病気は過酷な体験でもあるが，誘惑的な体験でもあり，そして何よりその人の一部でもあって，簡単に剝ぎ取ることができるものではないということを教えられる。本著作は，治療を受ける・患者になるという自己の体験世界はいかなるものかということを読み手へ知らしめている。

日本における当事者の体験報告は，「やどかりの里」がより先駆けて取り組み著作としてまとめている。「やどかりの里」とは，日本における先駆的な地域精神保健福祉の実践活動団体である。

谷中輝雄編集『地域で生きる；精神障害者の生活と意見』(1997)は，グループ活動における新聞作りに端を発し，自らの体験を文集にした雑誌『爽風』の第12号から第15号を収録しまとめたものである。この本の出版の前に，1988年『失われたものを追い求めずに―精神障害者の生活の記録(創刊号-6号収録)』，1993年『旅立ち　障害を友として―精神障害者の生活の記録(7-12号収録)』が先立って出版されている。構成は，前半を「私の体験」と題し3名のさまざまな病いの体験が綴られ，後半は「地域で暮らす」と題し数名の手記と座談会とで構成されている。内容は「患者会と私」，「生きがいとわたし」，「危機的状況とわたし」となっている。一貫した一つの結論や主張が導かれてゆくのではなく，各々の構成メンバー自身の体験に基づいた感情と思考のながれが記され，お互いのすりあわせのプロセスが描かれている。

　編集者である谷中氏はあとがきにおいて，当事者がこのような手記を発表していったことに対する反響として"語らせること"の危険性を忠告され，"語らせ"ることで商品化していると批判を受けたことを明かしている。それでもなお，谷中氏は「語ることは素晴らしいことであると考えている，語ることを通して自分が見えてくるからである。自分との出会いがある」と言いきっている。谷中氏は，自らの体験を語ったメンバーが，落ち込んだとき過去の自分の語りを読んで「自分で自分を慰め」ているエピソードや，他者の語りに自分を重ね合わせて鏡のように機能させるというメンバー，語ることは「自分の整理箱」に過去のことをしまいこむ作業であることを語るメンバーなどを紹介するなかでその主張を推し進めていた。つまり，自身の体験を語ることによって，語り手と読み手がともに自己を育てていくプロセスを展開しているという現象を述べているのである。共感しながら知ってもらうこと，理解してもらうこと，伝えたいことに加えて，自己の育ちをその意味としてあげているところが特徴的なところである。

　1997年にはやどかり情報館(精神障害者福祉工場)が開設されて，「精神障害者からのメッセージ―わたしたちの人生ってなに？」というタイトルの体験発表会も行われている。この体験発表会の講演内容をまとめたものが，「やどかりブックレット・障害者からのメッセージ」としてシリーズで出版されている。

ブックレットの「発刊にあたって」のあいさつ文には，この会のきっかけが「精神障害者に対する誤解や偏見を改め，正しい理解を求めたい」ということだったが，それが少しずつ変容し，「「人生とは？」という投げかけは，障害のあるなしに関わらずすべての人に共通した課題ではないか」となり，これは，「障害の種別を越えて，共感できたり，共通の課題を見出し，共に考えていくことも大切なのではないかと考えるようになった」ということへの変化が記されている。さらには，体験発表会では「精神障害を体験した人々が自分たちと同じ体験をして欲しくないという思い」や「病院生活の辛い経験を味わって欲しくないし，社会に出てからもそんな苦しい思いをして欲しくない。体験発表会で語ることで少しでも，現状がよくなっていったらという願い」を込めて行っているという思いが記されている。

このシリーズの第1弾は星野文男・大村祐二・香野英勇(1998)『精神障害者にとって働くとは』である。内容は表題をテーマに，やどかり情報館で働く精神障害者3人の体験発表をまとめたものである。「はじめに」の部分では，

> 「情報館は病気を隠さないで働けるところである。だからこそ，病気や障害を体験したからこそできることがあるはずだ，それを仕事に生かしていこうと皆で考えている。このことが，着実に具体化されていくとき，夢は夢でなくなり，現実になっていく。今回の体験発表会にその兆しは表れているのではないかと思う。ここに新たな共生の価値と文化の創造が生じていくと皆が期待を寄せている」

と記されている。

星野文男氏は「それぞれが能力を出し合えるような職場に」という内容で発表を行っている。大学時代の発病体験から話が始まり，病いを抱えながらの職業生活が語られている。やどかりの里とのつきあいは20年になるという。「「病気の人」と思われるのがすごく苦痛」と語るなかで，情報館で働いて「病気をしたために一旦下がってしまった力を直視しながら」，「時間をかけてゆっくり伸ばしていけばよいのだ，と思うようになった」と述べている。大村祐二氏は「一つの仕事をやりぬくことが展望を開く」という内容で，対談形式で発表されている。病気を抱えながら一般就労を10年間続けたあと，やどか

りの里へ来るようになった経緯が語られ，やどかり情報館は「一般就労と同じだな」と思っていたので，入ることができたことに満足していると話していた。印象深いのは，最後のメッセージをと促されたとき，大村氏は，精神的な苦痛に苛まれながら，生き抜いていた精神障害者は，「精神的には強い人間じゃないか」と思うんです，と語られたことである。そこには，ここまで病いを抱え苦しみながらも生き抜いてきたことの自負が感じられた。3人目の発表者は香野英勇氏で「自分の存在が認められ，評価されること」という内容が語られている。香野氏はやどかりブックレット・障害者からのメッセージ・4(1999)で，さらに詳しく自身の体験を語っている。

2000年には，「精神障害者がいきいきと働く」というテーマで，働くとは？の第2弾が出版されており，さらにこの3名は発展的な発表をしている。なかでも大村氏は働くことへのこだわりとして，「やっぱり他人から認められたい，強いて言えば，人権を認められたい，ということにもつながると思うのです。それは生活のためばかりではないと思います」と魂を込めて力強く述べている。香野氏はともに仕事を行う「協働の中でこそ精神障害者のことがわかる」と述べ，「福祉工場で仕事をすることによって自尊心を回復しています」と語り，星野氏は「素朴な質問が出せる職場」で，と気負わない生き方を示してくれているように感じられた。

彼らは自身の体験をとおして，受け手に，ともに生きること，ともに働くことの大事さを教えてくれているのである。

やどかりブックレット・障害者からのメッセージ・4(香野 1999)と障害者からのメッセージ・2「過去があるから今がある今があるから未来がある・1 2人の旅人がやどかりの里にたどり着くまでの軌跡」(菅原和子・菅原進 1999)の2冊は，個人の体験を綴ったものである。

菅原和子氏と菅原進氏は夫婦である。このブックレットは，2人が出会い歩み始めるまで，2人各々の生い立ちから発病，入院生活，退院後の生活についての前半生の体験が綴られている。

「僕のこころに聞いてみる　マイベストフレンド」では，香野氏は自身の発病から入院そして保護室での生活を赤裸々に綴っている。発病までの経緯では，

いても立ってもいられないような孤独感とその闘いが綴られており，入院生活における保護室での「非人間的な」経験は，今でも夜中にうなされると著者が述べるあたりでは，やはり治療・看護的関わりにおける外傷体験が患者には存在していることを認めざるを得ない事実が暴かれている。そして，抗議からあきらめへと陥った著者が，再度，どん底から浮き上がろうとする，その，前向きな生きる力には，読み手のほうが力づけられ，励まされる。しかし，退院してからも，「精神病だったという事実の処理」(Kuiper 1988)に香野氏もまた向き合うことになる。それは，発病体験を悔やみ「何で俺がこういう病気に罹らなければならなかったんだろう」「存在すらないんじゃないか」という問いかけになって現れている。そして母親の病気がきっかけで，閉じこもりがちだった生活から外へと変化していく過程で，香野氏はやどかりの里と出会うのである。

やどかりの里の職員に触発され，高校・専門学校へ進学する過程で，「コンプレックスを逆手にとって」，「主体的に自分から何かしてみようという気分が湧いてきた」自分について香野氏は綴ってゆく。「僕は1人の人間だ」と信じることができ，「分裂病はマイーベストーフレンド」と気負いなく述べ，「障害者であることを話すことによって自分を高める」のだと，香野氏は自らを開示している。病気もまた，その人の一部であることがここで再度確認できる。そして，香野氏は，親への信頼関係の絆の再認識から，結婚という新たな絆への広がりを語り，感謝の念を綴っている。

どちらの著作も，深く，穏やかな共感を引き起こす体験の綴りである。それは病いの体験もまた，人としての自己の存在を問うというような，誰しも一度は通るような普遍的な問いかけを含む体験であるからだろうと思う。そしてまた勇気づけられともに生きる元気を与えられるものでもあった。

以上が，今までに発表された精神障害者の手記の紹介と，筆者の目をとおし感じ考えさせられた内容のまとめである。

1.2.2. 精神障害者の手記がもたらす意味とは

精神障害者の手記が受け手にもたらす意味について

次に，ここまでの手記の吟味に加えて，それぞれの手記のまえがき・あとがきの内容検討を重ね，発表された一つ一つの手記が，受け手にとってどのような意味をもつのかについて検討した結果を論じていく。

検討の結果，手記のもつ意味は4つのカテゴリ名—「日常感覚への知」，「共育への知」，「共生への知」，「協働への知」—に分けられた。

表2は，ここまで検討した手記の，まえがき・あとがきの一部を抜粋し，導き出されたカテゴリと対応させ掲載したものである。

まず最初に，「日常感覚への知」であるが，これは，ありていな言葉で表現するならば「知る」ということであり「伝わる」ということを意図した手記から導かれたカテゴリである。これはどの手記においても，基本には，こうした意図が通底していたと思われるが，特にそれは，強い語気をもった言葉の威力というよりは，小林美代子氏の静かな描写やセシュエーの著作にみるルネのリンゴをほおばることをめぐる記述にみるような，読み手の日常感覚を触発し，日常感覚に触れ染み入るような共感をもたらす手記に表されている。とりたてて飾らずとも，細工なしに「伝わる」ことを意図した手記である。

これは，セシュエーやハナ・グリーン，小林美代子氏の著作のように内容からにじみ出てきているものであるが，カイパーやジャミソンの著作のように専門家ゆえの心理描写のこまやかさと，客観性から伝わってくるものもあった。さらに2人の専門家に共通しているのは，「うつ病患者が悩んでいることをきちんと理解してもらうためにも少しでも役立てばという思いだけで，私は少しずつ書きはじめた」(カイパー)，「病気だったから得たものがあると，(中略)わたしはより多くのことを，より強く感じた。(中略)死を味わい，そして生をさらに味わった」(ジャミソン)というまえがきやあとがきからみる彼ら彼女らの謙虚さである。

素朴な綴りでいえば，「一人でも多くの方がこの本を読んでこの病気のことを理解」してほしいという願いから出版された『こころの病い：私達100人の

表2 手記に記されたまえがき，あとがき

著者	表題	まえがき，あとがきから	受け手にとっての意味
セシュエー(1950)初版邦訳(1955)	分裂病の少女の手記	【序】かくして初めて私達は，病者の外観からは想像し得なかったような闘争と苦しみと悩みとに満ちた，かつきわめて心理学的教訓に富んだ内的生活を発見するに至るのである。	日常感覚への知
ハナ・グリーン(1964)邦訳(1971)	分裂病の少女　デボラの世界	【訳者あとがき】グリーンのこの小説は，小説にもかかわらず，あるいは小説であるがゆえに，セシュエー女史のそれとは違った意味で優れた「分裂病の手記」という側面ももっているのである。	日常感覚への知
小林美代子(1971)	髪の花	【あとがき】「髪の花」は，引き取り手がないために，全快してもなお十幾年を病院に閉鎖されている方々が今なお多くいることと，その望みのない生を社会に訴え，何らかの救済措置が講ぜられることを祈って，書きました。	日常感覚への知共育への知
小林美代子(1972)	繭となった女	【あとがき】飢餓感は今も去らない，埋められそうなものは判ってますのに，到底手に入らない気がします。飢えを満たす作品をつくりあげられるかどうか判りません。ただ夢中で書いてみるしかないのです。	日常感覚への知共育への知
クリフォード・W.ビアーズ(初版1908)邦訳(1949)まもなく絶版→再邦訳(1980)	わが魂にあうまで	訳者の江畑敬介も本書は，「精神障害者の介護と治療を改善し，精神疾患を予防する運動を開始するために書かれたものである。」と紹介し，「アメリカ精神衛生運動の歴史的原点」となったと評している。	協働への知
松本昭夫(1981)	精神病棟の20年	【あとがき】150万人ほどの精神障害者がいると推定されるわが国において，この精神障害者の福祉対策は緊急の課題ではないだろうか。私の拙いこの本が，こうした多くの精神障害者とその関係の人々に，何らかの糧になれば幸せである。	共生への知
瀬谷健(1991)	精神病棟閉ざされた200日	【あとがき】本書を読んでくれた人が，「医療」という名に程遠い現在の精神病院の実態を知り，精神病患者が置かれている立場を理解してくださり，そして精神病者と呼ばれている人たちへの誤解と偏見を少しでもなくしてくださればと願っている。	共生への知

(表2 続き)

全国精神障害者団体連合会準備会(1993)	こころの病い：私達100人の体験	【まえがき】精神病は，誰でもなる可能性を持った病気です。誰一人として生まれたときからの精神病患者というのは存在しないのです。そういう意味で一人でも多くの方がこの本を読んでこの病気のことを理解していただけることを願っています。そして「精神障害者」になったことを嘆き悲しむのではなく，そのことによって気づくようになった点を大切に生かし，豊かな人生を送っていこう，と言う私たちの希望をこの本の中に見出していただければ幸いです。	共生への知 日常感覚への知
「精神障害者の主張」編集委員会編(1994)	精神障害者の主張―世界会議の場から	【まえがき】ユーザーの人権を守るために，ユーザー自身が自覚的な立場で戦っていく以外にないのが，日本の，そして世界の現状なのです。国が違っても文化が違っても，精神病は，未だに特殊な病いとの一般認識が根強く，そこにユーザーの生きづらさがあります。(中略)私達は，自分の体験を乗り越えて，自分らしく生きる道を探しつづけています。社会と協調しながら，人々と助け合いながら生きていくことが必ず可能だと信じています。(中略)人は人として人生をまっとうする権利があります。	協働への知 共生への知
ジュディ・チェンバレン(1988)邦訳(1996)	精神病者自らの手で	【日本の皆様へ】本書が，日本の精神医療コンシューマー(精神医療の利用者)やサバイバー(精神医療からの生還者)に役にたち，また，米国での元患者の経験が，すでに活発になっている日本の運動に一層の発展をもたらす一助となりますように願っています。また，患者の家族や精神保健の専門家や人権問題に関心をもたれるさまざまな分野の人々など，本書を読まれた方々が私たちについてより大きな深い理解を得る機会となり，さらに，日本と他国にサバイバー同士の交流が一層容易にまた頻繁になりますことを願っております。	協働への知

1. 精神障害者の体験からケアリングを考える　47

(表2　続き)

佐治正昭 (1996)	精神病棟からの・への訴状－わたしの闘病記	【あとがき】わたしにとって病気体験は、肩書きだけで人を見る、偏見、差別のはげしい、鼻持ちならない内面天狗に陥ることはなかった、そういう役にだけは立っていたことになるのかもしれない。(中略)しかし、それだけのものを得る代償にしては酷すぎる半生ではあった、と思う。少しづつでも、それだけのことはあったという人生を送りたいものである。(中略)文章の拙さはさておいて、自分の気持ちは、まずは正直に伝えられていると思う。	日常感覚への知 共育への知
浅見順平 (1996)	精神病棟の春	【あとがき】また、「精神病棟の春」を最後まで書きつづけてみよう、と考えるようになったのは、自分の著したものが、単調で同じことの繰り返しでもいい、体験したことをそのまま書き留め、精神病棟の生活がどんなものであるのかを読者に知ってもらうだけでもいい、その単調な流れの中に何かが見えてくるかも知れない、と開き直った気持ちになれたからだった。	日常感覚への知 共育への知
P.C.カイパー(1988)邦訳(1997)	うつ、その深き淵より	【まえがき】「一人の精神科医が病気になり、自分の患者が体験することを自分自身でも体験したという経験を、果たして無にしてよいものだろうか」という問いが、繰り返し私に迫ってきた。そこでしばらくしてから、うつ病患者が悩んでいることをきちんと理解してもらうためにも少しでも役立てばという思いだけで、私は少しずつ書きはじめた。私はすべての人に読んでもらえる本を書きたいと思った。この本に書いてあることは、すべて実際に起こったことであり、ひとつの報告である。	日常感覚への知
ケイ・ジャミソン(1995)邦訳(1998)	躁うつ病を生きる	【エピローグ】それなのに、なぜこの病気に望むことがあるというのだろう。だが、病気だったから得たものがあると、本当にわたしはおもうのだ。わたしはより多くのことを、より強く感じた。より多くのことを、より強烈に体験した。より愛し、より愛された。よく泣いたがよく笑った。どんな長い冬にも春の喜びがあるのを知った。「デニムのように擦れ切れた」死を味わい、そして生をさらに味わった。(中略)私は自分の心の大きさ、深さ、広さを見た。それがいかにもろいのか、そしてついに、それがいかに知ることのできないものかを知った。	日常感覚への知

(表2 続き)

谷中輝雄編集(1997)	地域で生きる：精神障害者の生活と意見	【おわりに】彼らの語ることは常に新しいものを投げかけてくれている。私にはそう思えるのである。決して派手ではなく，むしろ地味であり，行間を読み取らないと見過ごしてしまうことも多い。自分を語る一人一人の背景，歴史を知る私にしてみれば，驚きでもある。そこに一人一人の容易ならざる足跡を見る想いである。学ばされたことも多くあった。	日常感覚への知 共生への知 共育への知
星野文男・大村祐二・香野英勇(1998)	精神障害者にとって働くとは	【はじめに】情報館は病気を隠さないで働けるところである。だからこそ，病気や障害を体験したからこそできることがあるはずだ，それを仕事に生かしていこうと皆で考えている。このことが，着実に具体化されていくとき，夢は夢でなくなり，現実になっていく。今回の体験発表会にその兆しは表れているのではないかと思う。ここに新たな共生の価値と文化の創造が生じていくと皆が期待を寄せている。	共生への知 協働への知
菅原和子・菅原進(1999)	過去があるから今がある今があるから未来がある・1 2人の旅人がやどかりの里にたどり着くまでの軌跡	【まえがき】編集委員一同も2人の人生の重みに圧倒された。だからこそ多くの方に2人の生きざまを伝えていきたい，という強い思いに編集委員一同が突き動かされる原動力にもなっていった。人生のどん底を見たという2人の体験，そしてそこから前に向かって歩み始めた2人の道程は，多くの方々に希望と勇気をもたらすであろうと信じ，本書を送り出したい。	日常感覚への知 共生への知
香野英勇(1999)	僕のこころに聞いてみる・1 マイ ベスト フレンド	【終わりに】多くの皆さんに伝えていくうちに，わたしは本当は何を伝えたいのだろうと，原点に戻って考えることがある。(中略)つい最近，私の講演を聞いた人から素敵な感想をいただいた。「香野さんの話を聞くのは2度目になるが，いつも勇気づけられる。精神障害者の体験談としての話もよいと感じるが，人間の原点の話のように思う。いつも聞くたびに『今を大切に』しなくてはと思わせてくれる」(中略)そう，言葉は不確かでも，伝えるということは気持ちなんだと気づいた。	日常感覚への知 共生への知

(表2 続き)

| 星野文男・大村祐二・香野英勇・宗野政美(2000) | 精神障害者がいきいきと働く | 【はじめに】世の中にはいろいろな人間がいて、いろいろな生き方がある。そんなことをわたしたちは本書で伝えていきたいと思います。そして、働くということの原点はお金だけではない、やはり、人間が働く喜びを持って生きていく、そんなことを感じていただけたら幸いです。 | 共生への知・協働への知 |

体験』もまたその一つである。佐治正昭氏はあとがきに「文章の拙さはさておいて、自分の気持ちは、まずは正直に伝えられていると思う」と記し、浅見順平氏は、「精神病棟の生活がどんなものであるのかを読者に知ってもらうだけでもいい、その単調な流れの中に何かが見えてくるかも知れない、……」と綴っている。どちらも同様に、素朴な体験の綴りをとおして感覚的に相手に「伝えること」、「知ってもらうこと」を期待している。そしてさらには、それが自分に気づく作業でもあるということをさりげなく述べているのである。

やどかりの里『地域で生きる』(谷中輝雄編集)のあとがきにも、表2には掲載していないが、体験発表をした人の感想が紹介されている部分がある。そこでは、「自らの体験を語り、それを聞いてくれる人が精神障害のことを理解してくれたり、自分なりの生き方に感動をしてくれたりすると自分の人生もすてたものでないなと感じたりする」と綴られており、他者へ伝えるという行為は同時に自己を知るという体験をも導いていくのだ、ということを示唆していた。

ここから、次の「共育への知」というカテゴリが導かれていった。これは、やや個人的な感想に偏った恣意的な意味づけと思われるかもしれないが、上記にあげた、小林美代子氏や、浅見順平氏、佐治正昭氏、やどかりの里の体験手記のあとがきなどから、伝えること、知ってもらうという作業のなかで、同時に自分を知り育てる作業をしていることがうかがわれるところから浮かび上がったカテゴリである。

彼ら彼女らの手記には、読み手に「生きる」とはどういうことか、「幸せ」とはどういうことか、という倫理的な哲学的な思索に誘い込む力がある。これは、セシュエー、カイパー、やどかりブックレットシリーズなどに共通して伝わってくる問いかけのように思う。なぜか、悲惨な事実も含まれた綴りであり

ながら，読後感として安息感や安らぎが得られるのも不思議と共通し，なんだか元気が出てくるのである。彼ら彼女らの手記には，日常感覚への知をもたらすのと同時に，自己の存在の確かさ感をつかもうとする，読み手(受け手)とともに自分を確かめ育み合うような，そんな役割機能があると思われてならないのである。

次の「共生への知」は，『精神障害者の主張』にはっきりと示されているところから導かれている。つまり人間の尊厳が保たれること，あたりまえの人生をまっとうする権利，というような人権意識の主張が，手記の文面下に通底している著作から導かれている。

共生とは，当事者が病気，障害と共生する日常生活，地域生活であるとともに，障害者も健常者もすべての人が共に生きる人間として，障害者の課題というよりは，健常者の課題としても考えさせるものでもあった。そうした意味で，病いを抱え入退院を繰り返しながらも社会のなかで暮らしてきた松本昭夫氏があとがきにおいて社会復帰対策の必要性を主張している手記も，その筋書きにおいて「共生への知」を喚起しているものであると受け取ることもできるだろう。

そして最後の「協働への知」であるが，これは，ビアーズの『わが魂にあうまで』にみるように，精神衛生運動を展開するというはっきりとした明確な主張が，意図として盛り込まれた著作である。ジュディ・チェンバレンであれば，精神障害者のためのオルタナティブな利用施設の実践を示しているように，「働きかけ」を喚起する意味をもっている。さらに，やどかりブックレットシリーズ『精神障害者にとって働くとは』，『精神障害者がいきいきと働く』にみる手記では，「はじめに」の部分に「新たな共生の価値と文化の創造が生じていくと皆が期待を寄せている」と記され，著者たちの，働くということは人権が認められたいという思いにつながるという意見や，「協働の中でこそ精神障害者のことがわかる」というような主張が示されていて，「働く」がテーマになっているからこそでもあるが，「協働への知」がその出版の意図として汲み取られるのである。

「協働への知」を喚起する手記は，やどかりブックレットにはっきり現れて

いるように，精神病者・精神障害者にとって病気や障害という現実問題に向かうときの態度生成や対処を生成する役割をなしている著作と，ビアーズ，チェンバレンに代表されるように，専門家，一般社会・地域に対する働きかけ，啓蒙を目的としている著作で構成されていた。

以上，精神障害者の手記のレビューをとおして，その内容を検討し著作の意味性というものを考えたとき，〈日常感覚への知〉，〈共育への知〉，〈共生への知〉，〈協働への知〉の4つの意味があることを示してきた。

ところで，ここまでの検討では，あまりその出版年の精神医療や精神保健福祉の歴史的状況については，考慮に入れずにきた。しかし，実際には各々の手記は，その時代の精神医療や精神保健福祉の歴史的状況が色濃く反映されたものであることは間違いない。当然ながら，当事者が受けてきた医療・リハビリテーション・福祉の質が違えば，手記のなかからにじみ出てくる内容とその意味は違ってくるものである。

そこで次節においては，精神医療・精神保健福祉の歴史的背景も重ねながら，この手記における意味について考察を進めたい。

歴史的背景からみた手記の意味

精神障害者の手記は当然のことながら，精神障害者が人として遇され，抗精神薬が開発され開放的な環境における治療が行われるようになっていった時代から発表されている。

セシュエーの著作のみがその例外である。

最初に発表されたセシュエー，ハナ・グリーン，小林美代子氏の著作は，どれも精神病を患う人を「知る」ことや精神病を患う人のことが「伝わる」，という受け手の「日常感覚」を触発し理解へ導いてくれるものであった。それらは決して感傷に溺れるのではなく，精神病というものは厳然としてあることと，その病いの状態と苦しみとその回復への過程が，日常場面のごくありふれた一場面におけるきめこまやかな描写によってなされているところに，受け手は情動と知性が揺さぶられ，共感し，引き込まれるものであった。

ハナ・グリーン，小林美代子氏の作品が日本で発表された1970年代は，精

神医学の歴史的背景からみると反精神医学運動が展開した時期でもある。日本の反精神医学運動は，当時の精神科医療・看護への批判をきっかけに始まったものだが，実際は大学紛争とも連動した複雑な様相であった。スティグマ社会や精神科医療・看護の変革，当事者の人権救済を目指す運動として捉えるならば，病気を日常の共通感覚レベルで理解することへ導くという意味で，これらの著作は反精神医学運動の流れに沿うものであったに違いない。が，一方で，精神疾患は「神話」であり，科学的な価値のない医学的な誤解である，とする立場に立ち，精神疾患そのものを否定するものを反精神医学の運動だとすれば，これらの著作はまったく逆の意味をもっていたとも考えられる。

　反精神医学のイメージを創りあげることに一役担った映画に「カッコーの巣の上で」(ケン・キージーの小説の映画化，ミロス・フォアマン監督 1975)がある。社会的逸脱者であった主人公が"病気"に仕立てられ精神病院で"治療"されていくありさまを映し出している映画である。電気ショック療法や，抑圧的な集団ミーティングが映し出され，最終的に主人公は"治療"という名のもとにロボトミー手術を施されて感情を失った廃人となってしまうのである。このような，精神病というものはそもそも存在せず，社会逸脱者が精神病として仕立てられているだけなのだ，という反精神医学の視点は，しかしながら当事者である精神障害者たちには，必ずしも受け入れられておらず，ハナ・グリーンなどはキージーの本を嫌っていたという事実をエドワード・ショーター(Shorter 1997)は明かしている。

　病気を抱え，その苦しさを嫌というほどに味わっている当事者は，病気が否定されてしまったら，その苦しさの帰属先を失い，結果として病いを負った自分としての存在をも否定することにつながってしまうのではないだろうか。

　むしろ当初の手記の意図は精神病とその苦しみは厳然としてある，というところから出発し，それを知るということを目的に，綴られたものなのではないだろうか。〈日常感覚への知〉としての意味を担う手記は，精神障害者"を知る"という体験を受け手にもたらすものであり，それ以上でもそれ以下でもないように思える。

　河合隼雄は，児童文学『ヒルベルという子がいた』(ピーター＝ヘルトリング

作，上田真而子訳 1983)のあとがきで，頭痛がしたりひきつけを起こしたりお腹が痛くなったりする病気のヒルベルが，羊の群れに混じって「ライオン体験」をしたという場面で，「何かについて知るということと，何かを知るということは異なること」だと解説している。ここでいう何かを知るということは，じかに素手でつかみとるかのような生き生きとした情動と知性が揺さぶられる深い知の体験を指している。これはメイヤロフのケアリング論でいうところの，直接的知識であるとも言い換えられる。〈日常感覚への知〉をもたらす手記は，こうした知の体験をもたらしていたと思うのである。

　知るということは何より，長く閉鎖的な収容施設にいるしかなかった精神障害者の存在を世の光に当てる役割を果たしていたのである。

　次の1980年代は，精神障害者が，医療・リハビリテーションと福祉の対象へと遇されていく時代である。それは明らかに不足している支援体制に対して，当事者自身が地域社会で暮らしていくための運動をし，訴え，呼びかけを先導する必要性があった時代でもあったと考えられる。

　ビアーズの著書は，原作は70年以上前の1908年であったにもかかわらず，邦訳が再版されたのは，反精神医学運動のほとぼりが冷め，WHOが国際障害分類試案を提出しゆっくりと精神障害概念が検討されていく1980年という時代だった。1949年に一度邦訳されたときはすぐに絶版になったというのは，時期尚早だったのかもしれない。そして改めて再版されたのが1980年代という時代であったからこそ，ビアーズの過去に展開した精神衛生運動の歴史が生き，受け手に必要とされた〈協働への知〉をもたらしたのだろうと考えられるのである。

　さらにこの時代はノーマライゼーションの理念が実際に展開し，「完全参加と平等」がテーマになり，障害者の人権が尊重されていく時期でもあった。そうした意味で，同時代に出版されている松本昭夫氏の著作は，〈共生への知〉として受け手の側にも意味があったと思われる。著者の松本氏は，社会とともに，病気とともに，生きてきた軌跡を事実として淡々と記すことで，異質なものとの〈共生への知〉を，知恵として受け手に届けているのである。松本氏が訴える社会復帰対策の必要性の提起は，当時の不十分な精神障害者の福祉的対

策の課題でもあったのである。

　精神科リハビリテーション，精神保健福祉への展開がゆっくりと進んでいた1980年代に発表された手記はこの2冊ほどであり，非常に少ない。この時代においてはいまだ，精神障害者の手記は稀有なものであった。

　しかし，精神保健法から精神保健福祉法へ具体的に行政が動き出し，明らかに精神障害者の地域生活が変化していき，1990年代になり当事者の主体性が開かれていく時代となり，精神障害者の地域での暮らしがいよいよ変わっていくにつれて，手記の発表も多種多様になされていくことなる。

　この時代の手記は，『精神障害者の主張』やジュディ・チェンバレン『精神病者自らの手で』にみるように，人権意識を訴えるとか，ユーザー運営によるセルフヘルププログラムを実践し提起するというように，伝えたいことがはっきりとした〈協働への知〉をもたらす手記と，その他の手記にみるような，さまざまな体験や事実をとにかく伝えることによって，受け手に知性と情動を総動員させて「知る」という行為のプロセスを辿らせ，〈日常感覚への知〉，〈共生への知〉をベースに〈共育への知〉や〈協働への知〉がもたらされる手記，とに二分される。

　〈協働への知〉を主とした手記は常に，はっきりとした響きで，強烈な印象をいつまでも同様に与え続けるが，他の手記は，著者の主観的体験をさらし続けることでおさまりがついていっているようでもあり，一方で常に読み手にとってその読み方は変化し，読むたびにその色彩は変わってくる。

　徹底した観察力と描写力によって記された手記としてカイパー（1988 邦訳 1997）とジャミソン（1995 邦訳 1998）の著作があげられるが，これは，先に述べた，「……を知る」という体験に受け手までもが引き込まれていくような生々しい迫力があり，強力に〈日常感覚への知〉をもたらしてくれるものである。この2冊は心の専門家でもあった人たちの病いの体験手記であることが特徴でもあるが，これこそ「完全参加と平等」というこの時代であるがゆえの出版という意味があるといえるだろう。

　1970年代の小林美代子氏の作品に示されていた〈共育への知〉のプロセスは，著者の「わたしを満たしたい」，私という確かさ感を満たさんとする思い

が小説のなかに流れ出て，受け手を巻き込んでいるように感じられた。こうした自己の確かさ感を知ろう，育てようとする営みに巻き込まれていくという意味で，〈共育への知〉は展開していたのであるが，1990年代に発表された，佐治正昭氏，浅見順平氏の著作には，それに加えてさらに，自分らしさへの問いが感じられる。

この時代になってくると，精神障害者は，被害者ではなく自分らしく生きる行為の主体者として病いの体験を糧とする姿勢が手記に多くみられていく。やどかりブックレットシリーズにもその姿勢は貫かれていた。

数名の著者の"病気をしてよかった"という回想は，受け手を「生きるということ」，「幸せということ」について思索をめぐらす倫理的な，精神的な作業に誘い込んでいく。そしてこの作業は一度おさまりをつけたつもりでもまた揺れ動く，定まることのない，終わりのない作業であることも示唆している。

社会が目まぐるしく変化し先の未来がみえづらくなってきた1990年代以降，人は生活を営むなかで，病気をしていようがいまいが，誰しもが自分らしさや自己存在の確かさ感(self-awareness)のゆらぎを感じているのではないだろうか。〈共育への知〉をもたらす手記というのは，こうした時代の雰囲気を背に，絶えざる自己への問いかけと発見の道筋を得るものとして意味をもつと考えられる。

読み手は，精神障害者の手記から何を学ぶことができるだろうか？

精神障害者の手記は，健常者・障害者を問わず人間の主体性が問われていく現代にあって，なおさらに，人が生きていくということ，生き抜いていくという人生の問題を議論する機会と，自分らしさや自己存在の確かさ感(self-awareness)というような自己の問題を議論する機会とを提供する意味をもつのである。

1.3. 精神障害者の体験の意味を探求する先行研究

ここまで，当事者の手記の読み手にとっての意味について検討してきた。この「当事者から学ぶ」というアプローチは，研究者が当事者の体験，物語を聴

くということ，もしくは，病いの語りを聴く，というナラティブアプローチとして，臨床的な関心のもと，現在では医療人類学のみならず，さまざまな研究領域において，また精神科臨床に関わる治療論としても，注目を浴びている方法である。

　精神科臨床に関わる研究としては，まず精神科医である江口の「非定型精神病」患者とその母親の報告(2001)及び「慢性分裂病」患者のライフヒストリーの報告(2000)があげられる。病いをめぐる語りが社会・歴史的文脈のなかで，溢れるように語り出されることによって，治癒や癒しが導かれていく治療的意義がそこでは述べられている。ここで，聞き手となっているのは，あくまでも治療者であり，相手は治療契約を結んでいる患者であることをおさえておきたい。つまり患者の語りが溢れ出す契機には，日常の関係とは違った二者関係における波長・文脈の転換が潜んでいることがここではうかがわれるのである。

　一方，精神科看護の研究領域では，精神障害者を対象にしたインタビュー研究が行われている。田中は，地域生活を送る精神障害者にとっての病いの意味を理解することを目的に，ライフヒストリー研究を行っている(田中 2000b)。田中は，研究協力者となった当事者のSさんの人生の中心的な意味を「スティグマからの自己奪還」として解釈し，その背景について，同じ精神障害者の仲間との出会い，自己変革のための努力，スティグマに囚われた環境からの脱出や時代の変化(精神保健法成立)があったことをまとめている。

　同じく，田中(2000a)は，地域生活を送る精神障害者のライフヒストリーを聴き取り，ハイデッガーの存在論を基底に解釈学的方法論によって読み解くことによって，その病いの意味を探求し，さらに看護への示唆を導いている。考察において田中は，精神障害者として自己を再構築するという自己解釈的体験が，研究協力者であるNさんの人生に生じていたことを検討し，具体的に，「相手の文脈に身を置いた理解－"辛さ"と困難の理解」，「当事者自身が立ち直ろうとしていることの理解」，「仲間の意味，ケアの意味の理解」，「自己の再構築への援助」，「自己決定への支援」，といったことを看護援助の視点としてまとめている(田中 2000a)。ここで聞き手である田中は，いずれの語り手にとっても研究者であり，研究協力者として相手と契約関係を結んでいる。

精神科看護の領域では、さらには、地域に住む精神障害者が長い人生を過ごしていくときに、社会生活者としては避けて通れない、結婚・恋愛の問題を取り上げた報告もある(横山 2001)。横山は、精神障害者当事者組織に研究者の立場で通い、なじみになったところで研究協力を依頼し、インタビューを行っている。対象者はその当事者組織に所属するパートナーをもつ6組である。結果は、「本人のライフヒストリー」、「二人のストーリー」として提示され、生活史の分析をとおし、彼ら彼女らの結婚に至るプロセスを「人間の自己の成熟のプロセス」として捉え、「自己価値の再編」、つまりは、「生かされている自己存在そのものの中に価値を見出」し「新しい価値」に気づいていくことで、「安定し、成熟する自己」へ変化する過程が生じていくことが論じられている。当事者にとっての結婚のストーリーは、「病いの体験を凌ぎつつ「生活者」として主体的に自身の「生活(人生)」を生きてきた歴史や物語」であり、看護者はまず当事者の「人間としての歩み」に「寄り添う」ことだという結論を看護への示唆として導いている。

田中、横山の報告は、いずれも、ある到達点に達した当事者を研究協力者として想定している。田中であれば、「一定の安定した地域生活を勝ち得ている人」であり、横山であれば、「参加同意の得られたカップル」に研究協力を願い出ているわけである。つまり、一つの成果をすでにあげている人、あらかじめ学ぶべき人を選定し対象とすることを前提としている。一方で、江口の報告は、それ自体が治療行為として示されているゆえに、語り出す人の状況に、ある設定を設けてはいない。むしろあるときふっと語りが語りとして噴出するということ、そして語りを聴き取ることそのものから、結果、得られた成果が重要なこととして述べられているという違いがある。

筆者は、精神科デイケアにおいて、臨床活動(ボランティアスタッフとして)に携わりながら、退所間近のメンバーにインタビューを実施し、精神障害者の主観的体験から見出されてくる障害認識と、その対処努力について考察した(葛西・古塚 1999)。筆者はこの研究をとおして、精神障害者は対処能力をもち十分に機能する人間であるということをケア提供者が十分に知ったうえで協働関係を結ぶことの重要性を述べ、ケアの過程とは当事者の主観的体験世界の

文脈を知ること，そしてそこに接近しケア提供者ものっかりながらその narration の編成，再編成とその意味づけに参加することであると述べた。このインタビューの体験は，改めて筆者に，精神障害者は語る言葉をもっているということを知らしめ，それは，ある成果を達成したときであるとか，心の安定を得たときに限らず，苦しみのさなかであろうとも，彼ら彼女らは語る言葉をもっている，ということの気づきにつながっていった。それは，クラインマン (Kleinman 1988)の重症火傷の少女とのエピソードでも指摘されているところでもあるが，この体験は筆者にとって，後述する精神障害者観の支えとなり，現在の臨床の基礎となり，日々の臨床実践のなかで息づいている。

　Brian Williams, David Healy (2001) は，地域精神保健チームに新たに紹介された当事者たち(診断は depression)を対象に，彼らの心理的な体験の理由づけを探求することを目的とした，インタビュー調査を行っている。つまり，診断を受け入れる過程にある人々を対象にした調査研究であるという特徴をもっている。結果は，心理的な問題に苦しんでいる人たちの健康観(health beliefs)は多様でかつ可変性をもつものであり，一貫性をもった説明モデルによる理由づけでは，その流動性を捉えることができず，なぜ？　私が？　今のような心理的問題を体験しているのかについて理解しようとするときには，意味を探索し生成し続ける枠組み，探索地図をもって，その輪郭を描いていくフォームをもつほうが，その解釈がより促進されるとしている。

　ここで指摘されている説明モデルと探索地図の対比は非常に興味深い。さらに，診断を受け入れようとする，もしくは障害を「受容する」過程にある当事者たちへ焦点を当てた研究であるところも，筆者の関心を引くところであった。

　当事者にとっての生活のしづらさといった体験は，千差万別で，それぞれがユニークであり，生きている限り終わりなどない。にもかかわらず援助者は精神障害者の生き様を，病気や障害を克服すべき人，克服した人として，健常者の尺度で美化しゴール設定を勝手にしてしまってはいないだろうか。慢性疾患の場合，病気や障害とうまくつきあうことが，当事者には求められていく。しかしまさにその途上にある当事者にとって，うまくつきあうつきあい方や，何をがんばったらよいのかを知ろうとするとき，受けるサービスやケアが，固定

的なゴール設定のもとに押し付けがましいものになってはいないだろうか。生き方もなかなか定まらない流動的な状況のなかで，あるべき論に従うのではなく，ケアの担い手である援助者は一体どのような他者として，彼ら彼女らと向き合い，どのようにつきあっていけばよいのだろうか。

　本書では，これらのことを明らかにしていくために，彼ら彼女らが障害を抱えて生き抜いていくその試行錯誤の軌跡を示していこうと思う。つまりこれまでに試みられてきたような当事者の体験，物語の意味を解く説明モデルではなく，その意味を探索し生成し続ける枠組みを導き出し，当事者の自己の輪郭を描きその変化のプロセスを捉えていくことから始めていこうと思うのである。

1.4. 精神障害者の主観的体験に焦点を当てたケア

　精神障害者へのケア実践研究において，とりわけ主観的体験に焦点を当てたアプローチとしては，障害受容が主にそのテーマとしてこれまで取り上げられてきた。そしてその主な実践の場として精神科デイケアがあった。

　そこで本題である，青年期を生きる精神障害者へのケアリングに関わる議論を深めていくため，ここで障害受容論を含む「体験としての障害」へのケア研究について概観し，ケアの課題について述べ，具体的な実践展開が期待される精神科デイケアの機能について述べていくこととする。

1.4.1.「体験としての障害」へのケア──障害受容論

　障害の概念は，「疾患等を原因とする生活・人生上の困難・不自由・不利益」あるいは「疾患等による人生上の悪影響」とされる上田（1983）の定義がよく用いられる。障害とは，疾患等による生活や人生における生きにくさとして捉えられているのである。また，1981年，上田の障害モデルを精神障害に援用した蜂矢の障害構造論の提起は，リハビリテーション・治療・生活支援・当事者運動などの実践と，制度や政策の推進に大きく貢献してきた。

　1980年 ICIDH（WHO 国際障害分類）試案から始まった WHO の障害構造論の議論は，障害と健康部分を含み環境因子と個人因子との関連も図示した相互

作用モデルとして，2001年にはICF(国際生活機能分類)という名称へ改訂されている。ICFは，疾患や障害を抱えながらも同時に健康的に日々を生き，人生を生き抜いていく生活者としての人間観と，障害や健康の問題を個人レベルのみならず，環境や社会との関連で検討すべきであることを呈示しており，今後の実践レベルの展開が待たれているところとなっている。

しかし，このICFには結局，上田が提起していた主観的障害(体験としての障害)を含む主観的体験は組み込まれることはなかった。この主観的体験へのケア(「体験としての障害」へのケア)は，障害受容のプロセスとして論じられており(上田 1983, 1998, 2001)，精神障害者のリハビリテーション過程においても主要な部分として取り入れられているものである(村田 1981, 1982, 1989)。したがって，この欠落は実践レベルの展開において大きな穴といわざるを得ない。

上田(1983)は，障害受容論を「体験としての障害」への心理・実存的アプローチとして展開している。上田(1983)は障害受容を，克服であって諦めとは対極にあるものであると明言している。受容とは「生きる力の再獲得」であり，「居直り」ともまったく違い，積極的な同意，同化であって，価値体系の再編成から価値の転換までを意味する言葉であると説明している。そして受容に至る過程のステージ進行を，ショック期→否認期→混乱期→解決への努力期→受容期という5段階に整理している。また最終ゴールの受容期については，大江健三郎が提起した「本当の受容」と「仮の受容」に応えるかたちで「「仮の受容期」も一つの受容」とし，一人の人間の発達過程として，あとになって気づく「仮の受容期」とより高く深い「本当の受容期」への繰り返しがあるのだと述べている(大江・上田 1990)。このように，上田の唱える受容期は，心理・実存的アプローチの目指すべき唯一の最終ゴールとされている。それゆえに，障害受容に到達しえない状態は人間の全人間的存在の未発達を示すかのようでもある。

さて，上記の上田の障害受容論は，身体障害者——見える障害——を対象として導き出されたものである。では，見えない障害でもある精神障害者を対象とした場合には，どのような展開がなされてきたであろうか。

村田(1981，1982，1989)は，精神障害者のリハビリテーション過程を「発病によりひとたび崩壊，喪失した自己価値を「障害受容」を経て再編するプロセス」であると示し，「障害受容」のプロセスを「障害の相互受容」と「自己価値の再編過程」としてまとめている。村田は，発病そのものが人間的，社会的，時間的断絶を余儀なくされるアイデンティティ危機であるがゆえに(そしてそれは見えない障害でもあるがゆえに)，「障害受容」プロセスは大変困難極まりない道のりであることを丁寧に述べている。働きかける側の関わりは，当事者との「現実的な「折り合い点」をどこにもとめるか，微調整しつつ」検討していく共感的な過程であると述べ，「障害の相互受容」の基盤となすべき相互信頼関係の必要性が述べられている。さらに村田は，その困難な過程において繰り返される現実的挫折体験のなかで生じる「新たなる無為」という無力感の問題も指摘した。リハビリテーション過程において，「新たなる価値意識(障害者であることの受容)」に至るか「新たなる無為」に至るかは，紙一重の差とすら述べられているのである。

村田(1981，1982)は，体験としての障害を抱えアイデンティティの危機にさらされた自己が，社会のなかで再びおさまりのいい新しい価値を再編していくプロセスとして，精神障害者のリハビリテーション過程を示したわけだが，同時にこの実践過程に村田は時間論的アプローチも導入している。村田の時間論的アプローチは，中井(1974)の「精神分裂病状態からの寛解過程」に沿い，リハビリテーションの動機成立の必要条件として，日周差や季節感の回復などにみるカイロス的時間の再生(主観的，人間的時間の再生)をあげ，これをタイムリーな働きかけの指標としている。

中井(1974)の「精神分裂病状態からの寛解過程」は，統合失調症状態の発病過程を記述するところから始まっているが，その節々に時間論的アプローチを読み取ることができる。また統合失調症の精神療法の過程を論じる西園昌久(1988)もまた，同様に時間的自己について触れている。両者のリハビリテーション過程に共通しているのは，身体的(空間的)自己の危機，もしくはぎりぎりの保持という発病時の状態から，回復過程において，身体的(空間的)自己の回復から時間的自己の回復へ，そして社会的自己へ，という回復の流れが記され

ているところである。そしてさらに中井は，寛解期後期の関わりにおいて，実践的な訓練よりは，寛解過程において生成していった空間と時間における安全な自己のおき方を意識的に社会場面において活用することのほうが安全であると述べ，「出来事を相対的に矮小化する」空間的戦略と，時の氏神さまにあずける時間的戦略の方策を勧めている。

しかし，こうした時間的アプローチを踏まえた精神科リハビリテーションを表す「障害の相互受容」と「自己価値の再編」過程は，臨床現場に採用されていくに従って，次のような批判にさらされていくことになる。それは，障害受容が諦め受容として臨床現場では受けとめられ，「新たなる無為」への危惧から「待機主義的傾向」を生じさせたというものであり，障害受容のプロセスにおける「自己価値の再編過程」が軽視されているというものである(伊勢田1999)。

身体障害における障害受容論もまた，受容プロセスを示すステージ理論に対して批判が注がれている。本田ら(1994)は，頸髄損傷受傷者の手記と高次脳機能障害者の手記の比較検討から，障害受容を「回復の断念に伴う価値体系の変化に限定すべき」として，社会のなかで生きていくさまざまな適応の一つの目標として障害「受容」があると位置づけたほうが妥当であると述べている。南雲(1994, 1998, 1999, 2000)は，脊髄損傷患者の障害受容過程における抑うつ状態(受容過程においては悲嘆)を検討し，そのステージ理論を批判している。南雲は「障害受容のほころび」として，障害受容のステージ理論の適用が，現実には訓練の前に受容ありきといった「障害受容がもつ専制性」と「障害が与える影響の過小評価」ゆえの「精神主義」，そしてそうした個人的作業への偏重が社会的不利による障害を軽視することを導き「社会の過小評価」をもたらした，と述べ，障害受容論を批判している。また南雲は以上の批判をとおして，障害がもたらす心理的問題へのアプローチとして心的外傷理論を取り入れ，さらにピアサポートを取り入れようと提起している。障害をもたない専門家の行うカウンセリングは言語的相互了解性でしかないと規定するがゆえのピアサポートの提起である。

筆者はこれら障害受容論に関わる議論について，とりわけ精神科リハビリテ

ーションにおいては,「受容」という言葉の誤用が混乱を招いていると考えている。「受容」にはそもそも消極性も諦めも存在しないからである。そしてやはり村田の「自己価値の再編過程」といわれる障害受容への困難な過程とたゆまない援助プロセスへの理解不足があることは否めないと考えている。

　精神障害とその受容プロセスの大きな特徴は,それが「見えない障害」であり,かつ変容していく(回復を断念しきれない)障害であり,そのプロセスが挫折体験であり,喪失体験であり,それでもなお,自己存在の確かさ感(self-awareness)を感じとり生き抜こうとしていく,アンビバレントな側面をもつところにある。そうするとやはり,身体障害や死の受容という「見える障害」であり,明らかに動かぬ事実から出発し導かれた受容プロセスの単純な適用は現状に合わないといえるだろう。

　目に見える障害の場合,客観的現実と主観的体験(苦しみ,悩み)は自明的に了解的であるのに対して,「見えない障害」もしくは「わかりづらい障害」の場合,どのような事態が招かれるのか考えてみたい。

　「見えない」「わかりづらい」生きづらさには,客観的にはとてもうまくやっているかのようでも,本人にはまったく満足感がなく不全感だけが募っていくということがある。そしてそれとは逆に主観的な意識としては,筋がとおり,一所懸命であるにもかかわらず,客観的にはそれが適応的でない場合もある。つまり主観的体験と客観的事実との乖離が往々にしてみられるのだ。見えない障害,わかりづらい障害の場合は,生活上のしづらさが主観的体験(悩み苦しみのみならず)から掘り起こされ,他者に了解可能な客観的な事実とみなされる過程を必要とする。身体的なものであっても,たとえは,身体のだるさ,疲れ,痛み,体感異常などは客観的にすぐわかるものとは言い難い。妄想や幻聴は,最初当事者にとってそれはほかの人にはわからない己のみにふりかかった体験であり,「妄想」,「幻聴」といったものが症状として誰でもが了解する客観的な事実とみなされるのには,本人が自覚のないままに了解不能な言動をとるなかで目に見えるものとなり他者に症状としてみなされるか,その体験を本人が語ることでようやく診断がされる。また逆に自覚なく体験に翻弄されていた自分自身が「妄想だったんだ」と了解することで客観的事実とすることも可

能になっていく。

　要するに，精神障害のように見えない障害，わかりづらい障害の場合には，客観的現実と主観的体験（苦しみ，悩み）は自明的に了解的ではなく，この区分けは変動しはっきりとしておらず，また齟齬も生じやすいのである。したがって，障害構造論を精神障害に適用するときには，客観的障害と主観的障害はズレが生じやすくその境界はあいまいで変動するものだというところから出発せざるを得ないのである。

　すると，精神障害における心理・実存的アプローチとは，つまり，客観的障害と主観的障害の齟齬を「見える」ものに，「わかる」ものにさせていく作業から始まると考えるのが，ケアの実際のプロセスを考えるときには実践的となるであろう。

　「見える」ものに「わかる」ものになるためには，共感的な信頼関係と言葉を介したやりとりがあって，ようやく可能になる。それが容易なことではない場合はえてして多い。しかし言葉を介して「見える」もの「わかる」ものになりえる可能性は残されている。当事者たちの手記がまさにそれを示しているといえるだろう。またそうであれば，相手が障害をもたないケアの担い手であっても，単なる言語的了解を超えて「わかりあう」感情体験につながるのではないかとも思う。

　ここで，筆者は，精神科リハビリテーションにおける障害受容のプロセスについて，受容は対処努力の一つとおさえ，それを唯一の目標として性急に求めるのではなく，時間の流れに添い，より当事者のさまざまで柔軟な対処努力を支持することをまず提起したいと考えている。さらに，病気・障害を抱えて生き抜いていかざるを得なくなる体験を，「見えない障害」を抱えるということ，「精神病だったという事実」をうまく処理していかなくてはならないという(Kuiper 1988)，心的外傷体験からの回復過程と捉えることの有用性に着目してみたいと考えている。ここでいう「見えない障害」とは，なかなか他者に気づかれないという意味においては，心的外傷理論における「離断」を意味するものでもあると考えられたからである。

　J. L. ハーマン(Judith Lewis Herman 1992)は，心的外傷体験の回復の諸

段階を述べるその冒頭で，回復の基礎は「有力化(Empowerment)を行い，他者との新しい結びつきを創る(creation of new connections)」ことにあると述べている。そして回復の段階においては，治療同盟を結ぶことの困難さとそれへの必須の努力を述べたうえで，実際は「波動的・弁証法的」，「螺旋的」に進行するとして「安全の確立」，「想起と服喪追悼」，「通常生活との再結合」の段階を呈示している。

筆者は，この心的外傷理論とその回復過程の知見が，精神障害者の体験としての障害，主観的体験へのアプローチにおいて，従来の障害受容論の議論を超え，さまざまに対処努力をする人という当事者像の理解を拡げ，かつ当事者をempowermentするケアリングの可能性を切り開いてくれるのではないかと考えている。

1.4.2. 精神科デイケアにおけるケア

主観的体験へ，「体験としての障害」へのケア実践が展開する場として，医療と地域生活をつなぐ精神科デイケアの果たす役割は大きい。

現在，日本における精神科デイケアは，地域に住む精神障害者が日中，6時間程度，治療とケアを求めて通所する場として機能している。しかし，日本における精神科デイケアの現状は，その目的や目標そして内容について，いまだ混乱がみられ隔たりが大きいことが指摘されている(池淵・安西 1995, 池淵 2000, 西園 2000, 2001, 柏木・荒田 2000, 浅野 1996, 野田 2000)。つまり精神科デイケアにおいて医療的ケアが先行した経緯こそあるが(柏木・荒田 2000)，それ以外の精神科デイケアの機能である，心理社会的ケア，福祉的ケア，地域ケアなどが，現在では対象者つまり利用者とそれを実施する機関によって，混在し混乱している状況となっているのである。

精神科デイケアの機能・構造について論じた文献から，その区別の軸とその内容について整理したものが，表3である。

精神科デイケアがこのように多様で不均質な現状となったのには，遅々として進まぬ脱施設化が厳然とあるなかで，地域精神保健の実践は始めざるを得なかったという矛盾が背景にある。しかも，精神科デイケアは1990年代飛躍的

表3 デイケア・精神科デイケアの機能，構造

	区別の軸	デイケア機能もしくは構造
西園 (2000)	ケアの質・機関	入院治療の代替，引き継ぎ治療(大学病院・精神病院)
		退院から社会への移行的ケア・職業訓練(精神病院・公的精神科デイケア施設)
		長期慢性患者の"憩いの場"的ケア(たとえば保健所)
池淵 (2000)	利用目的	急性期からの回復過程(積極的な治療と社会的な機能の回復)
		回復期(日常生活レベルの能力障害の改善・環境調整・適切な社会参加)
		長期的な安定期(維持療法・再発防止，生活の質の向上)
高畑・辻井 (1997)	障害受容のプロセス	デイ・ホスピタル(プレ・ホスピタル，ポスト・ホスピタル)
		デイ・グループセラピー，デイ・グループワーク，デイ・プレイセラピー
		デイ・プログラム(IL＝自立生活，就労訓練)
		デイ・レクレーション(デイ・カルチャーセンター)
		デイ・サービス
柏木・荒田 (2000)	目標・関係性・意思決定・運営	医学モデル
		生活者モデル
野田 (2000)	目的	病院(医療)機能(部分入院という機能)
		生活支援機能(生活保持・支援という機能，社会化促進の機能，所属の場としての機能)
		プログラム機能(教育・訓練機能)

に数を増やしてきたにもかかわらず，浅野(1996)が指摘するように，病床数を減らし入院治療にとってかわる機能を果たすまでには至っていない現実もあるのだ。

　筆者の経験でいうと，当初精神科デイケアに勤務したときには，その利用者のほとんどが，壮年期・老年期を迎えた入院経験の長い(10年以上の)いわゆる社会的入院を強いられていた人たちであった。精神科デイケアは，入院治療を終えた精神障害者が，病いを抱えて地域で，社会のなかで「生きる」，「生き抜く」最初の橋渡し機能を担っていた。しかししばらくすると同時に短期間の入院，または入院はせずに外来通院を継続している青年期の精神障害者が，地域社会のなかでの生きにくさを抱えたまま，日常を過ごしていかざるを得ない

現実が医療現場では顕在化していった。この壮年期・老年期の利用者のニーズと青年期のニーズ，両者のニーズを兼ね備えようとすれば，おのずと精神科デイケアは多機能デイケアを目指すよりほかはなかったのだ。

では，このような混沌とした現状における精神科デイケアの機能について，その展望をどのように描いていったらよいのであろうか。先に述べた主観的体験へ，「体験としての障害」へのケア実践，そして青年期を生きる精神障害者へのケアの展開をどのように描いていったらよいのだろうか。

野田(2000)，西園(2001)はそれぞれの機関による機能分化を提起している。野田(2000)は，異なる機能が混在化しそれを一つのデイケアでやりくりしようとしている現在のデイケアの現状こそが問題であるとし，デイケアの機能分化を提起する立場をはっきりととっている。野田(2000)は表3に示した機能に対応させて，デイケアのタイプを①デイ・ホスピタル型デイケア，②生活支援型デイケア，③デイプログラム型デイケアの3つに分けている。そして展望として，デイ・ホスピタル型デイケアへのニーズの高まりと，生活支援型デイケアの他機関への移行を示唆している。

西園(2001)も同じく，今後の精神科デイケアの課題として，医師主導のもとに，診断とアセスメントに基づくリハビリの実施計画と実施，評価が行われる必要性を述べ，野田(2000)が第1にあげた早期に退院した統合失調症患者に適応される医師主導型のデイ・ホスピタル型デイケアが今後は要請されるであろうと述べている。

柏木(2000)，柏木・荒田(2000)は，西園のデイケア治療論から示唆を受けながら，「医学モデルが生活概念を包摂しはじめている」という仮説を提示し，かつての「医学モデル」に対して「医学モデル」と「生活モデル」を統合させた「生活者モデル」を提唱し，社会的期待と対峙する生活者としての利用者の視点に立ち，時熟を待ち利用者が探索行動の結果獲得してゆくライフスタイルを支持するというデイケアの理念を示している。彼らは現状としては早すぎるデイケアの機能分化の状況を危惧し，社会資源の地域格差がある現在においてはいまだデイケアにおける「生活支援」の機能を軽視してはならないことを指摘している。時熟を待ち利用者が探索行動の結果獲得してゆくライフスタイル

を支持するというデイケアの理念こそは，主観的体験へのケアへと通じるものがあり，青年期の利用者にとって，重要な提起といえるだろう。

　精神科デイケアによる利用者の新たな抱え込みを危惧するがゆえの，機能縮小化と機能分化の提起は，脱施設化に伴う精神科リハビリテーションの発展において重要な指摘である。筆者はその意図に同意はするが，方法としては専門分化する方向より，デイケアスタッフがデイケアの複数のケア機能を意識して包括的に関わる道を提起したいと考えている。それは，デイケア機能の複雑化を温存するだけなのかもしれない。しかし筆者はそもそも精神科デイケアとは小さな社会を構成しているグループであり，それは，整然と人為的に分割され機能別に分けられた集団ではなく，複雑でごちゃごちゃした場であるからこそ治療的であり，ほどよいケア環境となりうるものなのではないかと考えるのである。主観的体験へのケアを考えたとき，「体験としての障害」に対処するとき，さまざまな他者（自分とは違うと感じる異質な他者を含んだ）と，ともにいることができる居場所があり，さまざまな他者が関わり合い混在するそうした環境こそが，望まれるのではないだろうか。

　機能分化の必要性の議論に対して応えるならば，利用者がさまざまな機能を自覚的に認識し活用していること，そしてそれを担うデイケアスタッフがいるということこそが重要であり，またそうすることこそが現在に至る精神保健福祉の歴史を背負った日本の現状に即した対応なのではないだろうかと考える。

　さて，では発病まもない青年期を生きる精神障害者に対するケアについてはどうだろうか。

　吉村ら（1995）は地域精神医療の今日的課題として，慢性期精神障害者への援助とともに，発病からまもなく入院経験も少ない若年精神障害者への援助も重要な課題であると提起し，その治療的課題を論じている。著者らは「回復スケール」を用いて，若年期精神障害者の変化を評価した結果，その特徴として若年期にある利用者は，対人関係の柔軟さを高めていきながらも，病いを抱えながらの人生設計や計画実現に関してはさらに試行錯誤と現実検討のプロセスが必要であることを見出している。治療的課題としては，スタッフとの個別の援助関係の形成によって依存と自立の課題の予備学習から終了後をも視野に入れ

たケアの展開が望まれること，グループ運営においては，明確さと同時に柔軟さ，弾力性がその枠組みに求められることが述べられていた。

　筆者は森近ら(2000)とともに，主たる利用者が青年期でかつ回復期の入り口に立った人たちで占められる精神科デイケアにおいて，治療・援助機能としての「こころの恢復機能」と，期待される新たな機能を探る探索的研究を行った。本調査は利用者であるメンバーを調査協力者とし，自由記述式のアンケート調査で，メンバーが認識するデイケアという「場」の雰囲気，関係性，そして成果という主観的体験認識に着目し試みたものである。調査の結果，デイケアが明るく和む場として，メンバーの主体的な対人欲求の強さ，特に二者関係としての多彩な他者体験が経験される場として機能していることがうかがわれた。つまりは抱えられる場であると同時に，主体的になれる場でありかつ多様な他者体験が得られる場として認識され，またそれが期待されていたということである。利用者たちは，デイケアに対して，はっきりと治療効果を期待すると同時に，生活上の実感レベルでの自分自身の気づきから，病いをもちつつこれから人生を切り開こうとする自己の育ちへの思いを表していた。これらの調査結果からは，新たに，青年期でかつ回復期の初期に当たる利用者を対象とした精神科デイケアの場合の援助機能として，リハビリテーションのみならず，ハビリテーションを含んだケア，つまりは人間発達促進機能が展開し，さらに求められていくであろうことが導かれた。

　これらの研究から，青年期を生きる精神障害者を主とする精神科デイケアの機能を考えるときには，「再発防止」，「生活安定」，「就労・就学などのステップアップ」といった従来の機能に加えて，さらに発達促進的な支援，つまり「発達支援モデル」に基づいたケアが課題として掲げられる必要があるといえるだろう。そして「体験としての障害」を抱えながら青年期を生きる精神障害者にとっては，決められたレール，リハビリテーションプログラムの上を歩むより，生活実感レベルでの自己の気づき(主観的体験)による現実検討や試行錯誤，人生の模索の場が必要であることが導かれてくる。

1.5. 本書における精神障害者観

　メイヤロフのケアリング論には，随所に，人は成長する潜在能力や可能性を具え，生きる意味を求めているという人間観がにじみ出ていた。そしてそれは，病気や障害の有無に関わらず普遍的な人間像として描かれていると読む。

　筆者はこの人間観を当然そのまま，精神障害者「観」として，当てはめて考えている。

　筆者は拙論(1998)において，精神障害者は，病気・障害とつきあうという「仕事」をしながら，地域で生活している，という見解に立ちインタビュー調査の結果を報告し，その「仕事」を次の5点にまとめた。①常に病気と向き合っている。②生活実感に基づいた障害認識はもたざるを得ない。③孤独体験をもちつつ，人とつきあう努力をしている。④安心できる居場所作りへの仕事をしている。⑤自己の成長を目指し，ごくあたりまえのささやかな幸せづくりへの仕事をしている。の5点である。

　ここでいう障害認識とは，「精神障害者がもつ生活のしづらさに対する主観的な認識と態度」であり，ネガティブな側面だけではなく健康性へのポジティブな気づきも含んだもので，〈疾病認識〉，〈社会認識〉，〈対人関係認識〉，〈自己能力認識〉，〈自己価値認識〉の5つの障害認識が調査からは導かれた。病気・障害とつきあうという「仕事」には，①，②に示したように，5つの障害認識に対する気づきの高まりがあって，その次に，では，どうしたらより幸せに生きることができるのかという，③，④，⑤にみる対処努力につながっていく経過があったのである。筆者が，この調査をとおした発見から強調したかったのは，精神障害者は弱い人たちかもしれない，でも，何もできない人たちではない，ということだった。

　人は成長する潜在能力や可能性を具え，生きる意味を求めているという人間観に基づいた，精神障害者「観」というものは，日々の臨床実感から，そして上記のような調査をとおして，筆者のなかに息づいている。とはいえそれが特別，精神障害者だから，ということでもない。筆者にとって精神障害者は，病

気や障害をもつもたないに関わらず，周りにいる人たちと同様に，身近な親しき隣人である。

　しかし，当事者にとって，精神障害者と括られることで，不愉快になる人もいると思う。自分は自分なのであって，偏見や誤解の含まれるような呼称で呼ばれることを拒む人もいるのではないかと思う。いくらこの言葉を用いる人が，悪意がないことを主張し，ある人間観を込めて言葉を用いていることを強調したにしても，受け取る側の受け取り方を完全に払拭しコントロールできるものではなく，その言葉がもつ社会的な意味がそこには加味されていってしまうものである。

　たとえば，精神分裂病という病名は，スティグマをもたらす用語として，2002年より統合失調症と改名し，現在「精神分裂病」という診断名は用いなくなっている。

　では，精神障害者という言葉は，はたしてどうなのだろうか。この言葉が適切か否か，この言葉が彼ら彼女らにスティグマを与え，何より当事者に不愉快な思いをさせてしまうのなら，用いないほうがよいのではないか，違った表現をつかったほうがよいのではないかとも考える。

　筆者が精神保健福祉の勉強を始めた1980年代後半，精神病患者ではなく，精神「障害者」という言葉は，大変目新しいものであった。精神病患者ではなく，精神「障害者」というときの，その言葉の含意には，患者ではなく，回復者という意味が入っており，医療のみならず，地域に住む生活者として保健福祉の領域にまでそのサービスを広げるべきであるという主張が込められていた。精神障害者という言葉は当時，好ましい響きをもって筆者のなかに入ってさた用語であったのだ。しかし時代は変わり，長年の運動の成果もあって，精神保健福祉の状況も大きく変化した。保健福祉の対象であることをあえて意図して精神障害者という言葉を用いることの意味は，現在，薄れてきているかもしれない。そしてその分，やはりスティグマをもたらす用語としての印象が強くなっていることも否めない。

　あれこれ考えた末であるが，筆者は，これらの問題を踏まえたうえで，あえて精神障害者という用語を，精神疾患を患い生活のしづらさを抱えた人々，精

神障害を抱えて生きている人々に用いようと思う。

　表面上の言葉や看板をすりかえても中身が変わらなければ意味はない。どちらにせよ現在においてもなお横たわる偏見や誤解を変えていく努力はたゆまなく続ける必要があるのである。こうしたねらいをはっきりさせるためにも，本書では，あえて現在用いられている精神障害者という言葉を用いながら，その中身を正確に伝え，変えていく方略をとることにしたい。

　筆者は，精神障害者が生き抜いていこうとするとき，病気や障害の克服，残存機能の賦活という部分のみに焦点が当たるのではなく，人間学として，一人の人間としての存在が，成長発達し対処していく全体的な姿を捉えたいと考えている。そして彼ら彼女らの姿が，臨床における特別な専門用語のみで固められるのではなく，日常の暮らしのなかで彼ら彼女らの存在があたりまえに，ありのままに理解されていくことを願って，本書を書き進めることにしたい。

2. 青年期を生きる精神障害者の主観的体験

　本章では《二者の関係の展開において成長を助け，人生に意味と秩序をもたらすケアリング過程の探求》という目的に従い実施した臨床調査研究の結果を紹介する。

　調査協力者は，ケアを受け，かつ自分自身をケアしてきている精神障害者である。臨床調査研究とは，つまりは当事者へインタビューし主観的体験を直接「聴き」，それを「知り」，「学ぶ」方法である。

　ここで筆者は，青年期を生きる精神障害者たちが，どのようにして自身の人生を意味づけ秩序づけようとし，おさまりをつけようとしているのかについて，数年間という時間の推移のなかで明らかにすることを試みる。このような縦断的narration分析をとおして，主観的体験の綴り方の変化から自己の成長について考察を展開したい。

2.1. 体験をどのように聴くのか

　臨床調査研究の概略は次のとおりである。
研究協力者：発病からおよそ5年未満の青年期を生きる精神障害者5名
データ収集法：非構造化面接法。
　　　　　　教示：「今まで，病気や障害とどのようにつきあってきたのか，またそのなかで印象に残っている人との関わりについてお話しください」
　　　　　　インタビューは原則として2回。

1回目：精神科デイケアを退所する前後の時期。
　　　　　2回目：2年〜4年の期間をおき，退所時の転帰に変化が起こった時期。（手紙で調査の主旨を伝え，研究協力を承諾された人のみ）
　　　　　記録：了解を得たうえでテープレコーダーに録音またはメモ。
データ分析手続き：録音テープ（またはメモ）から調査協力者の言葉を逐語で起こしたあと，プライバシー保護のためプロフィールなどを加工しnarrationを作成した。このnarrationを研究データとして，グラウンデッドセオリー法における手続きを参考に，分析を行った。

　分析においては，巻末の付録に示した分析シートをEXCELで作成した。データ分析はグラウンデッドセオリー法の基本姿勢や手法を参考にはしたが，話の流れや文脈を重視するために，独自に工夫すべきところは創り出しながら，作業を進めた。分析手続きの手順と留意点については巻末の付録に載せた。

　概略は以上であるが，これだけではこの臨床調査研究において用いられたインタビュー方法において，聴き手がどのように体験を聴いたのかという説明は不十分である。聴き手話し手がどのような関係性のもとに，どのように語りそして聴いたのか，というところに大きな特徴があるからである。

　聴き手である筆者と話し手である研究協力者との最初の出会いは，精神科デイケアという場で，研修生もしくはボランティアスタッフの筆者と利用者とのつきあいから始まっている。ほぼみな少なくとも1年間はデイケア活動をともに過ごした後，利用者が退所を目前に控えたころに，筆者は研究協力を申し出てインタビューを実施した。したがって，やや外延に位置するケアの担い手である筆者と，ケアの受け手である利用者との，ケアの緩やかな同盟が築かれていることがその関係性としては前提にあると推測される。つまりインタビューを行ったときの関係性は，研究者と研究協力者そのものではなく，やはりケア提供者とその受け手との関係の場の延長線上であった。

　そういった意味では，ここでの語りと聴き方は，非構造化面接法による調査ではあるが，より共感と傾聴技法を用いた限りなく臨床場面に近い関係性にお

いて展開したものであったといえる。

　どのように聴いたのか，ということを示すとき，単に聴き手話し手の言葉のやりとりを並べるだけでは伝わらない部分がまったくもって多い。のみならず談話の羅列は，それがより臨床場面に近いほど，その場面に居たものにとって生の感覚が殺された違和感をもつものとして，映し出されることすらある。たとえば，頷きは傾聴技法において，相手の声と絡み合いながら，前後の文脈，声のトーン，呼吸，間のとり方，目線，姿勢などによってさまざまな意味をもち，相互作用に影響を与える。まさにそれは行為なのである。音声としての言葉が発せられたにもかかわらず，相手の心には届かぬ声もある。それは可視的に文字化（記号化）されることで質感を失い，まったくその場では生じていないものまでを作り出してしまうことすらある。

　鷲田（1999）は『聴くことの力』のなかで「苦しみの「語り」というのは語るひとの行為であるとともに，聴くひとの行為でもあるのだ」と述べている。語るひとの行為と聴くひとの行為は同時に共鳴し分離し難いものなのである。つまりはどのような協働作業が展開しているのかによって，「苦しみの「語り」」の質は違ってくるといえるだろう。

　さすれば，この語るひとの行為として「苦しみの「語り」」を提示しその質を吟味するときには，どのような協働作業が展開していたのかが，その質を左右するものとして非常に重要であることがわかってくる。これは当初の問いである，「どのように聴いたのか」の核心問題である。

　「どのように聴いたのか」は，どのような協働作業が展開していたのか，ということであり，その一つの説明方法が聴き手と話し手の関係性を明示することなのだ。最初に筆者がインタビュー調査にあたってどのような関係性において行ったのかを明示したのはそのためである。当然ながら，そのほかの方法として両者のやりとりを可視的に文字化，記号化して再現することが一つあがるであろう。しかしそれに伴う危惧は先に述べた。

　これらを踏まえて，筆者は，調査の結果の表示を，語るひとの行為であるとともに，聴くひとの行為でもあるものとして，その関係性がすでに織り込まれ表現された協働の産物として，語り手が綴っていく言葉を narration として表

示し，聴き手の発言表示は必要最低限に抑えることにした。

2.2. 主観的体験の綴り方とは

　さて，ここで本書で用いる「綴る」「綴り方」と narration という用語について，もう少し説明を加えておきたい。

　「綴る」とは，広辞苑によると，「綴きあわす」「つづけあわす」「言葉を連ねて詩歌・文章を作る」という意味をもち，さらに「連る・鎖る・綴る」を「つがる」という読みにおいては，同義で「つながるようにする。つらねつづける。まといつける」という意味をもっている。そして本来は書き言葉としての文章化を意味する動詞として用いられることが常である言葉として示されている。

　にもかかわらず，筆者はここで，書き言葉ではなく話し言葉を「綴り」といい，物語の筋書きを，綴り方という単語を用いて表そうとしている。ゆえに当事者の話し言葉に対して，書き言葉を意味する「綴る」という単語を用いることは不適切ではないかとの指摘は当然起こりうると思う。

　しかし，筆者は恵那の丹羽徳子氏の生活綴り方実践における作品に，大学のゼミで出会った経験から，語られた言葉であってもなお，「綴る」という言葉を用いることに，ある正当性を感じている。

　丹羽徳子氏の生活綴り方教育は，生活に密着し体感している感情を言葉化するなかで，仲間や社会と自分をつなぎ，時間の流れのなかで自分自身をつなぎ，自己の成長を促すことをねらいとしている。それゆえにその表現は，あえて方言もそのままに身になじんだ言葉である口語体で，つまり話し言葉で表現されている。この既成の概念に囚われない表現方法は，生活に根ざした新たな知の発見をもたらすものであり，またその綴られた文章は，他者(級友・家族・教師)との共有をとおして，再び他者とのつながりにおける自己を確かめる作業にもなっていた。

　インタビュー調査によって当事者が主観的体験を言葉化し表現したものは，語られたものであり，可視的なものではない。しかし，上記のように「生活綴り方」を理解すると，インタビューにおいて生成された物語もまた，「綴り方」

とまったく同質の機能をもつものと考えられる。つまり語り手は「生活綴り方」と同様に，身になじんだ自身の言葉を用い，共感し傾聴する聴き手である他者に向かって，時間の流れを行き来しながら，さまざまな場に身をおきながら，物語り，心のなかにそれを一時的に留めて確かめ，手ごたえをつかもうとしていたように思う。

そこで筆者は「綴る」「綴り方」という用語を，聴き手−語り手の関係性と，他者(聴き手も含め)を織り込み，時間的連続性を織り込み変化してゆく語り手の物語る行為として本書で用いることにした。したがってこの先，語り手が物語る行為について，「綴る」という用語を用い，その物語の筋書きを「綴り方」，と表すことにする。

次に narration である。筆者はインタビューで綴られた主観的体験を narration と表している。narration の作成法は付録に記した。

本書では，直接当事者である精神障害者へのインタビューによって綴られたデータをもとに，回顧的な方法を経て完成した当事者自身の生きた体験として作成した物語を narration とした。したがって物語の筋書き，つまりは narration の筋書きが「綴り方」として示される。

また，narration の意味するところは，1.1.で述べたジャネの「記憶の本質的現象は物語ること(narration)である」に，依拠している。この引用文はジャネが時間的人格の統合について述べていく文脈のなかにある。つまり綴ること物語ること(narration)は，身体的人格，社会的人格，そして時間的人格の統合を具体化することになるのだ。narration の綴り方の変化を分析することは，自己の成長について考察することにほかならないのである。このような意図のもと，筆者は narration をカタカナ表記をせずにそのまま用いることにした。

2.3. 青年期を生きる精神障害者の主観的体験の軌跡

ここでは，インタビューを行った5人のうち，4名の narration を紹介しその軌跡分析を示す。narration は，本人が特定されないよう加工を施し，分析

データとするにあたってご本人に了解をいただいた。なお，ここではその全体の流れが損なわれないように留意したうえで，一部割愛して呈示している。軌跡分析とは，narration 全体において示されているできごとおよびその筋書きを追ったものである。つまりはどのように綴られていったのかである。

大きな流れをつかむため，1回目のインタビュー(以下 narration 1, 本調査の開始年を X 年と記す)と2回目のインタビュー(以下 narration 2)ともに，いくつかの語り(récit)がひとまとまりになったものにつけたコード名を，表に示した。narration 1 と 2 の間に起きたできごとについては，インタビューから得た事実をもとに「経過」として箇条書きに表した。

なお，必要最低限の範囲において，narration の流れを補足するもの，及び聴き手の発言を，(　)に記した。

2.3.1. 竹さんの narration の軌跡

自分を見つめ，見方を変えると，病気になってよかったかも……

narration 1(X＋3年：20代)	経過	narration 2(X＋5年：30代)
自分がだんだん暗くなっていったのは高校からだった	▶障害者職業センター就労準備訓練を受ける 　→ narration 1＋α ▶障害者枠による就労へ ▶回復者サークルへの参加 ▶一般就労(2つ目の職場)へ，現在に至る	新たなことを目指している自分
職場でもいじめられる		妄想と人間的な焦りが病気のもとになっていた
親への暴力がきっかけで受診，その前から病院行きたかったけど，何が起こっているかわからなかった		わかりあえる人との出会い
病院に行ったら，普通になった，楽になった		自分を落ち着いて見つめる
途中で薬を止めたら調子が悪くなって閉じこもるようになった		働きたかった
妄想だったけど，デイケアに1年通い続けてなくなった		人とのつきあい方が変わった
気持ちを楽にして自分を見つめる，人を見る		過去のできごとも見方を変えることができる
人を恐れず自分を信じて押し出していけそうだ		落ち着いた変わらない自分を感じる

2. 青年期を生きる精神障害者の主観的体験　79

人には話すことと話さないこと，伝わることと伝わらないこと，いろいろある	前に進んでいく自分になりたい
人に頼れること頼れないこと，人といること一人でいること，どっちにしても，楽になれることと，解決することは違う	真剣によりよく生きていきたい
考えすぎず普通に，楽しめればいいんだ	安心してのびのび過ごせるようになった
narration 1＋α	自分の信念を築く
訓練は勉強になるけど，薬も必要と考えるようになった	誰かに，何かに頼ることもする
病人として生きるんだという考えが出てきた	次のチャレンジは病気の予防と一人暮らしだ
気持ちが楽になってきてとてもそれが大事なことだとわかってきた	
不安もあるけど期待もしている	

　竹さんは，私がインタビューを依頼すると，1回目も2回目も，「ちょうど話したいと思っていたときだったんですよ」と快く引き受けてくれた。特に1回目のインタビュー時は，1時間あまり話したあと数日後に，もう少し話したいことがあると言って，彼のほうから，再度インタビューの機会を求めてきた。したがって竹さんのインタビューは【narration 1】，【narration 1＋α】，【narration 2】で構成した。

　彼は，静かに，いずれのときも，彼独自の表現で，自分の胸のうちを確かめるかのようにして，言葉を繰り出し，話し出してくれた。

【narration 1】
　　竹さんは，まず，発病に関わるエピソードを高校時代に遡って話し出した。

自分がだんだん暗くなっていったのは高校からだった
高校生になって，現実が変わって見えて，自分が過剰に意識されるようになっ

て，暗くなった【N 9-1-01】
高校生のころ，どこか，今から考えると自意識過剰だった，用事がないのに用事がある振りしていたり，人に自分を示したいみたいな，そこから，だんだん暗くなっていって，ひきこもるまでいっちゃった。中学校のときはのんきだったんだけど，井の中の蛙だったと思うんだけど，いなかで元気だったのが，いきなり都会の高校来て，現実を見たってこともあった，いろんな人がいて，今まで4クラスだったのが，10クラスになった。それはよく覚えている。雰囲気はそんなに変わらないんだけど，今思えば，でもちょっと大人びた人たちがいたり。自分は結構いけてると思っていたのに，そうでもないみたいって。いけてるってわけでないけど，それなりに，そんなに変わらないんですけどね。

発病は高校ぐらいと周りに言われる【N 9-1-02】
周囲の人から発病は高校ぐらいかねーって……発病というかおかしくなったのは……とっかかりが高校ぐらいから……。

　　　竹さんの高校時代の体験はだれでもが通り過ぎるような思春期の体験でもある。しかし周りとのチグハグな関係はそのあとも続いていった。

職場でもいじめられる
一所懸命やってたけど職場ではいじめられた【N 9-1-03】
一番最後に働いていた場所では，いじめられた。ちょっとそのころから，行動はヘンだったんだけど。自分では一所懸命やってたんだけど，洗濯物隠されたり。座る席がなかったり。疲れ果ててた顔してたからなのか，……でもあまり気にしてないみたい。

親への暴力がきっかけで受診，その前から病院行きたかったけど，何が起こっているかわからなかった
家に引きこもって，「家庭内暴力」ってわかっていて暴力ふるうようになってた【N 9-1-04】
病院行くようになったきっかけは，家から出なくなっちゃって，些細なことで怒り出すようになって，親に暴力ふるっちゃったりして。病院来るちょっと前，

学校卒業して3年ぐらい経ったとき。こういうのが家庭内暴力なんだなって，自分ではわかっているんだけど，でも，思いっきり殴ったりはしないし，自分で何やっているかはわかっている。かるくっていうか，ちょっとけっ飛ばしてみたり些細なものだった。

本気の暴力じゃなかったからすぐに病院には行かなかった【N 9-1-05】
本気で殴ってたら，親もどうにかしようと思うんだけど。わかってて，最終的には姉に親が相談して，病院に連れて行きなさいって言って病院に行った。親はあのときちゃんとしてればよかったねって言う……。

前から病院行きたいと思ってたけど，抵抗があった【N 9-1-07】
その前から病院行きたいと思っていたんです，家にいたときから，でも，偏見みたいのあって，ちっちゃいときからきちがいとかなんか，馬鹿にするじゃないですか，あそこの病院はキチガイ病院だとかって，そういうのもあって，抵抗があった。

真っ只中は苦しいとは思わなかったけど苦しんでいて，わからなくて行動に出てた【N 9-1-08】
なんか変だなあと思って，行きたいと思ってた。でもわかんないじゃないですか。ただ，普通じゃないなと思っていた。相談はしなかった。なんか家にいた。苦しいとも言えなかった。苦しいとは思わなかった，でも，苦しんでるんです。ヘンなんだけど，で行動に出ちゃうんですよね，解決方法が。死のうとしてみたりとか，結局そう。自分で答え出そうとして。家から出るとか，働いてみるとか，職安とか行って仕事探したりしたんだけど，面接行かなかったり，病気関係ないかもしれないけど。落ち着かなくて。隠すつもりはないんだけど，どうしていいかわからなかった。何なのかもわからないし，真っ最中のときだから，ヘンだなと思ってもやっぱり自分で，ヘンだなって決めつけたりできないじゃないですか。行動に出ちゃったりして。一年ぐらい出てなくて，親にも言われて，そうだ……って何もしなかった。

　そして竹さんは初めて病院へ赴くことになった。

病院に行ったら，普通になった，楽になった
<u>病院に行き出したら，ふっと普通の心に戻った</u>【N 9-1-06】
病院行き出してからは，普通の心にふっと戻って，……もう何もしなくなったし。薬は飲んで，でも，薬は1種類だった。なんでか知らないけどぴたっと止まって。
<u>病院で初めて冷静に，客観的に話したら，楽になった</u>【N 9-1-09】
(病院に行って)初めて他人に，自分の状態を話さなきゃイケナイときだったので，なんか話してみたら，結構楽になった。楽になったんです。冷静に客観的に話すっていうこと。それじゃないかと思う。冷静に見るということ，聞かれますよね，病院に行くとどういう状態なのかって，自分しかわからないから，話さなくてはイケナイし。治す……病気だとは思わなかったですよ。治すつもりで行ったのではなくて，とにかく行ってみようって，きっかけがほしかったのかもしれない。人と話しているということ……親に言えなかった，引きこもっていたころは何も感じなかったんだけど。

　　　こうして通院を始めた竹さんはデイケアにも通い出した。しかし彼は途中でデイケアも通院も服薬も中断をした。

途中で薬を止めたら調子が悪くなって閉じこもるようになった
<u>どこもおかしくないよと言う友達との話し合いがあって途中で通院を止めた</u>
【N 9-1-11】
(病院途中で行かなくなったのは)友達がどこもおかしくないよって言い出して，つきあいあった人で，その人も仕事辞めたりしていて，2人で話し合うようになっていて。その人も自分のことおかしいって思ってた時期があって，「私は治ったよ，どこもおかしくないよ」って言い出して，うーんそうなんだけどね……。
<u>薬を止めたらまた，周りが気になりだしてデイケアにも行けなくなった</u>
【N 9-1-12】
薬も僕，1種類で少ない，いいんじゃないかと思って，風邪とかって治ったら

行かないじゃないですか，通いなさいとは言うけど。そういう感覚で行かなくなったんです。そしたら，調子が悪くなった。また，周りを気にしだし始めて，自分の世界に閉じこもって。具体的に，ビジョンが浮かぶようになった。嫌われてるって感じ。病院来てからなんです。具体的に。主に，デイケアのなかなんだけど，あの人の態度は僕のこと嫌っているから……とか，……次から次へと，あの人もあの人も……。だから，デイケアに行けなくなった。怖くて行けなくなった。

妄想だったけど，デイケアに1年通い続けてなくなった
妄想だってわかってた，少し閉じこもって，デイケアにもう1度通い出したら，嫌われているというのがなくなった【N 9-1-15】
ホント具体的なんですね。去年のときも，真っ最中，まだ抜けきってなかった。年の暮れから始まって。でも，3月ごろに，スタッフから電話があって，親も病院電話したりしてたんで，……息子がこういう状態なんで……と，それで聞いたと思うんですけど，デイケアに戻ってこないかって。そしたら，何だろう，なくなったんです。去年1年間なくなったんです。毎日通って，休まないで通って，途中でだめになるかなと思ったけど，バイトもしだしたし，バイト辞めたのは冬になると通うの不便だから辞めたって理由がちゃんとあるし，去年1年は，なかった。今は全然ない。スタッフにも嫌われていると思っていたんじゃないかと思う。目の前では言わないけど，どっかで自分で妄想だとわかっていたんできっと言わなかったんだと思う。だって現実じゃないから。

「あっ来る」っていうのがわかって切り替えをする訓練をしてた【N 9-1-16】
でも去年，そういうのなかったって言ったけど，たまに，あっ来るっていうのわかったんですよね。家に帰ってきて1人で部屋にいてテレビなんか見てるときに，あっ来ると思って，気のせい気のせい気のせいってそういうことはないんだって，自分に言い聞かせたとき，何回かある。デイケアの帰り，終わったあととか，そういうとき，人と集まった余韻がなんか，そうなるのかわかんないんだけど。できるようになっちゃったんだよね。ホントはね，また体重減るからいいかな，って思うんだけど，だめだめだめ……って。もうああいうのはいいんだって，切り替えができるようになった。あっ来るってのがないときは，

どっぷりって感じ。今だったら，なんとなく，あ……来るなって。すぐ寝ちゃうとか，寝ないで考えちゃうから，酒飲んで寝ちゃうとか，違うこと考えてみたりとか。去年無意識のうちに訓練してたのかなと。

気持ちを楽にして自分を見つめる，人を見る

<u>拘束のない気楽さをもったデイケアで自分を見つめることができた</u>
【N 9-1-18】
デイケアに行ってホントによかったと，デイケアでなくてもよかったんでしょうけど，こういう自分を見つめる時期に，こういうことさせてもらってよかった。時間があって，何もしないで，拘束されないで，気晴らしができて。

<u>怖かった他人のことを，冷静に見ることができるようになった</u>【N 9-1-19】
人を冷静な目で，観察じゃないけど，なんか他人がすると，ここは自分と似てるとこあるな……とか，人の行動とか，言葉とか，他人のこと冷静に見れるようになったと思う。あと，病院行くのに，電車に乗るからあれも，結構よくて，人を見れるから，冷静に。今までだったら，たとえばの話し，怖くて，表に出れなかった時期もあったので。最初のときは視線とか気になっていた，怖かったんだけど。最近，平常心とか冷静な目でとか，癖になりつつあります。最近，あっ来る，も，なくなってきた。

人を恐れず自分を信じて押し出していけそうだ

<u>自分は引っ込み思案だから，もっと人に溶け込んでうまくやりたい</u>
【N 9-1-21】
やっぱり嫌われているって思い浮かぶのは，自分が結構引っ込み思案のところあるんです。引いちゃう考え方をしちゃう。だから，もっと人に溶け込んでいいんじゃないかな。うまくいったほうがいいし，友達も増えたほうがいいし。<u>周りのせいじゃなく，自分の嫌な塊が悪さをする，苦しいのなら，治したほうがいい</u>【N 9-1-22】
デイケア，恨んでもいいと思うんだけど，デイケアの人のせいじゃないと思うんです。恨んで終わっても何も始まらないし，今は笑っちゃうけど，気のせいだったのかと思ったりする。自分のやな部分の塊みたいなものが，なっちゃったみたいな。嫌な部分というかなんとも言えないけど，苦しいんだったら，治

したほうがいい。

　　　竹さんは自分を安心して見つめなおしながら，他者の存在について話していった。

人には話すことと話さないこと，伝わることと伝わらないこと，いろいろある
<u>自分しかわからない自分の考え方を説明するけど，伝わらない，だから話さない</u>【N 9-1-23】
だから，先生とか，主治医の先生とか，力になってはくれなかった。体調のことしか聞かれないし。おかしな考え方ってこっちが言わなきゃならないし。あんまりね言わなかった。こういう考え方するんですよって，1回あるんだけど，1回言って，先生の反応見て，やっぱりこういうこと言ってもよくないなと思って，いちいちね，ホントはいいと思うんだけど。なんか自分が訳わからないこと言ってるなって思っちゃって。こっちがわかっているから，説明するんだけど，向こうには，伝わらない。僕がわかっていればいいんだ，って，だから，あんまり話したりしなかった，ほかの人は話したりしてるみたいだけど。
<u>話さないことで自分のことをわかってもらえることもある</u>【N 9-1-24】
信頼感で結ばれてるとは思わない。でも，今回の職業センターなんて，先生書いてくれるんですよ。複雑な人間関係は避けてくださいって書いてあって，そのとき，あんまり話さないけど，わかってくれてんだって，話さないのも，一つの主張なんだって，時折，わかってくれてるのかなーって。

　　　彼に安心をもたらす他者の存在は，何でもわかって解決に導いてくれる理想化された存在では決してない。

人に頼れること頼れないこと，人といること一人でいること，どっちにしても，楽になれることと，解決することは違う
<u>スタッフに頼りたいけどどう頼ったらいいかわからないときがあった</u>【N 9-1-27】

僕，スタッフって頼りないと思うんですって答えたときありましたよね。なんであんなこと言ったのかなって今でも思うんだけど，結局どうしていいかわかんなかった。最初のうちは，もうどう利用していいのか……。今ならわかるんですけど。メンバーってなんか頼りたいと思うんですよ。心細くて，そういう意味で僕は自分で言ったんじゃないかと思う。あんまり頼りすぎても，引いちゃいそうだけど。こっちが何か起こさなければ，ならないみたいなものがあって，なんか，戸惑っちゃうかな。不思議な関係ですよね。やっぱり，ケアされる人，する人みたいな，ないといけないかなーって。あとで，スタッフに，僕たち頼りないですか？ て反応があったんで，なんかまずいこと言ってしまったかな……って。ずっと考えてて。最初のころって，どう利用していいかわからないってことになるんですよ。すごい気さくでいいと思いますけどね。僕は長いから，友達みたいになれて。

前は一人だったけど，今は辛いって平気で親に言えるようになった【N 9-1-30】

(一人でがんばってたんですね)そう一人でしたね，でもね。親には迷惑かけてるんです。騒ぎ出したりして。辛いんだけど，って病院行き出してからは辛いって平気で言えるようになって。夜中に起こして，辛いんだけど，って起こしたりして。

辛いと言えると助けてくれないけど気が楽になる【N 9-1-31】

(辛いって言えると)助けてはくれないんだけど。気は楽になるんだけど，気は楽になる。(どんな助けてほしい，だろう)助けて，って思うんだけど解決方法が見つからなかった。だから主治医に言っても，何もアドバイスしてくれなかったり，したんじゃないかと。解決方法っていっても，野放しにしておくってことぐらいしかなくて，あとは開き直り。解決方法って言えるかどうかわからないんですけど。人にアドバイスもらったほうがよかったのかな，今から考えると……。(辛いんだけどと言うと親は，)話は聞いてくれる。

苦しいときは苦しい分だけ人に期待をする，そしてやってみて人の限界もわかった【N 9-1-34】

去年は，突っぱねてましたね。助けてほしいんだけど，いや，いいんですーっ

て。他人の力は微力だって言いましたけど，それは思いますね，こっちが苦しいときって，苦しい分だけすごい期待しちゃうんです，なんかちからになってくれるんだって，それがそうでもなかったりして，そういうのあります。思ってたより，あれーって。現実を教えるのもスタッフの役割ですね。苦しくても，そんなに期待しないで，これだけのことはやってんだから，期待はずれのこともあるんだよってこともあるんじゃないかなっていうことを言いたかった。期待しすぎちゃって，ぴんとこないっての……。今はそんなに苦しくないし，期待しすぎていない。

へんだなと思うけど関わり合うと楽しいのは真実【N 9-1-35】
ヘンだなって，思うんだけど，スタッフとか，先生とか，主治医とか，なんか話していると関わり合うと楽しいんです。なんでだろうと思うんだけど，やっぱみんなあたまがいいからとか思うんだけど，……関係ないか……これは一つの真実だと思うんだ。みんなほら，喫茶店に寄ると喜んでいるしょ。

　　　竹さんが他者との心地よい関係を実感していることは確かなようだ。そして最後にさらりとその心地よさが醸成される環境について振り返っていった。

考えすぎず普通に，楽しめればいいんだ
デイケアはいつも変わらないのがよかった，普通にしてればいい【N 9-1-36】
デイケアって，いつも変わらないで同じですよね。それがよかった。どう利用しようかって，僕は考えすぎだったかもしれない。普通にしてれば，いい。
もっと楽しむこともできただろう【N 9-1-37】
やめようと思ったら，反省ばっかりなんです。もっと長く通うんだったら，楽しめばよかった。もっと楽しめばよかったなって思う。

【narration 1＋α】
　　　1回目のインタビュー終了直後に，竹さんは，障害者職業センターの就労準備訓練プログラムを体験した。そして，私が，narration 1のチェッ

クを竹さんに頼むと，もう少し話したいことが出きてきたんですけど，いいですか？　と言い，私は再びインタビューを行うことにした。

訓練は勉強になるけど，薬も必要と考えるようになった
職業センターに通い出して，眠れなくなったり，ふさぎ込んだり，今までこういうのを見逃していた【N 9-1-38】
訓練センター行ってたときも，調子悪くなるっちゅうか，やっぱり体調なんですかね，改めて，薬飲んでなきゃだめなんだなって，考えができた。眠れなくなったのもあるし，怒られたわけでもないのに，ふさぎ込んだりして，僕は軽いから，勘違いしちゃうところもあるんだけど，やっぱり，職業続かなかったというのは，そういうことを見逃してきたのが，わかんなくて，ふさぎ込んでも無理矢理明るくしたりとか，してたんだなー。
落ち着いて訓練受けてて，すごい身につく【N 9-1-39】
訓練受けてても，すごい落ち着いていられて，なんか充電してるんだって，お金もらっているわけじゃないから，勉強させてもらっている。だからすごい身につくんですよね。そして誉められるの，うまくいったら。だから，よかった。

　　　　竹さんは，就労準備訓練という新奇の体験をとおして，わき起こってきた新たな気づきや手ごたえを次々と話していった。

病人として生きるんだという考えが出てきた
病人として生きるんだということを疑いもしないでやれる考えに変わった【N 9-1-42】
最近就職活動してるんですけど，そのとき思ったのは，また新たな考えが出てきて，病人として生きるんだなって，今までにない……決意じゃないけど……。自分が就職するんだっていって，いろんな緑の窓口だとか，触るものが全部障害者になっちゃったんで，今までにないことだから，そうなんだなーって，それを疑いもしないで，ちゃんとしてくれる。緑の窓口っていうのが頭になかった。そうか……そういうとこ，行かなきゃならないんだって。（そんなに変化

あったの)だから，変わったといえば変わったんだけど，人にわかんないだろうという変わり方。明るくなったわけでないし，考え変わったのかな。だから，病人として生きるという考えになるし。

気持ちが楽になってきてとてもそれが大事なことだとわかってきた

病気を治すというよりも，気持ちが楽になりたかったというのに気づいた【N 9-1-44】

偶然というか，普通の病院との関わり方にもよると思うんですけど，無理矢理思いっきり治したいと思って病院に通っているんじゃなくて，どうして楽にならないのだろうか，それで気づいてきたのが，最初は気づかなかったんだけど，今なんか，顕著に出てるっていうか，気持ちにも現れている。

気持ちが楽になって初めて，絶対働かなくちゃから，ホントに働きたいって思えるようになった【N 9-1-45】

楽したいってのあって，どんどん，気持ちが楽になってきたなって思ったら，働きたくなってきた。最初は，楽したいって思うのはやましかったんだけど，周りにも悪いなってまあしょうがない，って，なんか気持ちが楽になってきて，今，ホント働きたいって。スタッフにも，ホントに働きたいって思えるようになるまでは，働かなくていいって言われていたけど，何のことか最初わからなかった。人間は働かなくてはならないんだって思っていて，周りみんな働いているし，焦りもある。僕初めっから，働かなくてもいいだろうって考えたことなかった。とにかく，絶対働かなくちゃなんないって，でも，今は，そういうときじゃない。就職とか，バイトとか，面接すごい落ちてたってのもあるんですけど。決まらなくてよかったのかなって。努力じゃないんだけど，気持ち忘れなくてよかったかなって思う。

デイケアもセンターもあるし，時間かかりそうだけど，仕事決まりそうなうれしさがある【N 9-1-47】

最近声でかいって言われるんです。電話の声とか，あんたうるさいわーって，親に。ごめん元気になってきたんだわーって言ってるんだけど。なんか，うれしいんです。これから仕事決まるんだなって思うと。職種は贅沢は言えないと思ってるし，何でもいいってわけにはいかないし。絶対決まるって，思ってる

し，時間かかりそうだけど。デイケアもあるし，職業センターもあるし。
不安もあるけど期待もしている
仕事が続くかどうか，不安だったり，期待してみたりできる【N 9-1-49】
やっぱり，職業ついて，しばらくの間不安だと思う。また体調悪くなったり緊張したりして，それが心配なんです，そして続くかどうか。3年とかは心配ないんじゃないかな。まだ，病院通えたらいいなって思ってる。楽しみでいえば，どうやって続くだろうって，これからも病院とか，軌道に乗り出すのはいつなんだろうとか，そういうの考えたら，楽しいっていうのかわかんないけど，今までなかったので，いつもその手前で辞めてたから。
年と病気のこと考えて，また病気にならないよう，気長にやろう【N 9-1-50】
友達とも話したんだけど，年で考えなきゃダメだよねって。気長にやって行かなきゃダメだわー。どんなに環境がよくても，病気になったらよくないし。年とって病気にまたなったら治りづらいっているから，気をつけていこうってのあります。

　　竹さんは，こうして就労準備期に，近い未来についての期待を語りながらも，自らを慎重におさめていった。

【narration 2】
　　竹さんへのインタビューは，ちょうど2年後，2つ目の職場に移って，一般就労を始めてからのことであった。インタビューのお願いをすると，「ちょうど，お話をしたいと思っていたところなんです。また新たな解釈が出てきて，聴いてほしかったんですよ」と言って，竹さんは，私の申し出を快諾してくれた。

新たなことを目指している自分
いろいろ病気もしたけれど認定カウンセラーの勉強を始めている【N 9-2-01】
どこから話そうかと思っていたんですけど，認定カウンセラーっていうの去年受けたんですよ。ターミナルケアとか，死生論というのも主題としてやってい

く……。だから，いろいろ病気もしたけど，それを目指すまでっていうことを話したほうがわかりやすいかなって思ったんです。（認定カウンセラーは）去年の暮れから。（仕事辞めたのが）去年の 6 月。で 2 カ月ぐらい遊んで，（今の仕事が）決まったんですよ。

妄想と人間的な焦りが病気のもとになっていた

発病したとき，急に現実を見て焦っていた，最近すごくよくわかる
【N 9-2-02】
最近，思うのは，発病したのが僕高校生だって言われているんです。自覚してなくて，最近すごくよくわかるようになったんです。高校入学式のとき，今もはっきり覚えているんですけど，それまで中学校で，地方の中学校で，なんか騒いだりして，とても気楽に過ごしていたんですよね。それが違う都会の高校行ったっけ，よくわかんないんだけど，急に現実を見たっていう感じで，気持ちが焦って，焦りがね，入学式の日，ちゅうか……。試験のときからかもしれないけど，入試のときからかもしんないんだけど。

人間的な焦りが病気のもとになってた，高校のときから仕事まで焦ってすごく苦しかった【N 9-2-03】
焦りがね，今まで続いていたのかなって，いう。なんか人間的な焦りっていうか。それが病気のもとになっていたのかなっていうのは，ある。仕事してたら，焦るなって言われるんですよ。で，よく，僕，今まで，おじいちゃんおばあちゃんの職場だったから，気楽に過ごしていたんですけど，今，年代がみんないっしょなんですよね。みんな同年 30 代なんですよ。そういうのって，久しぶりなんで，かなり久しぶりなんで，作業も，新しく覚えなきゃなんないんで，なかったんで，焦ってたんですよね。だから，二重に焦るっていうか，ブランクあるし，その焦りと，仕事早く覚えなくちゃっていう焦りで，すーごい苦しくて，髪薄くなったな，って感じがしたんですよ。したらよくよく考えてみたら，もと，高校のときの現実っていうか。

人に対しての思い込みが妄想になるのがわかった，理解できると楽になる
【N 9-2-04】
それとね，僕，対人に妄想があるっていうのが，わかったんですよね。デイケ

アにいるときはわからなかったんです。なんか，勘違い，対人間に対して，思い込みがあるっていうか，そういうふうに思ったんです。でも，状態は変わんないんですけど，理解できると楽になるっていうか。(わかるのと，わかんないのとでは違うんだよね)気持ち的ね。デイケアにいるときとね，状態，状況もっと過酷だって思うんですよ。仕事してるから。毎日動かなきゃならないし，気楽でもないし，でも，デイケアにいるときよりはね，なんか気が楽なんですよね。

　　　人間的な焦りとか，妄想があることの気づきが生じてきたきっかけを尋ねると，竹さんは，過去に気まずい関係にあった会社の社長さんとの10年ぶりの再会とその後の再就職について語り出した。

わかりあえる人との出会い
久しぶりに会って，心開いて友達になれた【N 9-2-09】
でも，お互いにね。10年ぶりに会ったんですよ。じっくり。たら，打ち解けてね，話わかる，お互いに，年とったなあって言えるぐらいになりました。その人のおかげもあるかもしれない。なんか，心を開くっていうか。友達だよーって言ってくれるし。(その人に会ったのが)8月。
お互いに症状が似ている人に出会って，わかりあえた【N 9-2-13】
でも，社長さんもね，なんか，若いころ，精神状態悪いっていうかうつ状態って。そんな話で盛り上がったんです。お互いに。なんか，似てるんですよ，症状が。それでもね，わかりあえたっていうか。すごいいい社長さんなんですよね。みんなで儲けようっていう，俺だけが儲かるんじゃなくて，信頼できるかなって。

自分を落ち着いて見つめる
前の会社ではいらいらしながら苦しくて振り返ることもできなかった【N 9-2-10】
そういうのもあるし，あと，仕事ね。働き出したっていうのがある。前の会社だとね，話す相手もいないし，最初っから，あそこの会社(前の会社)は，なん

か，嫌だなっていうのを引きずりながら，働いていたんです．だからね，すごくいらいら，毎日いらいらしてたし，落ち着かなかったし，1年間苦しかったんですよね，そういうこと，考えるひまないっていう，自分のこと振り返る余裕がなかった．

<u>今は，自分のことも冷静に見れるし，嫌われてるとかって，あんまり動揺しない</u>【N 9-2-11】
今だったら，まあ開き直っているっていうか，自分のことも冷静に見れるようになったと思う．あんまり動揺しない．前だったらちょっと考えただけで，アーだめだだめだ嫌われているとかね，なっちゃったかもしれない．

働きたかった
<u>障害者特別待遇で何もしないより，動きたくて働き出した</u>【N 9-2-15】
動きたかったんだと思います．何もしないっていうのが，ちょっと，1年間働いてたから，ちょっとくじけちゃったんですけどね．職安でも，失業保険，僕，障害者として入っているので，普通3カ月後に出るんですけど，会社が会社だから，すぐ出たんです．それで，3カ月延長するかい？　って．特別待遇でね，でも，すぐ働き出した．

　　　現在勤める会社の社長さんとの出会いは，1年勤めた会社を辞めた直後で，「ちょっとくじけちゃった」ときで，「特別待遇」で失業保険をもらっていたときだったのだ．
　　　この出会いで竹さんが得たものは仕事だけではなかった．

人とのつきあい方が変わった
<u>デイケアに行ってから社会に出て，人を見る目が変わった自分に気づく</u>
【N 9-2-16】
今日考えていたんですけど，1回デイケアってところに入って，で，また社会に出てちょっと人を見る目が変わった自分に気づくっていうか……．年とったせいかもしれないけど，大きい恋愛っていうかできごとはないんだけど，デイケアに行ったり，病気したりして，デイケア行ったからだと思うけど，また社

会に出るとね，人の見る目が変わるっていうか……。前だったら，怖いっていうのがあったと思うんですけど，話は，できないかもしれないけど，なんとなくわかるかなって，話聞いてて……。悩みとかあるし，なんて言ったらいいかわかんないんですけどね。

健常者も障害者も区別しないでつきあうとみんな悩みあることがわかった【N 9-2-17】
僕ね，病気の人とね，健常者って区別しないでつきあってきたように思うんです。差別がなかったような気がするんです。だからデイケアってみんな深刻な悩み抱えているじゃないですか。悩みっていうか，病気を抱えているんですよね，言いたいことがいっぱいあるし，そういう人たちっていう，重い人たちとね，普通の人も軽い悩みってある，そういう感じかな。

　　　自分は特別なのではなく，みんなと同じであることの安心感を竹さんは得たのかもしれない。

過去のできごとも見方を変えることができる
病気になったとき，デイケアいたときに，死ぬんだという恐怖があった【N 9-2-19】
(何が変わって何が変わらないできてるんだろう)うーん。デイケアにいたころって死ぬの怖かったと思うんですよね。認定カウンセラーを勉強して，死生論ていうのを神父さんとか話していたんです。病気になったときに，死に気づいたようで，デイケア過ごしていたと思うんです。初めてね，自分は死ぬんだっていうねちょっとした恐怖があったんですよ。
死んだら砂になるという感じ方を思い出してうれしかった【N 9-2-20】
認定カウンセラーの勉強して，思い出したことがあって，僕小学校のとき，学校通う道で，猫の死体があって砂がかけてあったんですよね，子供心に，生き物って死んだら砂になるんだろうなって思ったんですよ。学校の先生に聞いたら，「そうだよ砂になるんだよ」って言われたんですよ。ずっと，人とか生き物とか死んだら砂になるんだって，笑っちゃうんですけどね，いうふうに過ご

してきたんですよ。死生論っていうか幼いんですけどね，子供心にね，そういうふうに，死を見て感じたことなんだなってそういうの思い出してね，逆にうれしかったんです。こういうふうに感じてたんだって思ってね。

<u>自分が忘れていたことを，しなやかに，にじみ出るように思い出す</u>
【N 9-2-21】
(認定カウンセラーっていうのは，過去のことが思い出されるんですね)そうかもしれないですね，僕にとってはそうでしたね。っていうよりね，自分が忘れていた感じたこととかね，すごかったですよ，勉強してて，レポートとか書いてたらね，すごい思い出すんですよね，自分が忘れていたこと。(それは不愉快ではなかった？ 過去が思い出されることって)ありますけど，でも，今まで，不愉快なことしかね，逆にね，考えてなかったような気がするんです。そういうなんか，しなやかっていうか，うわーっていうのがね，なかったような気がします。逆に，不愉快なことばっか考えていて，やだやだっていうのがあったんです。たとえば，誉められたこととか，忘れていた。小学校のこととか思い出しましたね，勉強しててね。中学はね，いつも思い出してたんであんま変わんなかったけど，高校もね，つまんねーってずっときたんですけど，さっき言ったじゃないですか，焦って過ごしていたって。だから，つまんなかったんだ。でも，今考えてみたら楽しくなかったわけじゃなかったなって，なんかね。そういうのがにじみ出てきたんです。わかんないけど。

　　　過去のできごとの捉え方の変化は，竹さんにとっては「にじみ出て」くるような過去との和解でもあった。そして竹さんは「自分の本質」について静かに話し出し，未来に向かってがんばる自分と病気の自分についても綴られていった。

落ち着いた変わらない自分を感じる
<u>自分の本質はわからないけど，変わらない</u>【N 9-2-23】
逆に変わらないものって，自分の本質だと思います。僕ね，天然ボケって言われているんです。兄弟からも言われるし，友達にも言われるし，自分でも最近

思うんです。天然ボケだなって，ちっちゃいときからだと思うんですけどね。いきなり訳わかんないこと言ったりして，でもみんなが笑ってくれるからいいかーって(笑い)。そういうね，人とつきあっていれば，自分の違う面とか，気づいていない面とかね気づかされるっていうか。自分の本質って僕も自分ではわからないんだけど，僕は変わらないって言われますね。人に。

前に進んでいく自分になりたい

職場で話し相手がいなくて何回もデイケア戻りたいなってのがあった
【N 9-2-25】
ほんと何回もね，デイケア戻りたいなってのがあったんですけどね，もう戻れないなってのがあったんですよ。(いつごろそんなこと考えてたの？)前の会社で働いているときも考えてたし，前の会社で働いていたときはまず話し相手がいませんでしたしね。すごい人間関係だったんで。

成長のための山場だから，人に頼らずにがんばろうと思った【N 9-2-26】
やっぱり山場だったんですかね。僕自分でね，山場じゃなかったかなー，レベルアップのための，成長のための山場だったんじゃないかなって，ずっと思ってたんですよね。だから，がんばろうってのがあったと思うんです。今，人に頼ったらだめだなって，話し相手ならいいんだけど，こういうふうに，しがみついたりね，しないほうがいいんだなって，のがあって。ちょうど主治医もいなくなったんですよね。去年の暮れぐらい。J先生になったんですけど。やっぱ知ってる先生のほうがいいなーと思って。

真剣によりよく生きていきたい

自分は欲の少ない弱い人間だから，もうちょっと元気にたくましく生きてもいいかもしれない【N 9-2-30】
あと，何か葛西さんから聞きたいことってありますか？　僕はなんかもうしゃべりましたね。(解釈できたっていうところは話せましたか)そういうことなんですよね，あんまり解釈になってませんでしたか？　ただね，僕ね，自分が，欲のない，欲の少ない弱い人間なんだなっていう自覚もしましたね。だから，病気になるんだみたいな，誤解があるかもしれないけど。うーん，もっとね，欲はもてないかもしれないけど，もとうと思ってもてないですからね。もうち

ょっと強くて，元気にたくましく生きてもいいんじゃないかなっていうのがあります。

病気自覚する前は自信なくてふざけて生きていた【N 9-2-31】
チャレンジ精神旺盛だねっていろいろ言われるんです。いろんなことチャレンジするねって。(無駄に生きていらっしゃらない)病気になってから特にね，病気自覚するまではちょっとね，ふざけて生きてるっていうか，定職につかないで，フリーターとか，そういう感じだった。反動もあると思うんですよ，でも，フリーターやってるころもね，正社員っていうのは，頭にはあったんですけど，自信がなかったっていうか，どうでもよかったというか。

病気したのはひょっとしたらいいことなんじゃないか，落ち着いて過ごせる【N 9-2-32】
何が災いしてこうなるっちゅうかわかんない。だから僕ね，病気したのひょっとしていいことなんじゃないかなって考えることもあるんです。落ち着いて過ごしてますからね。やっぱりそのなかでも，デイケアにいてっていうのはね，励みになってるんだと思う。

　　　病気との和解には，「励み」になったというデイケア体験が寄与していたという。

安心してのびのび過ごせるようになった
まじめに人の話を聴く姿勢に衝撃を受け，自分がふざけていたと感じた【N 9-2-33】
デイケア入ってね，今言ったように，ふざけて生きてきたって，葛西さんのね，人の話を聴く姿。があったんですよね，ほかのスタッフもそうだったと思うんですけど，そのとき，目についたの葛西さんなんですよね。人の話を聴く姿勢にね衝撃を受けたんですよね(大笑い)。なんて言ったらいいか，僕ね今までね，ふざけて人の話聴いてたんだなって，そういうふうに思っちゃったんです。まじめに聴くじゃないですか，みんな。こうやって顔見合わせて，すごいことだなって，大変なとこに来たって。まじめに，だからね，結構見習ってまじめに

話聴いたと思いますよ，人の話ね。
まじめに話を聴かれることは，安心感をもたらすことだとわかった
【N 9-2-34】
(まじめすぎかもしれない……。そうか，そんなふうに見えたか……) S先生も言ってたんですけど，安心感を与える，スタッフは，あとから聞いた話，卒業してから聞いた話だけど。安心感を与えるようにしてるって，あっそうだよなーって，誰も感情的になったり，しないじゃないですか，スタッフって。だから，そういうのわかってね，患者さん過ごしたらね，もっとのびのびしたりね。でも，言わなくても，のびのびしてますよね，みなさんね。

　　こうして，竹さんは最後に総括するかのように，自分自身のなかで育ちつつある信念を話し出した。

自分の信念を築く
自分で気づくことで，自分を見る目が変わった【N 9-2-36】
(明るい光がいっぱい注ぎ込んでいる感じがする) そうですね，やっぱ，自分を見る目が変わらないことにはね，明るい光もこないと思います。人に，なんか，きっかけで，気づかされるのもいいけど，自分でね，気づいていかないことにはって思いますね。
逆らわずに日常を生きることと人の言うことを信じることを，してきた
【N 9-2-37】
(どうやって，気づけるようになっていくのだろう，何が効いたんだろうね) 何でしょうね，日常を生きる。否定せずに。日常って，今思いついただけなんだけど，いいですか，しゃべって，いろんなこと起きるじゃないですか，ちょっとした事件とか，逆らわずに，生きてく。仏教みたい (へへっ)。僕ね，そうして，そうしてたような気がするんですよね。絶対嫌だとか，そういうのなかったような気がする。病気してから。癒されたんだと思う。デイケアで。違うかな。それともう一つ人の言うことを信じること。

竹さんは，自分で気づいていく，としながらも，人の言うことを信じること，というように他者を突っぱねずに，他者へ自分を開いている。

誰かに，何かに頼ることもする
回復者グループの人たちは，なんかいるだけで助けてくれる【N 9-2-39】
(回復者サークルのほうは)行ってますよ。何回も止めようと思ったんですけど。なんかいてもいいのかなって感じだったんですよ。去年だったかな。でもみんな助けてくれるんですよね。助け……目に見えて助けてくれるんじゃなくて，なんかいるだけで，助けてくれるっていうか。(やめようと思ったのは，いちゃいけないと思ったから？)うーん。すぐ僕そうやって考えちゃう人なんですよね。反省して，今は元気に通ってます。月1回なんでね。
行動には出ないけど，まだ考えすぎちゃって，辛いところがあるので，薬は必要【N 9-2-41】
今は親に薬取りに行ってもらっている。だから，もう先生が，薬もらった先生が，もう薬いらないんじゃないかって，でも，なんかね，今ね，まだ考えすぎちゃうところある。薬必要かなーって，あんまり考えなきゃいいんだけど，考えすぎちゃうんですよね。まだ，おかしなことにはなってないんで，行動には出ないんで，辛いだけなんで，薬まだいるなーって。

次のチャレンジは病気の予防と一人暮らしだ
普通に戻って予防のための服薬へチャレンジしたい【N 9-2-42】
これで普通に戻るっていうか，忘れることできるのかなーって。今度はこれにチャレンジしてみようかなーって。予防のためとかね。働き出して，薬止めると，90％が治らないって，もとに戻っちゃうって，J先生に言われたんで，薬はね，切らされないねって。
一人暮らしをしたいし免許も取りたいけど，まずは家を出る【N 9-2-44】
今年中には，一人暮らし，してみたい。ちょっとやってみたい，自立してみたいってのがあるし，一人になりたいっていうのもあるし。また(親と)一緒に暮らすつもりで，ちょっとだけ。パソコン買うつもりなかったのに，買っちゃったし。あとね，一人暮らし，今年中にはかないそうなんで，あとは，免許。会

社で出すぞって言ってるんです。貸してやるぞって。今年の冬道見たら乗れない。今年の冬道はすごい。車曲がりますよね。それと，1月の寒さ。清掃してても，水抜きしなきゃならないんですよ。もう慎重に。1月の寒い時期ありますよね。(リーダーやってるんですよね)新しい人に教えなきゃいけないし，ぜんぜん仕事知らないのに，知ってるけど，うまくはできない。でも教えなきゃならない。でもそれが仕事だなって，思って。(一度にやったら大変)財政的にね。車の免許，うーんどうしようかなって。まず，家出ます。(おかあさんも)いいんじゃないのーって。

　こうして自然に，竹さんは明日の希望をチャレンジ精神旺盛に綴り，話を締めくくった。

竹さんのnarrationの軌跡分析
　narration 1 で，〈自分がだんだん暗くなっていったのは高校からだった〉という竹さんは，高校ぐらいに発病の「とっかかり」があったという。それは，「自意識過剰」であるがゆえに現実とのズレや環境の変化に戸惑うという，典型的な思春期心性でもある。そんな誰でもが通り過ぎるような思春期の体験から，彼が受診するまでになるには，〈職場でもいじめられ〉，家に引きこもるできごとを経てからであった。
　その状況は，〈親への暴力がきっかけで受診，その前から病院行きたかったけど，何が起こっているかわからな〉い状態だったという。「なんか変だなあ」とか，「普通じゃない」，「苦しいとは思わなかった，でも，苦しんでるんです」といった状態で，早いうちから病院に行きたいと思っていたけれど，結局は偏見の存在が躊躇をさせ，すぐには実現せず，最終的に姉の一押しでようやく受診となっているのだ。
　彼は解決方法として死のうとしてみたり，仕事探ししてみたりしたが，「どうしていいかわからなかった」というのが本当のところであったという。「何なのかもわからない」，「ヘンだなと思ってもやっぱり自分で，ヘンだなって決めつけたりできないじゃないですか」と，いわば判断を下すことのできない，

コントロール不能な，命名不能な苦しい事態への直面であったことを竹さんは，なんとか言葉にして示してくれた。この言葉化し難い苦しみは，他者に伝わらない孤独な戦いの道でもあった。

したがって竹さんにとっての受診は，その苦しみからの解放と孤独からの解放とも言えるだろう。彼は，〈病院に行ったら，普通になった，楽になった〉という。それは，服薬とともに，自分の状態を人に客観的に話し伝えることによって，自分でも何なのかわからないものがとりあえず言葉になり，他者と分かつものになって，楽になったということでもあるだろう。

しかし，こうして，デイケアにも通うようになった竹さんは，途中で急に服薬も通院も中断した。そして，再び〈途中で薬を止めたら調子が悪くなって閉じこもるようになった〉のである。楽になれば病気はなかったものと考えるのも，彼にとっては当然であったのかもしれない。が，服薬中断から，今度ははっきりと「嫌われてる」というビジョンが浮かぶようになってしまったのだ。そして竹さんはデイケアにも怖くて行けなくなってしまうのである。これは，何なのかわからない苦しみではなく，わかるから苦しむという状態への変化でもあった。

この事態を変えたのは，スタッフからの誘いの電話であり，親の介在による服薬再開であった。彼はこうして再開したデイケア通所と服薬によって，この体験を「妄想」と命名し，〈妄想だったけど，デイケアに1年通い続けてなくなった〉と話すに至る。厳密には，嫌われているという妄想から，「あっ来る」というかたちの気づきが可能になり，それによって，寝るとか，違うこと考えてみるという方法で，対処とコントロールを彼は可能にしていったのである。

「妄想」に囚われることが1年間なくなったことによって，竹さんの生活は大きく変化した。それはデイケア通所のみならず，バイトをも可能にし，さらには，自分への意識と他者への意識を変化させていった。それは，デイケアという自己を熟成させていく緩衝地帯とでもいうような場において，〈気持ちを楽にして自分を見つめる，人を見る〉ということができるようになったのである。彼にとって，自分を冷静に見つめるということと，人を見るということとは重なって考えられている。そして平常や冷静を取り戻すことにより，他者の

存在の恐怖も取り除いていったのだ。これは〈人を恐れず自分を信じて押し出していけそうだ〉という自信につながり，引っ込み思案の自分を見つめながら，もっと人に溶け込んでいこうとする自分へ，そして「やな部分の塊」がなっちゃう病気の自分にまで自己認識が及んでいた。彼は，病気の自分に対しては苦しいなら治したほうがいいものとして扱い，もう一方で治癒力をもった健康な自分への信頼や効力感も獲得していったのだ。

竹さんは，恐怖が薄まった他者を決して理想化することなく，次には，他者へ期待することの限界を語っていった。具体的には医療者，デイケアスタッフ，親に対して，〈人には話すことと話さないこと，伝わることと伝わらないこと，いろいろある〉し，〈人に頼れること頼れないこと，人といること一人でいること，どっちにしても，楽になれることと，解決することは違う〉と語っていった。それは，頼りたいけど，頼りたくない，自分をさらしたくない，侵入されたくない，こんな両極のアンビバレンツな思いが竹さんのなかに混在しているように見え，もう一方でそのなかで自他の境界を意識しながら自己と他者の関係の輪郭を描こうとしているようにも感じられた。それは，彼が，「スタッフって頼りないと思うんです」と言ったことに関する釈明にも現れていた。竹さんが伝えたかったことは，頼りにしたかったのに，心細かったのに，当の本人が「何か起こさなければ，ならないみたいなものがあって」，わからないのだから，もっとスタッフは，メンバーを一人にしないで，汲み取ってほしいんだよ，ということだったのだ。このスタッフとの「不思議な関係」という体験のなかで，彼にとっての自己と他者の関係の輪郭は描かれていっていた。

そしてそれは「助けてはくれないんだけど。気は楽になる」，という親との関係においても同様に展開していた。彼は，辛いのは自分一人だけど，親に「辛いって平気で言えるように」なること，その辛さが伝わることは気持ちを楽にすることにつながるということに気づいていったのである。気持ちが楽になることと，解決方法が見つかることとは違うけれども，一人だけど一人ではないことがわかるという関係の気づきが，彼を楽にさせるのだろう。

「期待しすぎちゃって，ぴんとこないっての……」という現実を感じとりつつ，へんだなと思うけど，人と「話していると関わり合うと楽しいんです」と

いう感覚が，何より彼のなかに，「一つの真実」として他者との心地よい関係が育ちつつあることを物語っている。

　竹さんは，こうして最後に，〈考えすぎず普通に，楽しめればいいんだ〉と言い，この心地よい関係が成立していった環境について話題を展開して話を締めくくった。いつも同じで変わらない場があり続けているということ，そしてただ「普通に」自分のまんまでいられることが保障される環境があることの心地よさを竹さんは教えてくれている。

　竹さんは，narration 1 のなかで，病気は自分のなかにある嫌な塊みたいなものとして捉えていたが，それも含めて自己の輪郭を描き，心地よい他者との関係に気づいていく軌跡を描いていた。

　narration 1 + α つまり，障害者職業センターの就労準備訓練プログラムを体験したあとに，竹さんからの依頼で行ったインタビューは，まだ就労の決まらない段階であったが，自信と希望に満ちた narration だった。

　就労準備訓練を開始した当初竹さんは，就労準備訓練という新奇の場で，熟睡できなかったり，「ふさぎ込んだり」を体験し，確かに，〈**訓練は勉強になるけど，薬も必要と考えるようになった**〉と話した。継続できなかった以前の就労経験を振り返りながら，現在の「充電」の意義を導いていた。彼は〈**病人として生きるんだという考えが出てきた**〉と言うように，まさに現在の現実に向き合い，それを引き受け，対処しようとしていた。

　そして，それは，竹さんのこれからの生き方，姿勢に関わる考えに発展し，〈**気持ちが楽になってきてとてもそれが大事なことだとわかってきた**〉と話され，焦りでなくほんとうに働きたくなってきた思いと，「これから仕事決まる」という将来の希望を語っていった。「触るものが全部障害者に」なって，「病人として生きる」という意識を疑いもしなくなったという竹さんの変化は，「変わったといえば変わったんだけど，人にわかんないだろうという変わり方」というぐらいに自然で，しっかりと今までの自分が織り込まれた自己の確かさの手ごたえが感じられる。

　彼の今と未来の時間は，焦りと不安に満ちた時間意識から，働きたい思いを留めて，焦らず時間を待つ今，これから仕事が決まる未来に思いを託し，気長

に未来に期待するという時間意識に変化していた。近い未来について竹さんは，**〈不安もあるけど期待もしている〉**と話し，慎重さを自分に言い聞かせながら今と未来の自分に期待を寄せて言葉をつないでいた。

　narration 1 + α の軌跡は彼の今の充実と未来への希望や期待に満ちている。彼がこのような話を加えたくなったのは，こうした言葉を残すことによって，はっきり見えてきだした自分の輪郭と，今のこの自分が未来に続くだろうと思える，その穏やかな，しみじみ味わえるようなうれしさを言葉にしたかったのではと感じられた。そして，それは，自分自身の存在を再度固め，確かめる行為でもあったと思う。

　2年後，一般就労を始めていた竹さんは，narration 2 のインタビューでは，話のとっかかりとして，**〈新たなことを目指している自分〉**について話題提供したあと，やはり narration 1 同様に高校時代の発病時の話から綴り始めた。

　「最近すごくよくわかるようになったんです」，と言いながら，かっこつけてたこと，焦っていたこと，そして対人に妄想があること，をはっきりと竹さんは洞察していった。さらに**〈妄想と人間的な焦りが病気のもとになっていた〉**という理解は，さらに竹さんの今，仕事をしている過酷な状況ですら，気を楽にさせるという気づきにつながっていた。

　こうした彼の転機は，現在勤める会社の社長さんとの再会にあった。社長さんとの出会いは，病気の部分においても**〈わかりあえる人との出会い〉**であり，友達感覚のつきあい体験をもたらすものでもあった。それは，彼の過去の人間関係の気まずさからの和解と過去の自分との和解をもたらしていた。

　竹さんは自分を再び振り返り**〈自分を落ち着いて見つめる〉**なかで，自分にとっての他者の存在を綴っていった。仕事を一旦辞め，「特別待遇」で失業保険をもらいながらも，**〈働きたかった〉**竹さんは，そのとき社長さんと再会した。社長さんは，自分と同じ悩みを抱える他者として現れている。自分は特別なのではなく，健常者も病気の人も同じじゃないかというような気づきによって**〈人とのつきあい方が変わった〉**と竹さんは綴っているのである。竹さんは，デイケアや就労体験を少しずつ重ねながら，怖くはない他者の発見と理解を広げていたのだ。

「人を見る目が変わった自分」は，決して過去の自分と競合や矛盾を起こすこともなく，自然と〈過去のできごとも見方を変えることができる〉ようになるなかで，和解していっている。竹さんは，死の恐怖の回想ですら，それを「うわーって」いうようなある感動を伴ううれしさとして，「しなやか」に，「にじみ出て」くるほどの自然な和解として，おさまりをつけているのだ。

竹さんは，こうして過去から変わらずにずっと貫かれている「自分の本質」について，〈落ち着いた変わらない自分を感じる〉と言い，他者によって気づかされ，映し返される自分の姿として綴っていった。変わらない自分の確からしさは，いらいらせず，焦りをコントロールできる自分として綴られ，過去から現在そして，未来へがんばる自分として綴られていく。

〈前に進んでいく自分になりたい〉という綴りには，過去の辛い体験も成長のための山場として捉え，この先も困難に挑戦し，人に頼らずがんばれる自分へ，成長し強くなろうとする，一貫した竹さんの姿が映し出されていた。

〈真剣によりよく生きていきたい〉という竹さんは，「病気したのひょっとしていいことなんじゃないかな」と，病気や困難すらも自身の成長の契機として捉えなおし，「欲」と自信を回復させる契機にしていた。そして「励み」になったというデイケア体験に立ち戻っていった。竹さんは，デイケアではまじめに人の話を聴くスタッフの姿勢，つまりは他者の承認が「安心感」をもたらし，〈安心してのびのび過ごせるようになった〉のだと綴った。ここで「励み」は「安心感」と「のびのび」に言い換えられたのだ。

竹さんはここで最後に総括するかのように，話しながら自分自身のなかで今まさに生じてきた信念について綴った。彼は自ら主体的に「自分を見る目」を変え，病気してから癒されていった体験を丁寧に振り返るなかで編み出し，〈自分の信念を築〉いていた。それは，「日常を生きる。否定せずに」であり，「人の言うことを信じること」である。

現在の竹さんは，自分で，と言いながらも，決して他者を突っぱねることなく，人や薬に，つまり〈誰かに，何かに頼ることも〉しながら生きる道を探っている。それは決して彼の信念にそむくことではないのである。竹さんは将来への希望を〈次のチャレンジは病気の予防と一人暮らしだ〉と綴り，話を終え

竹さんは，narration 1 から narration 2 へ，自身の過去をよりはっきりと言葉にして回想し，自分を見つめて意味づけをし解放させていた。それは，わかりあえる他者，同じを感じる他者，承認を与えてくれる他者の発見から，自分の本質の気づきへ，信念の生成へと向かっていった。病気をしたことの捉えなおしを含め竹さんは，過去から現在へ，そして未来へ，他者から自分へ，すべてを否定せずに辻褄を合わせ，おさまりよく生きる和解の道を見出していた。

2.3.2. 桜さんの narration の軌跡

病気に負けてない私と病気に負けている私の行ったり来たり

narration 1 (X年：20代)	経過	narration 2 (X年：20代)
不規則な生活から調子を崩し迷ったけど受診をした	▶アルバイトへ ▶△△作業所通所 ▶自宅の引越し ▶△△作業所を退所し在宅生活へ	作業所に通ってたけど調子を崩して作業所を辞める
いつもの生活にはもう戻れない病気とわかる		眠れなくなり，からだが妙にだるくプレッシャーを感じてた
薬を飲むといつもの生活が戻ってきた		世間から離れてしまって精神的に自分は成長していないような気がする
精神科に所属する私と社会に所属していた私の亀裂		成長してないけど病気はなんともなくなってきた
医者を信じて病気を治すために不安を抱えつつがんばる		病気に負けているから自分はだめなんだ
自分の病気がどうなのかわかりたいけど，はっきりさせたくない		ねばならない自分を他者に汲み取られて楽になる
体力つけて自分も病気に負けてないなって自信をつけたい		おさまりのいい場所がわからない
気づかい，汲み取ってくれる人たちがいた		強くなれない精神力の弱さが病気のもと
		もともとくよくよする気があって精神的に強くなれない
		先のことを考えると次々不安なことが出てくる
		自分をもてあます
		気づかい，汲み取ってくれる人たちがいた

		病名をはっきり人には言えない
		自分を押し出していけない
		くよくよ癖も自信がなくて感受性強いからだ

【narration 1】
　　桜さんは，1回目のインタビューのとき，自分の病気の体験について細かく語った。自分の病気のことは，普段ほかの人には話したくないとも言う桜さんであるがゆえに，なおさら，その言葉を，聴き手である私は真剣に受けとめずにはいられなかった。

不規則な生活から調子を崩し迷ったけど受診をした
<u>不規則な生活から，脳みそが圧迫されるような感じで，人の声が気になり深い意味があるような気になった</u>【N 3-1-01】
自分でもよくわからないんだけど，病気のなりかけのとき，働いて不規則な生活してしまっていた。仕事がとても忙しかった。夜残業して，遅くまでやってて家帰ってもご飯の支度するのめんどくさいとかで，お腹が空いているんだけど体力なくてそこまでする力がなくて，昼間しか食べない日々が続いた。でそのうちお腹空くから，コーヒー飲んでた。そのうちコーヒー飲むと満腹感が得られるようになる。そのうちもの食べなくてもお腹が空かなくなってきた。逆に食べると吐くようになった。なんか頭の回転悪くなったかわからないけど，人がちっちゃい声で話してると悪口言ってんじゃないのか，とか，気になったりし始めて，コーヒーの飲みすぎかどうかわからないけど，脳みそが圧迫されるってわかるだろうか，萎縮するっていうか，動いているって感じで，誰かに話しかけられると脳みそがしびれたような感じになって，なんか，些細なことでも深い意味があるような気になってしまった。
<u>生活リズムの乱れから自主退職し受診する</u>【N 3-1-02】
コーヒーの飲みすぎかどうかわからないんですけど，夜眠れなくって，夜昼逆転してしまって，次の日眠れないまま，会社に行くから，からだがこわくって

(疲れる,の意),早退する日が続いて,会社に迷惑かけるからって,辞めて,で,病院かかったんですよ。

精神科受診はほかの人に知られたくなくて間際まで迷った【N 3-1-03】
最初,親が様子おかしいって連れてゆくって言ったんだけど,迷いました。病気が病気だから。ほかの人にも知られたくないって気持ちもあるし。行くんだったら一人で行くって親に言った。年も年だったから,親に付き添ってもらわなくってもと思ったり,でも親は,途中で気が変わってどこか行かれてもって言って。来る間際まで行こうか行くまいか迷いました。親は,たぶん拒食症かなんかと思ったんだと思う。

　　桜さんは,どうにも説明のつかない得体の知れぬ体験から,わが身の危険を十分に感じとっていた。しかしそれは同時に,人には知られたくない病気かもしれないという直感も働き,受診は最後まで躊躇されていた。
　　そして入院後,桜さんは「病気」を知る。

いつもの生活にはもう戻れない病気とわかる
医者からは精神的な神経が切れているみたいに言われ,分裂病の気があるということだ,親にも聞いた【N 3-1-04】
病名については,親言われたらしいんですけど,分裂となんかほかにもう2つ病名がついていて,3つぐらい病気が,あるらしいって。でも先生は私には,特別病名教えてはもらわなかった気がする。ただ,精神的な神経が切れているから,みたいな感じで,であとから,親に聞いたら,教えられて,退院したあとに,医者から,自分で病気わかりますかって聞かれて,親から聞いているので,分裂病だと思います,って答えたら,そうだーみたいな感じで,はっきりとはしていないけど,その気はありますよって感じだった。はっきりと分裂病かどうかはわからないらしいんですよ。

通院はしなくていいと思ってたので,知ってる人に会いたくないし,めんどくさかった【N 3-1-05】
退院したら,もう病院行かなくていいと思ったし,薬も飲まなくて,いいと思

っていた，通院しなくちゃいけないって知って，嫌だとは思わなかったけど，めんどくさいなって，思った，よっぽど知ってる人に会わなければいいなと思った。バッタリ会ってしまったときには，うまくごまかした。

薬は死ぬまで，予防のため，病気は再発しやすいもの【N3-1-06】
通院は，退院したあと，親が，病院行くぞって言うから，なんで病院行くのって聞いたら，薬は予防のために飲まなくちゃだめだって言われて，本で読んだら，こういう病気は1回かかったら，かかりやすいって，医者の講義でも言ってたけど，で，薬は死ぬまで飲まなくちゃだめなのかなって思っている。入院中は説明されても，覚えてないかもしれない。

薬を飲むといつもの生活が戻ってきた
薬飲んで，人と同じ考え方をしていつもの生活ができるようになり，振り返る不思議な体験とのギャップ【N3-1-07】
退院したときは，これでいつもの生活に戻れるって，思いましたね。でも，薬でずいぶん助けられました。脳みそが動くのも完全に治ったし，ものも食べれなくて，寝れないときもなくなった。10キロやせちゃった。立って歩くのもふらふらだった。薬飲んで，人と同じ考え方できるようになった。あれは，不思議な体験だった。通院しなくちゃって思うようになるまでには，時間はそんなにかからなかった。

　　こうして桜さんはわが身に起こった事実から通院と服薬の必要性をつかんでいった。しかし一方で，入院は「いつもの生活」から乖離していく不安をかさだてるものでもあった。

精神科に所属する私と社会に所属していた私の亀裂
同じ病気の友達へなじむ【N3-1-09】
入院した初日には，大変なところに来てしまったと実感がわいた。看護婦さんに帰りたいって言った。でも翌日友達ができた。想像していたのとまるで違っていた，もっと凶暴な人が多いと思っていた，でもおとなしい人が多くて，普通に笑ったり話したりしていて，どこ悪いのかなって思った。

行く先見えぬおそれと見放される不安【N 3-1-10】
友達できても，もしかしたら，ここから一生出れないかもしれないっていうのは思いました。親がしょっちゅう面会に来てくれたのが救いでした。面会に来てくれなかったら，親からも見放されるんじゃないのかって気持ちになっていたかもしれない。

この不安をなだめるように桜さんは次のように綴っていった。

医者を信じて病気を治すために不安を抱えつつがんばる
医者の言葉を信じていれば病気は治る【N 3-1-12】
こうやって，やれるのは，親に医者が言ってたらしいんですけど，この子の病気は治るって，薬飲んでて，医者の言ったとおり，薬飲んでいれば必ず病気は治るし，薬も飲まなくてもいいようにしてあげるって，言ったらしいんですよ。直接は言われていないんですけど。だから，その言葉を信じているから，自分で，薬を中途半端にして止めようと思わないし，医者のほうもいろいろ考えてくれる。服薬の回数も変えてくれる。医者を信じている。薬もからだに合っていて，徐々に減っていってる。体調も変わらない，薬もぴったり合ったんだなと思う。

自分の病気がどうなのかわかりたいけど，はっきりさせたくない
自分の病気はどうなってゆくのか，再発への不安と安心して生きたい気持ちの揺れ【N 3-1-13】
病気が治るっていうのは，薬を飲まず病院も通わなくてよくなること，これがベストだなって思ってる，……薬一生飲んでいくかもしれない，という気持ちもある。今現在薬は自分にとって必要なもんなんです。前みたいに病気繰り返したくない，親いなくなって一人になって，病気繰り返したくないと思っている。自分でも調べているし本を読んでいると，働けないなっていう人の話を読むとちょっと安心できる。同じ分裂でも人によって症状違う，ほかの人どういう症状になるのか関心はある，デイケアのなかで，情報交換できたりする。ちょっとずるいんですけど，聞かれるのは嫌だ，だけど病気のこと話してくれる

人とは，話しやすかった。

<u>自分の病気の重たさを他者を見て測る，見た目にわからないから隠したい</u>【N 3-1-14】

できれば，自分の病気のこと話したくない。病名も話していない。よっぽど重いのかって思われるの嫌だ。見た目にはわからない病気だけどね。人の症状を聞いて，自分が安心できるって，優越感に浸っているときってあると思う。入院したときも，ほかの元気そうな人たちを見て，自分は重たいのかなって思ったことあった。勝手に思っていた。入院期間が短かったので，軽かったのかなって思うようになった。それだけで測れないと思うけど……。

<u>病気は煩わしく隠すべき忌まわしいもの</u>【N 3-1-15】

でも病気になって，最初はずいぶん周りを恨みました。病気自身を煩わしく感じたことはある。友達なくしたくないから，病気のこと友達には言ってない。友達の前で，薬飲むのは，嫌で，こそこそっと台所に行って，飲むようにした。潰瘍ってことにしているんだけど，怪しまれないか心配になることある。いつか病気ばれたらどうしようって思う。言う勇気がない。

　　　　病いへの思いは複雑に揺れ動いていた。
　　　　そして桜さんは，ここまで話しきると，過去から近い将来を見据えて，
　　　それでも病気に負けてない自分についての筋書きを綴っていった。

体力つけて自分も病気に負けてないなって自信をつけたい

<u>人には見えないだるさもなくなってくると，病気に負けてないと思えて自信がつく</u>【N 3-1-17】

人から見て見えないところが悪いから，例えば，最初は，極端にからだが，だるくなる。座ってるだけで，1時間座ってるだけでも辛い，デイケア行って，スポーツやったりして，今は，疲れるんだけどさわやかな気分になれる。バイトも4日続くようになってきた。ここまでできるようになれて，自分も病気に負けてないなって思えるようになった。前は仕事についても，一日で辞めちゃった。今年になってから体力に自信がついてきた。今年このバイトが，1年続

けばもっと自信になると思う。
病気に負けてしまっていた暮らしから夢に向かいたい【N 3-1-19】
でも，デイケアは，ちゃんと目的を見つけてから辞めたい。夢はあるんです。病気なる前から，根気強くないから，続くかどうか……病気に負けているって思うときは，何にもしないで，一日中家でごろごろとして何の目的もなくて，食べて寝るだけで，一日が過ぎてしまったとき。これはもうだめだなって思う。このままでいったら，廃人になってしまうって思ったりした。デイケア通い始めたときは，ほかの日は，ごろごろ寝てばかりいた。こもって室内にばかりいるとよくない，と思う。

こうして，最後は問いかけに応じて，桜さんは自身の存在の支えとなった仲間やスタッフとのエピソードで話を締めくくった。

気づかい，汲み取ってくれる人たちがいた

具合の悪い自分に気づいてくれる仲間に会い，救われる体験をする【N 3-1-21】
デイケアでは，仲間とはいい思い出がある。行事の準備係で，でも風邪で，具合悪くて全然できなくて，そのとき，気づいてくれた仲間がいて，その人が，具合悪いときは休んでていいよって言ってくれた。調子悪いときはお互い様だから，って言ってくれて，普段無口な人なのにこんな優しい人いたんだって思った。それがうれしかった。最初は，古株メンバーに頼りきっていた。優しくて，思いやりあったし，怒ることもなかった。古い人によくしてもらって，今度は自分が新しい人にも返していかなくちゃってリーダーとかやるようにしている。

悪い自分もさらすことができる【N 3-1-23】
スタッフとのつきあいでは，デイケアで，1回，大失敗をしてしまって，怒られると思ったけど正直に言ったら，よく言ってくれたね，と言って全然怒られなかった，それがうれしかった。社会じゃ失敗できないけど，デイケアでは，失敗してそこから練習するところだって言われたのが印象に残っている。社会

では年で見られること多いけど，デイケアでは，そういうことなくて，子供に帰れるってとこありますね。
自分のいいところを見てくれるスタッフ，神様みたいなスタッフいる。

【narration 2】
　　4年後にインタビューをお願いしたとき，桜さんは，デイケア退所後に通所していた作業所を辞めて在宅生活に入っていた。2回目のインタビューではまずその経緯が詳しく語られた。

作業所に通ってたけど調子を崩して作業所を辞める
作業所は当番があって行き帰りが辛くて気が重たくなっちゃった【N 3-2-01】
デイケア辞めたあとは，すぐ作業所のほうに，入ったんですけど，そのときは楽しくやっていたんですけど，家，引っ越して，遠くなっちゃって，朝が辛くなっちゃって，行き帰りが辛くなっちゃって，それでなんか，当番だなんだって，そういうのがあったりして，だんだんだんだん気が重くなっちゃったりして，それで，代わり見つけようかなと思って，作業所辞めちゃったんですよ，かれこれ，2，3年，行ってました。

眠れなくなり，からだが妙にだるくプレッシャーを感じてた
その日によって，一人で不安なこと考えると憂鬱になる【N 3-2-04】
前に脳みそ動くって言ったことありますよね，あれはなくなったんですけど，たまに頭痛することがある。1日の間で，調子の良いときと悪くなったときとかもあって，それで，毎日ではないんですけど，その日によってなんですよね。からだが妙にだるーくなっちゃって。起きるのが，なんかめんどくさいっていうかうっとうしいというか。親に言わせると，甘えていると言われるんですけど。やっぱり，ものを，不安になるようなことを考えると，調子がなんか低下しちゃうんですよ。動きたくないって感じになっちゃって。家族とかそばにいると，わりとテンションあがっちゃって，明るい気持ちになれるんですけど，一人でいるとなんか憂鬱になっちゃうんですよ。
デイケアでは楽しかったけど作業所は当番がプレッシャーだった【N 3-2-05】

作業所は，休み休み。デイケアのときは，あのときはすごい楽しくて，ぜんぜん具合悪いっていう感じがなかったんですよね。作業所のほうが，割と，プレッシャーになることが多かったかもしれないです。毎日あったせいか。当番とか，そういうの，なんか任されるとなんとなく。それで，なんか，薬，1年か2年前から増えたんですよ，自分から，寝れなくなって，主治医に出してもらって。なんかそれから，次の日，前の日のこと覚えてなかったりとか，そういうことあって。それでなんかプレッシャーになっていて。

<u>作業所は責任の度合いが違って調子を崩して，自信がなくなってきた</u>
【N 3-2-06】
デイケアっていうのは，スタッフの人がたいてい困難なところはやってくれますよね，でも作業所の場合は自分の仕事に，自分で責任もってやらないとならないところだったんですよ。作業所もみんな手伝ってはくれるんですよ。責任の度合いがちょっと違う。私の場合一時期調子壊しちゃったんで，それで，なんかそれからなんか，何事にも自信がなくなってきたというか，そういうのあったんですよ。

<u>辞めるころは，2時間座っているのがやっとか早退してた</u>【N 3-2-08】
私も辞めるころには，なんか，たいてい4時間なんですけど，座っているのが，2時間くらいが限度になっちゃって，朝行っても横になっていることが多かったんです。所長さんが気を遣ってくれて，送ってもらったりしてた。休み休みでしたけど，辞めるころになったら，ほとんど毎日，早退してるって感じの状態が続いてたんですよ。

　　　　桜さんはすっかり自分への信頼を失ってしまい，続けて心もとない現在の状況を綴っていった。

世間から離れてしまって精神的に自分は成長していないような気がする
<u>病気してから世間とあまり接してない，一人で生きていけるのか</u>【N 3-2-09】
なんていうか，病気してから，ちゃんと働いたことがないんで，世間のこととか，ぜんぜんわかんない状態なんです。普通の人だったら，もし，健常者だっ

たら，キャリアもあって，常識みたいのも知っている年齢なんでしょうけど，私の場合はブランクがあって，それで世間とあまり接してないせいか，ぜんぜんなんか，世間のこと知らなさすぎて，親いなくなっちゃったら，自分一人でやっていけるのかあ，とか考えちゃうんですよ。だからといって，仕事につく自信もない状態でいるんですよ。

発病したときから社会にもまれず昔のままの変わらない自分に引け目を感じる【N 3-2-10】
弟が働いていて，それで弟が何でも知っていて，私より上ってみたいな感じで，世間のこと知っているって感じで，それ見てると，あー私は，発病したときから，自分は何も，変わってないっていうか，精神的にもなんて言うのかな，変わってないっていうか，なんて言ったらいいんでしょうかね。21, 2のころから，21, 2のままでいるんだなって感じがするんですよ。たまに，学生時代の友達に会っても，みんななんか社会にもまれて，すごく精神的に強くなっているのに対して，私のほうは，昔のままだから，なんとなく，引け目感じちゃうときあるんですよね。

成長してないけど病気はなんともなくなってきた

成長もしてないし，病気もなんともなくなったのは薬のおかげ【N 3-2-13】
成長してないのかな。病気のほうは，脳のほうがなんともなくなってきたというか，たまに頭痛するくらいで，前みたく，物事を考えるときに，動くっていうのは，なくなった。眠剤は増えちゃったけど，薬のおかげで寝れるようになったというか。これからは，眠剤なくても寝れたらいいなって気持ちはあります。

病気に負けているから自分はだめなんだ

病気に負けて，病気のせいと感じすぎ【N 3-2-14】
病気には，負けてるかな，って感じなんですよ。負けてるっていうか，親にも言われるんですけど。自分は病気だ病気だって思い込みすぎているから，状態が悪くなるんじゃないかって，親に言われるんですよ。だから，ちょっと頭痛いとか，ちょっとからだだるいって言ったら，病気のせいかな，っていうふうに感じちゃうんですよ。

人が言うほど，自分はもうなんでもないんだとは思えない【N 3-2-16】
親からも，病気に負けてるから，からだがこわいとか，眠れないんじゃないのか，っていうふうに言われるんですよ。うちの母親は，病気に負けていたら，だんだん悪くなっていく一方だから，自分はもうなんでもないんだって思い込むようにしなさいって言われているんだけど，まだそういう段階は来なくて。つい甘えてしまう。

今甘えていたら将来大変と思うと焦る【N 3-2-17】
親に言わせたら，今甘えていたら，将来大変だみたいな感じに言われるんですよ。焦りがちょっと出ますよ。このまま社会に出なかったらどうなるんだろう，とか。寂しいときは，友達に会ったりするんですけど。

立っているだけでおもりを背負っている感じ【N 3-2-19】
うちの親は，眠ってなくてもごろごろしているから，寝てばっかいるから，生活のリズムが変わるんだよみたいなこと言われる。茶碗洗いだけはしているんだけど，立ってる間でもこわい感じするんですよ。太ったせいもあるのかもしれないけど，おもりを背負っている感じになっちゃって。

　　　成長できていない自分への引け目から病気はなんともなくなってきた，と桜さんは前向きなトーンで一瞬の息継ぎをしたあと，だけど，病気に気持ちで負けてしまうだめな私がいるという意味の言葉の綴りが繰り返し延々と綴られていった。
　　　その後桜さんは，仲間に救われたときの話を綴り，ひと息ついた。が，すぐに話は再び定まることのない，おさまりきらない苦しい思いへ揺り戻されていくのである。

ねばならない自分を他者に汲み取られて楽になる
同じ作業所のメンバーに帰ったほうがいいよと言われて，使命感から解放された【N 3-2-20】
作業所行ってるとき，同じ，地下鉄乗る人がいて，朝こわいなと思っていると，声かけてくれて，具合悪いんじゃないの帰ったほうがいいよって，じゃ帰りま

す，みたいな感じで，声かけてくれたときなんか，気が楽になりました。行かなきゃならないっていう使命感からなんか解き放たれたような気がして。楽しかったことは楽しかったんですけどね。

おさまりのいい場所がわからない

行くとこないかと不安になったりなんとかしようと明るい気持ちになったりする【N 3-2-21】

でも，そのときによって，よかったりもする。だから，いま家にいて，どこも行ってないのが不安になるときあるんですけど，でも，また，近くで見つけようかなって，明るい気持ちになるときもある。アー私行くとこないのかなって逆に考えるときもあるんですけど。

作業所に通うんだったらいい加減なことできないって考える【N 3-2-22】

(誘ってくれる人)来ないかいって，言ってくれるんですけど，ちょっと遠いんですよ。だから，みんなが気を遣って，そんな時間どおり来ないでいいよって，帰りたいとき帰っていいよって言ってくれるんですけど，こんないい加減なことしていいのかな，って考えちゃって。まだ迷っている段階なんですよ。近くで毎日通えるところがいいか，それとも休み休みでも遠いところでも行ったほうがいいかって，考えている。

場にすぐなじめるかなーって心配【N 3-2-23】

知ってる人が多いところは，すぐなじみやすいとは思うんですけど。近場でも知らない人ばっかりだったら，すぐなじめるかなーって，そういう気持ちがちょっとある。

強くなれない精神力の弱さが病気のもと

大人になれない強くなれない感じ【N 3-2-25】

大人になりきれない感じかなって思うときある。精神面でも，強くなれない感じがするんです。

精神力の弱さで病気になったから，また何かあったら元に戻るかもしれない【N 3-2-26】

病気になったときに，たぶんストレスとか，精神力の弱さで病気になったんじゃないかって思ってるんですよね。だから，また，ストレスとか対人関係なん

かあったりするとまた，前の状態に戻るんじゃないかっていう，気持ちも少しあるんですよ。

ストレスないけど惰性で生きてる【N 3-2-27】
今は，ストレスっていうストレス感じてないけど。なんか惰性で生きてきたって感じに思う。この状態でいいのかなって考えちゃったりして。

もともとくよくよする気があって精神的に強くなれない

小さなことでも大きく考えてしまう癖が抜けない【N 3-2-29】
自分では根本的には，暗い性格なのかなと思ってたんですけど。私，小さいことでも，昔からそうなんですよ，小さいことをこう大きく考えちゃう癖があって，こんな些細なことでも，後々まで考えちゃったりするところがあって。今もちょっとそういうところが抜けきってないのかなって思うことがある。

なんでそんなことで悩むのかと思われてしまう【N 3-2-30】
ちっちゃいことでも，こんなになっちゃって，よく人から，なんでそんなことで悩むのってみたいなふうに思われちゃう。ある人に相談したら，そのときはそのときで，壁を乗り越えればいいんだって言われて，ちょっと気が楽になったりして。

もともとそういう気があって病気だからくよくよ悩んでしまうのだろうか【N 3-2-31】
なんでそんなにくよくよするのなんて人に言われるんですよ。悩みなんてないのって聞いたら，悩みはあるけど，そんなにくよくよすることはないって言うんですよね。だから病気だから，そんなにくよくよするのかなって考えちゃうんですよ。もともとそういう気があったのかなって思う。気が小さくて。

　　　病気をしていた過去のなかにいる今の自分を，「癖」とか「そういう気」という因果で現在の今の自分へと押し上げてみても，または未来へ視点を移してみたとしても，なお不安でおさまりきらない自分を桜さんは感じている。

先のことを考えると次々不安なことが出てくる

親いなくなったらどうしようって気持ちが強くなってきた【N 3-2-32】
やっぱりみんな同じ病気もっている人と話していても，親いなくなったらどうしようって考えた時期が，あったらしくて，でもある一定の年齢超えたら，そういうのなくなるって聞いたんですよ。だから私は今が，親いなくなったらどうしようって考えている時期に差し掛かっているのかなって，まだ若いときは，親も若いからって気持ちでそこまで考えなかったんですけど。親も年取っていって，どうしようって気持ちが強くなってきたんですよ。

この幸せはいつまで続くのだろう，またぶり返したらどうしよう【N 3-2-34】
今は，親がいるので，困難なときには協力してくれるから，いいんですけど，兄弟いても，親いなくなってから，兄弟も家庭もったらどうなるかなって考えるんですよ。取り越し苦労してるのかもしれない。今のことより先のことばっかり考えちゃうんですよ。今は，十分幸せだなって思っているんですけど，この幸せがいつまで続くんだろうって，考えちゃって。また脳みそ動いたらどうしようとか。その場その場で乗り越えていける問題だったらいいんだけど，先々のことばっかり考えて，空回りしているって感じなんですよ。

　　　桜さんは，今現在を気後れしながら生きているかのようである。

自分をもてあます

何もしていない状態もまた居心地が悪い【N 3-2-35】
今は今で，何もしてない状態でそれも辛い。親や兄弟働いていて，自分だけ，うちでぶらぶらしていたら，居心地悪いなーって感じになってくるし。

病気になっちゃったから苦労をかけている【N 3-2-36】
特別働いてないってことを責められたりしたことはないんですけど，たぶん，私がこんな病気になっちゃったから，親が苦労してるのかなっとか。

　　　桜さんにとって本音でつきあえる仲間の存在は先にもあったとおり重要だ。しかし本音が言える仲間は得難いものでもある。

気づかい，汲み取ってくれる人たちがいた

仲間がいて助けてもらったから今までこうしてこれたし，同じ病気抱えていると言いやすい【N 3-2-37】

デイケアでいろいろ助けてもらったから，今までこうやってこれたのかもしれないです。仲間がいたってゆうか。そういうのがあったから。作業所とか，デイケアで友達できて，やっぱり健常者には，健常者の友達には言えない悩みでも，同じ病気抱えていると，言いやすいって面がある。(作業所で)調子が悪いときは言える。

病名をはっきり人には言えない

はっきり病名言えず，うそついちゃってる【N 3-2-38】

病名は言ってない。食欲ないんだとか，頭痛いんだとか。病名はうそついちゃってる。作業所に行ったときに，周りの人が自分から自分の病名はっきり言ってるんですよね。で，まさか，自分の病気はっきり言う人いるっていうのわかんなくて，最初っから違う病名でうそついちゃってるから，通しちゃっているから，本音で言えなくなっちゃったんですよ。

　　　桜さんのnarration 2はこうして，過去から今を生きる自己へまなざしを向けしっくりくる言葉を探りながら綴っていった。

自分を押し出していけない

自分から率先して動き出す力がないのかも【N 3-2-40】

自分で動き出そうとする力が，自分でないのかなって思うことがあるんですよ。誰かがやってくれたことを自分がやってるみたいな感じで，自分から何か率先していることがないような気がしている。たとえば，仕事に復帰しようとか，作業所早く見つけなくちゃっていう面では，なんていうかまだ，動き出してないっていうか。動き出せない状態でいるみたいな感じでいる。

自分の力がなくて，作業所続かなくて，臆病になった【N 3-2-41】

(最初に作業所行ったとき)あのときちょうど，行くとこなくて，まだ働く自信，1週間なら1週間びっちり働くとか，自信がなくて，作業所で毎日通って，そ

れから，職を探して，と思ってた。あのときは作業所ってどういうとこかよくわからないこともあって，作業所行ってたけど，なんか，自分の力がなくて，続かなくて，それでなんかこれだったら，就職も無理だみたいな気持ちになったんですよ。ちょっと臆病になっている。

楽しいデイケアと働く前提の作業所ではギャップがあった【N 3-2-42】
デイケアにいたときがすごい楽しくて，周りの人たちもよくて，それでなんか元気が取り戻せたんですよ。一時は状態悪かったんですけど，そのまま，デイケアの感覚で作業所行っちゃったものだから，ちょっとギャップがあって，やっぱり就職を前提にしている人というか，将来的には働けるようになるようにするためのところだから，ちょっとデイケアとは違うなと思った。

一つ挫折してしまうと何やってもだめかもと思ってしまう【N 3-2-43】
でも，作業所も挫折したから，もうこのまま社会に出れないのかなって思っちゃうときもあるんですよ。一回辞めちゃうと，ほかのところも続かないんじゃないかって思えてくるんです。あんまりころころ変えるのも嫌だなって気持ちもあるし。でも，根性なくて。何やっても長続きしないっていうか。

くよくよ癖も自信がなくて感受性強いからだ

カッカしないで心にゆとりのある大人になりたい【N 3-2-44】
心に余裕ができたら，探そうと思う。ほんとの大人って心にゆとりのある人だなって思う。あまり小さいことでカッカしないっていうのが大人なのかなって。私も結構かーっとなることあるから。私働いているときに自分で気づかなかったんですけど，職場の上司に感受性が強いですねって言われたことがある，言われてみて，アーそうかなって思った。それがマイナスになっていたような気がする。

自信がないから感受性強くなる【N 3-2-45】
それが些細なことでもくよくよって，こういうふうになっちゃうのかなって思って。たぶん自分に自信がないから，感受性も強いのかなって思って。

　　インタビューを終えて私がお礼を言うと，桜さんは，「病気のこと話して，新たな病気に対する発見があって，薬もまた，違うの出てきたという

ことになると，私としてもうれしいことなので，お話聴いてくれてよかったと思います」と返された。

桜さんの narration の軌跡分析

　narration 1 で桜さんは，さまざまなことが気になり始めたころから話を始めた。仕事をしていた桜さんは，最初〈不規則な生活から調子を崩し迷ったけど受診をした〉のだと言う。残業による疲労，食欲不振，嘔吐，不眠，対人関係のつまずき，体感異常(脳みそがしびれる)といった得体の知れぬ体験に襲われ，親にも受診を促されながら，桜さんは最後まで受診を躊躇していたのだ。「病気が病気だから。ほかの人にも知られたくないって気持ちもあるし」という思いが，受診を躊躇させたのだ。

　彼女は入院治療を受けた後,「病気」であることを知る。それは，退院しても通院するという事実を受け入れるなかで,「薬は予防のために飲まなくちゃだめだって言われ」るなかで，そして親に連れられ，医師の説明を受けるなかで，桜さんは〈いつもの生活にはもう戻れない病気とわか〉っていったのだ。

　しかし，桜さんにとって，いつもの生活がすっかり変わってしまったわけではなかった。「不思議な体験」と言うほどの症状は，「薬飲んで，人と同じ考え方できるようにな」り，〈薬を飲むといつもの生活が戻ってきた〉のである。だからこそ，桜さんはいつもの生活に戻るために，いつもの生活にはなかった通院と服薬が必要と思うようになったと言うのだ。

　桜さんにとって入院は「いつもの生活」からの切り離しであった。いくら精神科病棟での生活で翌日に友達ができようとも，その友達が「普通に笑ったり話したりしていて，どこが悪いのかなって」というように見えたにしても，それは，やはり今までの普通の生活の場からはかけ離れたところであることには変わりなかった。つまり「友達できても，もしかしたら，ここから一生出れないかもしれない」という不安は否応なくわき，親の面会がなかったら「見放されるんじゃないのかって気持ちになっていたかもしれない」というぐらい，〈精神科に所属する私と社会に所属していた私の亀裂〉を生じさせる体験であったのだ。おそらく桜さんにとって親の面会は，入院前の「いつもの」生活世

界に自分をつなぎとめておく重要な意味があったのかもしれない。

　桜さんはこの不安をなだめるように，〈**医者を信じて病気を治すために不安を抱えつつがんばる**〉自分を綴り，医者への信心を綴っていった。医者の「この子の病気は治るって，薬飲んでて，医者の言ったとおり，薬飲んでいれば必ず病気は治るし，薬も飲まなくてもいいようにしてあげるって」と言った言葉こそが，桜さんの治療意欲を支えていたのである。それこそが，病気の自分から病気に負けてない自分へ，そして，なんでもない健康な自分へと修復させる唯一の道と桜さんは信じて，医者を信頼し身をあずけていた。

　桜さんの病いの認識は複雑であり，さまざまな思いが錯綜し揺れ動いていた。彼女は〈**自分の病気がどうなのかわかりたいけど，はっきりさせたくない**〉というように，「ちょっとずるいんですけど，聞かれるのは嫌だ，だけど病気のこと話してくれる人とは，話しやすかった」と言う。自分の病気のことは人には話したくないし，病気を煩わしく思っていたこともある。病気は桜さんにとって，煩わしく忌むべき存在であり，帳消しにすべき存在であり，再発の予期不安をもたらす存在であり，ばれてしまったら大変になりそうな存在でもあって，今までの生活の継続を脅かす存在ともなる。桜さんは自己開示はせずに自分の病気は重いのか，軽いのか，周りから情報収集をしながら一人で測り，安心したり不安になったりして揺れ動いていた。

　このような揺れのなかで桜さんは，過去から近い将来を見据えて，〈**体力つけて自分も病気に負けてないなって自信をつけたい**〉という展望を綴り出していった。

　からだがだるくて一日何もしないでごろごろだらだら過ごしている「病気に負けている自分」ではなく，バイトが長続きしたり，疲れるけどさわやかな気分になれたり，体力に自信がもてるような「病気に負けてない自分」になりたいという思いを，彼女は言い方を換えながら繰り返し話していった。それは，バイトが1年続けばという未来に目標を据えるかたちで，または「夢」という言葉で示されていき，「病気なる前から，根気強くないから，続くかどうか……」と言っては，過去の，病気になる前の自分と折り合いのつく言葉を探し，不安と希望の間でかすかに揺れていた。桜さんにとって「病気に負けている自

分」は廃人になるかもしれないと思うほどに，存在が脅かされる否定的な未来を含み，「病気に負けてない自分」は未来の希望を含んだ確かな自己の存在を保証していた。

　桜さんは，デイケアで仲間やスタッフの存在を，〈気づかい，汲み取ってくれる人たちがいた〉と振り返っている。それは，具合が悪いときに気づいてくれる仲間であり，「自分のいいところを見てくれるスタッフ」であり，大失敗したときにも，怒らず「失敗してそこから練習するところだ」と支持してくれたスタッフの姿である。つまり偽らない自分でいられる，自身の存在そのものを保証してくれる他者の存在，自尊心が傷つけられず，気づき汲み取る他者の存在が桜さんの支えとなっていたのだ。彼女はデイケアを「子供に帰れる」と表現したが，それは偽ることなく良くも悪くもある自分が，丸ごと汲み取られる心地よさとして語っていたように思われた。そしてこの体験は，「新しい人にも返していかなくちゃ」というケアの循環をも生んでいた。

　narration 1 の根底には，常に桜さんの病気への怖れが存在していた。それに対して，彼女は病気に負けている自分と病気に負けていない自分の対立図式を表し，病気に負けていない自分になってがんばるのだと言い聞かせ，自らを励ましていた。また，偽らない自分を丸ごと受けとめてくれる場と他者の存在がそのがんばりを支えていることが示されていた。

　narration 2 になると，桜さんの生活は一変していた。桜さんは引っ越しを契機に，楽しく〈作業所に通ってたけど調子を崩して作業所を辞める〉事態に至っていた。〈眠れなくなり，からだが妙にだるくプレッシャーを感じてた〉と言う彼女は，作業所の行き帰りの疲労，からだのだるさ，頭痛，憂鬱，不安，うっとうしさからの行きづらさを抱え，さらにまた不眠，健忘が現れ，作業所内の役割が果たしきれず作業所通いがプレッシャーになり，行きづらくなるという悪循環に巻き込まれていた。

　行き帰りの辛さに加えて，彼女のからだのだるさは座ることすら苦痛なほどとなり，「ほとんど毎日，早退」していたというのである。作業所内の「責任の度合い」は桜さんにとって，「自分の仕事に，自分で責任もってやらないとならないところ」であって，困難なところが顕になってしまうところでもあっ

た。この責任感ゆえに，桜さんは果たしきれない自分をよしとはできず，最終的には，周囲への気兼ねも生じ作業所を辞めることになり，居場所を失い，「それからなんか，何事にも自信がなくなって」きてしまったのだ。

桜さんは現在の状況を〈**世間から離れてしまって精神的に自分は成長していないような気がする**〉と振り返った。「病気してから，ちゃんと働いたことがない」自分は「世間のこと知らなさすぎて」，発病したときから何も精神的に変わってない感じがして，「引け目」を感じてしまうのだと綴った。働いている弟と自分との対置は，就労体験のある「世間のこと知っている」健常者と「世間を知らなさすぎ」る病気の自分との対置でもあった。このずっと成長できていない自分という自己認識は，「親いなくなっちゃったら，自分一人でやっていけるのかあ」と言うように，この先も変わらない自分でしかないという未来への予期不安すら誘発していた。

「成長できていない自分」という自己認識は，薬のおかげで〈**成長してないけど病気はなんともなくなってきた**〉と一度は言い換えられる。が，次には〈**病気に負けているから自分はだめなんだ**〉と再びまた病気への帰属をし，責め続けるアリ地獄に引き戻されていった。彼女の体験は，立っているだけでも辛くおもりを背負っているような辛さ，ごろごろするしかないだるさ，社会から取り残されゆく不安や焦り，寂しさ，病気に負けているという自責感，気力だけではどうしようもない具合の悪さ，という日常生活全般にわたる主観的体験としての生きづらさそのものであった。

一方で病気に負けている自分の綴りは，「親にも言われるんですけど……」という話のとっかかりから，桜さんと親とのやりとりの再現そのものとも受けとめられた。彼女のどうにもおさまりきらない辛い思いは，未消化のまま，誰にも汲み取られず，投げ出されているようでもあった。

それだけに「具合悪いんじゃないの帰ったほうがいいよって」言ってくれる作業所の仲間の声がけが，彼女の使命感を解き，〈**ねばならない自分を他者に汲み取られて楽になる**〉ことにつながるのだ。つまり彼女にとって気持ちが楽になれたのは，投げ出された辛さが汲み取られ，使命感のつながりではなく，人とのつながりがそのとき感じられたからなのであろう。

このあとも narration 2 では，桜さんのおさまりきらない苦しい思いが，繰り返し繰り返し綴られていった。それは，どんな作業所だったらいいのか？今現在の自分の居場所という実感がない，〈おさまりのいい場所がわからない〉辛さとして綴られた。どういうところだったら自分にぴったりなのか，すら，自信を失ってしまった桜さんには，判断がつかなくなってきてしまい「私行くとこないのかなって」気持ちになったりしてしまうのだ。

桜さんは，こうした自身の寄る辺なさを，「大人になりきれない感じ」と「精神力の弱さ」につなげて〈強くなれない精神力の弱さが病気のもと〉，とおいてみた。しかし，「大人になりきれない」自分は，発病時の過去にとどまったままであるがゆえに，「また，前の状態に戻るんじゃないか」という再発恐怖を生んでいた。さらに「惰性で生きてきたって感じ」からは，現在に生きる自分の疎外が浮かび上がってくるのだ。

こうして桜さんの narration はまた過去の自分のなかに戻って，何かしらの原因を探り出す筋書きへ戻っていく。

〈もともとくよくよする気があって精神的に強くなれない〉と言うように，桜さんは自分は昔から「小さいことをこう大きく考えちゃう癖があって」，という過去の自分に遡っていった。「癖」とか「そういう気」という自己制御の効かない領分への帰属に傾いていくとき，対処可能なものとして「壁を乗り越えればいい」と示唆されることは，未来の希望と自己効力感の下支えにつながり，「ちょっと気が楽に」なる体験でもあったと桜さんは言う。しかし，最後には「病気だから，そんなにくよくよするのかなって」，「もともとそういう気があったのかな」，とすべてを病気に帰属させていく筋書きに戻っていった。

病気をしていた過去のなかに自分をおいたまま，病気にすべてを帰属させる彼女の納得のさせ方とその因果のつなぎ方は，「親いなくなったらどうしよう」というように〈先のことを考えると次々不安なことが出て〉きてしまい，そのまま未来に続く因果となっていく。「取り越し苦労してるのかも」とわかっていても，「今は，十分幸せだなって思って」いても，「この幸せがいつまで続くんだろう」と先々のことを考えて，脳みそが動くという過去の病気の体験が，今を飛び越えて未来を支配してしまうのである。

「今は今で，何もしてない状態でそれも辛い」と言うように，〈自分をもてあます〉ほどに，桜さんにとっての今・現在は，「居心地悪」く肩身の狭い状態の自己疎外が生じていた。

桜さんが過去と現在のつながりのなかで自己の確かさ感を綴ることができるのは，「デイケアでいろいろ助けてもらったから，今までこうやってこれたのかも」というように，〈気づかい，汲み取ってくれる人たちがいた〉デイケアでの体験を綴るときであった。ここで，重要な役割を果たしていたのは，同じ病気を抱えた仲間の存在である。それだけに，〈病名をはっきり人には言え〉ず，「うそをつき」，「本音で言えなくなっちゃった」場では，病気をともに共有できる仲間を作ることが難しかったのだ。

「自分から何か率先していることがないような」自分，作業所も「力がなくて」続かなかった自分に，桜さんはすっかり臆病になり，もう就職も無理だし，「根性なくて。何やっても長続きしない」自分を綴り，未来においても現在においても〈自分を押し出していけな〉くなってしまっている。

桜さんは最後に，心にゆとりのあるほんとの大人になりたいと未来への望みを綴った。〈くよくよ癖も自信がなくて感受性強いからだ〉と今から過去に遡って自信をもてない自分を綴り，その彼岸としての今と未来に「心に余裕」「心にゆとり」をもった大人を桜さんはおき，narrationを締めくくった。

桜さんのnarration 2は，ひたすら病気に負けている自分の軌跡を重ね続け，描き続けていた。桜さんは病気をしていた過去のなかに自分をおき，今，現在を生きる自分は矮小化され，疎外されていた。過去の因果は現在を飛び越えて未来を脅かし，因果を越えるかたちで未来の望みが生成されていた。しかし，過去から今を生きる自己へまなざしを向けしっくりくる言葉を探ってゆくnarrationの連なりは，まぎれもなく，今を生きようとするがゆえの桜さんの綴り方であった。

2.3.3. 桃さんの narration の軌跡

過去の体験や病気をまとい，とにかく目の前の今を生きる

narration 1(X年：30代)	経過	narration 2(X年＋5年：30代)
短大を卒業して就職したが長く続かず，嫌な思いを体験する	▶○○作業所通所 ▶一人暮らしへ ▶△△作業所通所	自立，一人暮らしを過ごす
幻聴が始まりなんとかしたくて，病院へ連れて行ってもらう	▶精神病院入院 ▶△△作業所通所再開，現在に至る	発病前から今の生活までを振り返る
服薬で幻聴はなくなるが，入院による集団生活は苦痛のまま退院へ		今の暮らしをなぞる
働けることは，病気治癒の証明		
まだ自分には病気が残っている		
頼れるスタッフとの出会いと場を得る		

【narration 1】

　　　桃さんは，7年前という発病のころを振り返るとき，自分が仕事につくまでの成り行きから話し始めた。

短大を卒業して就職したが長く続かず，嫌な思いを体験する
<u>仕事は電話対応が悪かったり，嫌なこともあって自分から辞めては就職をした</u>
【N 5-1-01】
発病は，7年ぐらい前。仕事しているとき，23歳ぐらいのときだったと思う。高校卒業して，行きたい大学に行けなかった。父親に「女は大学なんて行かなくていい」って反対されて，お金なかったし，中退した。中学の英語の先生になることが夢だった。結局，短大に行って，そのあとももっと勉強したかったけど，やっぱりお金の関係で，就職した。簿記の一級をとっていたので，事務職についた。3年ぐらい勤めたんだけど，電話応対が悪いと言われて，自分から辞めた。事務だけの仕事だったらよかったんだけど，電話応対があって，私

は無愛想で口下手だから，下手だったんだと思う。いじめってほどでもないけど，嫌なこともあった。そのあともすぐ就職した。縫製の仕事でミシン縫いをやっていた。そのあとは，店員。ここでも店長にいじめられて，嫌な思いをした。私が感じてしまうだけなのかもしれないけど……。

幻聴が始まりなんとかしたくて，病院へ連れて行ってもらう
幻聴の苦しみ，生活上の苦しみ，家族関係の苦しみをなんとかしたくて病院へ
【N 5-1-02】
このころから，幻聴が始まってきていた。自分の悪口が聞こえてきて辛かった。テレビでも新聞でも自分の悪口を言ってるような気がして辛かった。そのころちょうど夏で，眠れないし，食べれないし，辛かった。うちでは，そのころ母親は泊まり込みの仕事をしていて，父親は失業中だった。それで，仕事をせずに昼から酒を飲んでいた。帰ってくるとまあ飲めやということで，一緒に飲んでいた。そのうち，父親がいろいろ聞いてきたりして嫌になって家を逃げ出して，妹の家に行った。妹の家で，私おかしいから，病院へ連れて行ってくれ，と頼んだ。なんとかしたかった。

服薬で幻聴はなくなるが，入院による集団生活は苦痛のまま退院へ
入院生活は居心地が悪く，強引にうちに帰ろうとしたら，牢獄に入れられた
【N 5-1-04】
入院は，3カ月と10日いた。入院して薬を飲むようになって，すぐに幻聴は，なくなった。だけど，周りは，若い人たちばっかりで，キャーキャーうるさかった。うるさい，って言ったら，おっかなーいなんて言われたりした。居心地悪くて，早く帰りたかった。早く帰りたい帰りたいって言って，だだこねて，かばんもって，出ていこうとしたら，抑えられた。主治医に抑えられて，そのときは，暴れて抵抗した。そうしたら，大事になって，牢獄に入れられた。しばらく入っていたけど，ほとんど薬で寝ていたように思う。入院中母が面会に来てくれたとき，目つきが悪いと言われたし，トローンとしていると言われた。とにかく早く出たかった。退院が決まったとき，ベッドの上でぴょんぴょん跳ねて喜んだのを覚えている。

桃さんの病いの軌跡は，病気との対峙のみならず，家庭生活，入院生活そして職業生活といった場においても緊張をはらんだものになっていた。

働けることは，病気治癒の証明
退院してすぐに働けたし病気は治ったと思っていた【N 5-1-05】
退院してから，すぐに，主治医から，「社会勉強だから」と言われて，デイケアに行くことになった。行くのは嫌じゃなかったけど，早く働きたくて，3カ月ぐらいで仕事を探して，止めた。もういいと思って，通院も止めて，薬も飲まなくなった。退院して仕事ができるようになれば，病気は治ったものと思っていた。通院しなくてはならないとは思っていなかった。昼薬飲むのも嫌だったし。親も，治ったなら，いいんじゃないの，と言っていた。
働き出しては薬を止め再発して眠れなくなった【N 5-1-06】
仕事は，また店員をした。1年と少し続いた。でもそこでも，自分だけ違う待遇をされているようで，いじめられているような気がした。新しい店舗ができそこへ転勤した同僚が，賞与をもらい，自分だけもらえなかったのが，悔しかった。そこらへんからまた，調子が悪くなり，眠れないようになり，病気が再発した。それで通院して，服薬すると治った。またいいと思って，仕事につき，また通院も薬も止めた，そうしたらまた再発した。眠れなくなった。

まだ自分には病気が残っている
残った病気を治すための通院，服薬へ【N 5-1-07】
病気が治ったというのは，働けて，疲れてよく眠れることをいうのだと，思う。でも今は，仕事についたとしても，通院しようと思う。2回も繰り返してきたし，まだ病気が残っているのだと思う。不安だし，それに薬でずいぶん楽になった。薬にまだ頼っていると思う。安定剤を飲んでいるのだけれど，眠れないときは，薬に頼るしかない。病気が残っているって感じるのは，時々眠れないときがあることだ。薬はずっと飲んだほうがいいと医者も言う。一生かと思うとゾッとするけど……。
障害者としてでも働ける自分になろうと思う【N 5-1-08】
スタッフＤに，障害者職業センターを勧められた。障害者としての雇用でもい

いと思っている。通院日が取れるように働こうと思う。「もう働いてもいいね」とDに言われ，障害者職業センターを勧められた。医者にも相談したら，「そういうところだったらいいよー」と言われた。行くつもりだ。

「退院」しても病気は病気なんだ【N 5-1-09】
入院中，医者に一度だけ病気治るんですかと聞いたことがある。そのとき医者は，「治るよ」と言った。その言葉があったから，退院すれば，治ったってことなんだと思っていた。病気なんだって思えるようになったのは，ここ2，3年だ。

　　　　桃さんは，退院をして働くことが病気治癒の証明と考えていたが，再発をとおして，病気であるということ，病気を治しながら働くということの気づきを得ている。
　　　　そこで，今までで印象に残っている人について尋ねると以下のように桃さんは話し始めた。

頼れるスタッフとの出会いと場を得る
励ましてくれる看護婦がいた【N 5-1-10】
入院中印象に残っているのは，受け持ちの看護婦が，新聞紙ぺらぺらとめくりながら，「あなたの悪口なんて，どこにも書いていないからね，ほら，テレビだって，何にも悪口言ってないよ」って言ってくれたのが，とても励みになった。その看護婦さんには，自分の幻聴のことは，話していなかったけど，カルテでも見て，言ってくれたんだと思う。
支え手であり理解者であるスタッフがいる【N 5-1-11】
デイケアでは，ちょこっとしたスタッフの意見で，デイケアが成り立っていると思う。スタッフDは，理解があって，ユーモアがあって，おもしろい人だ。
仕事がない，やることのない辛さがまぎれる時間つぶし【N 5-1-12】
メンバーとは，ばか話して，気がまぎれていい。時間つぶしにデイケア来ているようなものだ。デイケアって，何もしない時間をつぶすこと，だ。何もしない時間があることがなんと辛いことか。家にいても本を読むか，ほかにやるこ

とがない。家事やればと言うけれど，母の仕事とってまでしたいとは思わない。仕事のない辛さを知っているし。

　　　桃さんにとって自分が大事にされ，汲み取ってもらうことの心地よさは格別なことのように感じられる。そしてまた，デイケアという「時間つぶし」の場があることの意味を，桃さんは率直に綴り話を終えた。

【narration 2】
　　　2回目のインタビュー実施までの4年余りの間，桃さんと私はつかず離れずつきあってきた。彼女が一人暮らしを決断し，さらに作業所通所を始め通所が軌道に乗るまで，途中，入院もはさんだ紆余曲折の軌跡をともに辿ってきた。インタビュー依頼は，単身生活と作業所通所が安定した時期を見計らって行った。

自立，一人暮らしを過ごす
<u>一人暮らしは楽だけど寂しい</u>【N 5-2-01】
この5年間で，あの自立っていうか……一人暮らしを始めたんで，一人になるとやっぱり波があって，悪い状態になるとまた入院するかたちになる，そんな状態なんです。(デイケア辞めてからの5年ですね)して，一人暮らしすると，寂しくて，やっぱり泣いちゃったり，うつになったり，なっちゃうんですよね。そして，D先生(デイケアスタッフ)とか，Dさんとか，(作業所の)所長とか，聞いてもらう人に，なんか悪いんだけども，電話してしまうかたちになっちゃうんです。一人暮らしって楽だけど，やっぱり寂しい，まだ2年ちょっとだから。D先生も言ったんだけど，まだ2年ちょっとなら寂しいね，とは，言ってた。

<u>家からは出るに出れない家庭環境だった</u>【N 5-2-02】
(ずっと，家族と一緒だったの？)1回出たんですけど，22歳？　21歳？　のときかな。出たんだけど，お母さんと妹も出てきちゃって，お父さんに，場所ばれちゃって，もうお酒止めるから帰ってきてくれ，って泣きながら頼んじゃ

ってそれで，帰ったってかたちになったんですよね。1回やっぱりお父さん酒飲むから，なんかやだから，私は自分で場所を選んで，引っ越ししたんだけど，近くの，ちょっとした工業団地なんですけど，お父さんが呼びにきて，帰っちゃったっていうかたちなんですよね，猫も連れてきたんで，1DKみたいなところだったんで，狭くて，1階だったんで，して，3人で寝るっていったら，寝れないから，1日か2日で借りてるところ，なんか忘れちゃったけど，大家さんに謝って，帰ってきたっていうかたちなんですよね。（それは入院する前）そう。（そのときは，お母さんと妹さんといて，）寂しくなかったんだけどね，猫もいるし。

　　　　家族の歴史を辿っていくと，桃さんにとって一人暮らしの決断とその維持は並々ならぬことであるという事実に気づかされる。

一人で過ごす日常の暮らしはやっとやっと【N5-2-03】
今のアパートだったら，生き物飼っちゃいけないから，それにあと，病気もしたりしたら，大変でしょ，お金かかるしね，だから，音楽聴いたり，するときもあるし，調子よかったら，あと調子崩したら，寝ている感じなんです。なんか1週間も作業所に行くと，どっと，土日，疲れちゃって，洗濯とか，掃除とかやっとできるような感じなんですよね。土曜日になると，ぐうすか寝て，朝昼晩寝ちゃうんですよね。

寂しいときは電話の掛け合いっこをしておしゃべり【N5-2-04】
昨日は9時半ぐらいに寝たから，そうでもないと思うんだけど。やっぱり寂しいから，お母さんと(電話)掛け合いっこしたらいいんじゃないかって，Jさん(作業所職員)が言って，掛け合いっこしているんですよね。朝はお母さんからきて，帰ってきたら，私が電話するって感じで，作業所でこんなことあったよとか，悩みとか，あるんだけどとか，ちょっとうつになって泣いちゃったんだよとか。そういうことをお母さんに話しているんですよね。

帰る場所や出会う場所がある【N5-2-05】
連休は，帰ってきていいって言うから，連休楽しみにしているんです。お母さ

んが、からだの調子悪くて、病院行ったって言うんですよ。悪くなければいいなあって。Ｊさんも辞めちゃったし、悲しくて、昨日作業所で泣いちゃったし。

　　　桃さんは発病前のできごとから病気の始まりの歴史を軽く振り返り、今の暮らしもやっとやっとであることに話を戻していった。

発病前から今の生活までを振り返る
事務の仕事で貯めたお金はあっというまに消えた【Ｎ5-2-07】
(病気する前の仕事してるときの話？)私は帳簿整理ばっかりやって。2箇所事務やったんだけど、できてないから、整理したりチェックしたりして、そういうのばっかりやったんです、そろばん使ったりして、わかんないときは、会計事務所に聞いたり。○×会社のときは、本社に聞けばよかったんですけど。300万貯まったんだけど、いいや、300万貯まったんだから、って車買ったり免許取ったりして、お金使っちゃった。妹の車のローンも受け継いじゃって、300万円が消えていって。
職場でも家でもストレスたまって病気が始まり11年【Ｎ5-2-08】
それで、ノイローゼになっちゃって、店員しているときはいじめられたりして、ストレスたまって、家でもストレスたまって、そんなことあったからね。それから病気が始まったから……、今年で、……11年になりますね。
今は作業所だけど疲れちゃう【Ｎ5-2-10】
今も、作業所に行くだけで疲れちゃうって感じで、……。(今度は続いているんだね。作業所は……)2年……。入院しているときあるから、それ入れたら、もう少し短い。

今の暮らしをなぞる
薬は飲んでねと言われている【Ｎ5-2-11】
Ｅ病院に5カ月もいたから。薬の量が多くなっちゃって、(今の)主治医も、多くなっちゃって、それで、寝る前は自分で調節していいって言われたけど、朝、夕は必ず飲んでねって言われているし、薬の量が、Ｅ病院退院してから、また薬の量が変わったり、量が多くなって、胃薬飲んでいるんですけどね。

(薬は，2回止めて，そのあとは止めて試したりってことはしないで……)してない。まじめに飲んでって言われている。

そしてアルコールはだめ【N 5-2-12】
そして，主治医には，アルコールは絶対だめ，って言われてて，ドクターストップかかっているんですよ。で，また，ビール飲まないで，ジュースとかお茶とか，そういうの飲んじゃっているから，また，血が薄くなってるかなと思って，今度(診察)行くときに検査するんですよね。

それでタバコやほかの飲み物をたくさん飲む【N 5-2-13】
ビール止めたんだけど，タバコ飲んだり，薬のせいでのど渇いたりする，お茶とか，ジュースとか，野菜ジュースとか，いろんなの飲んだりしているんですよね，結局お金がぎりぎりセーフで，ちょっと余るかあって感じで，ぎりぎりの線でやってるんです。

だけど入院はしたくない【N 5-2-15】
このごろなんか調子悪いっていうのか……入院するほどじゃないけど，悪いっていうのか……。また，入院したら，集団生活だから，また人間関係おもしろくないだろうから，入院したくないなって思ってるんです。

　　こうして桃さんは再入院を経て，再び通所を始めた作業所での自分の様子を淡々と，次のように綴っていった。

旅行に行ったときビール飲んで朝方ボーっと外眺めてた【N 5-2-16】
(最近の入院は)去年。それで(退院してから作業所の)研修旅行に行って，洞爺湖，行って。(そのときは飲んだんだっけ?)飲んだ！　薬飲んじゃってからに，ビールがばーっと飲んじゃって，がーっと寝て，うーってうなってたよって，Ｔちゃん(作業所仲間)が言ってた，危ないって，それで3時ごろ起きて，なんか眠れなくて，3時ごろに起きて，コーヒー2本飲んで，そして，冷蔵庫にあるのばらばらにあるの飲んで，そして，お風呂入ってからまたコーヒー2本飲んで。外をボーと眺めていたら，カラスの大群がやってきて，ざーとやってくるのを見て，一人で見てた。

立ち仕事は向かないけれどバザーは出てる【N 5-2-17】
職業センターは1週間，ボールペン組み立てやって，腰と肩とか痛くて，立った仕事は向かないと思う。疲れちゃって，でも，バザーには出てるんですよね。退院してからね。

休むこともあるけれど作業所はみんな行けって言う【N 5-2-18】
デイケアは遠かったから，寒い日が多くて，スタッフの人や，ほかの人に迷惑かけたような気がするんですよね。だから，吹雪いたりしたら，休んだりして。作業所でも，1月もなんか調子悪くて，吹雪いたりしたら，行きたくなくなっちゃって。1月も結構休んでるな。1月も結構休んでいた。いろんな人に聞いて作業所辞めたいんですけど，って言ったら，まだ続けたほうがいいよって言われて。主治医もやっぱり，なんか家にいるより，外に出たほうがいいから，作業所出なさいって言われて。行ってるんですけど。2月ぐらいから，また行き出したのかな。

なぜだかわかんないけど，今も波がある【N 5-2-19】
(今は)波がある。(上向いてる，下向いてる？　まんなか？)平穏に保つようにしてくれればいいんだけどね。薬のせいなのか，自分がそうなのかわからないんだけど。

普段の作業所の作業も疲れる【N 5-2-20】
(作業所)人数いるし狭いから，疲れるんですよね。(新しくなったら)なんかロッカーとかできるし，トイレも男の人と，女の人と2箇所できるし，洗濯機も使えるようになるから，アルミ缶潰しのときの軍手とか，洗えるし，タオルとかも，まとめて洗えるっていうようになるそうです。今までは，つけておいて，白くなったら，干してた。

作業所に行ってると赤字だ【N 5-2-21】
作業手当ても少ないし，人数多いから，前より，(どのくらい？)昨日もらったのは3060円。利用料が3000円で，旅行の積み立てが1000円で，赤字なんです。

でも誘われるし通おうかな【N 5-2-22】
作業所は，Aちゃんとか，Bちゃんとか，Cちゃんとかいるでしょって，Jさ

んに言われて，だから，まだ，通おうかなーって思ったり。
でもやっぱり嫌な人だっているから作業所行くと疲れる【N 5-2-23】
やっぱり，主治医も，嫌な人がいたら，距離を置いて，今調子悪いからって，話さないようにすればいいんだよって，だから，距離を置いているんです。嫌な人が話しかけてきたら，そうだねとか言って，今調子悪いから聴けないんだとか言って，断ればいいし。嫌な人としゃべっているとなんかいらいらしてくるんですよね。疲れるかな。やっぱし作業所行くと……。

桃さんの narration の軌跡分析

narration 1 で綴られた桃さんの苦しみは，病気による幻聴のみならず，失業中の父との関係を含んだ生活の苦しみがさらに二重に重なり始まっていた。〈短大を卒業して就職したが長く続かず，嫌な思いを体験〉した彼女は，進学も思いのままならずに就職をし，何回か仕事を変えたあとに発病している。そして，桃さんは〈幻聴が始まりなんとかしたくて，病院へ連れて行ってもらう〉のである。幻聴の苦痛をなんとかしたくて，家族や病院を頼ったのである。

しかし，入院治療もまた，彼女にとっては居心地が悪く安息の場とはならなかった。

桃さんが家に帰りたくなって，かばんをもって強引に病院から出ようとしたとき，力ずくの医療者の対応が彼女を待っていた。彼女の言う牢獄とはいわゆる「保護室」と言われる部屋であり物理的空間における身体的拘束である。そして「薬で寝ていた」状態はいわば化学的拘束である。

経過としては〈服薬で幻聴はなくなるが，入院による集団生活は苦痛のまま退院へ〉移行している。退院が決まったときの彼女の喜びは入院生活の苦痛から逃れることのできる喜びであったに違いない。そして彼女にとってこの退院は病いの苦痛からの解放を錯覚させるものでもあった。

彼女は退院後デイケアにはほとんど通わずに，すぐに仕事についている。〈働けることは，病気治癒の証明〉であったのだ。そして 2 回の服薬中断と通院中断を桃さんは繰り返したのである。彼女にとって働くこと，働けるということは自尊感情を保つことであり，同時に病気が治ることの実感を得ることで

もあったと思われるが，皮肉にも結果は逆の展開となってしまったのである。

2回の再発を経て桃さんの病いの認識は変化していく。それは，〈まだ自分には病気が残っている〉という認識への変化である。彼女は，働くことへの思いは変わらないが，「障害者としての雇用でもいいと思っている」と言い，病気が治ることと働けることについて折り合いをつけ，「病気が残っている」という認識を生み出している。そして，自らが生き抜いていくための重心を，働ける自分になることで治癒を証明することから，病気を治しながら働くことへ移しているのである。

彼女にとって印象に残っている人を尋ねると，入院中，励ましてくれた看護師や理解者としてのデイケアスタッフとのエピソードが話され，彼女にとって自分が大事にされ汲み取ってもらえる心地よさを感じさせてくれる他者の存在が重要であることが綴られた。桃さんは〈頼れるスタッフとの出会いと場を得る〉ことができていったのである。

桃さんにとってのデイケアは，「時間つぶし」の場としての時間構造をもっていたが，「何もしない時間があること」「仕事のないこと」の辛さをまぎらわす，空白の時間を埋めるかのような，または満たすかのような場と時間という意味をデイケアがもつということも綴られた。

桃さんにとっての病いは，逃れる存在から逃れることのできない存在へ，そして残るものとして自身の一部として身にまとう存在として，自分で引き受け生きていくという軌跡を描いていた。

narration 2 で，桃さんはまず最初に，〈自立，一人暮らしを過ごす〉毎日について，「一人暮らしって楽だけど，やっぱり寂しい」と言い，一人暮らしを営み維持するということが並々ならぬ事態であることを話された。それは，過去の彼女の「家出」回想からもうかがわれた。「一人暮らし」にまつわるエピソードは，桃さんの過去から，そしておそらくは今に引き続く，切るに切れない家庭環境のなかにあり続けた生活史の象徴的な1コマであった。そして，今，桃さんは，その一人暮らしをやっとやっとの思いで寂しさに耐え，もちこたえようとがんばっているのだった。日々の家事や電話の掛け合いにみるような桃さんの日常の暮らしは，淡々とした，ささやかな，たわいもないような営みの

さりげない積み重ねが大事であることを示していた。

　たまの休みに実家に泊まりに行けることをうれしそうに話す桃さんは，家族と離れて暮らすようになったからこそ，人との絆をより意識し，家族との関係を慈しんでいるようでもある。しかし，今の桃さんの暮らしは，発病から10年余の紆余曲折の末であった。そして〈**発病前から今の生活までを振り返る**〉なかで，再び作業所に通いながらいっぱいいっぱいで過ごしている現在の暮らしに話を戻していった。

　こうして桃さんは，再入院の結果，増えた薬を毎回飲み，お金をやりくりし，アルコールの量を制限しながら暮らす〈**今の暮らしをなぞ**〉っていった。彼女にとって「血が薄くなって」しまうことは，入院を余儀なくされる重大な事態であり，生活の制約は嗜好品(アルコール，タバコ，ジュース)にまで至る。「このごろなんか調子が悪いっていうのか……」と感じながらも「入院するほどじゃない」，「入院したくない」と言う桃さんにとって，入院生活は，苦手な集団生活を強いられる場でもある。

　桃さんは通所を再開した作業所での様子をとりとめなく綴っていった。研修旅行の話は素朴ではあるが，桃さんの生活が伝わってくるエピソードとして印象深い。止められているビールをカバーっと飲んで無茶をしたり，作業所辞めたい疲れる，と言ってみたりする桃さんだが，そこには必ず世話を焼き心配する人たちの存在があるのだ。

　彼女は，決して作業所通所を主体的に前向きに綴っているわけではない。ましてや調子の「波がある」生活のなかでは，「人数いるし狭い」作業所は疲れるというのも無理はない。しかし，自分には向かない立ち仕事であるにもかかわらず「バザーには出てる」桃さん，作業所は「まだ続けたほうがいいよ」と言われることを語るときの桃さん，どちらもどこかで，周りの人が自分に何かを望んでいるという感覚を確かめようとしているかのようでもある。

　narration 2 で綴られた桃さんの日常は，自分の力でどうにかなるものかもわからず，大海原をやっとやっとの思いで舟を漕ぎ漕ぎ生きているかのようである。こうして舟を漕ぎ続けるのは疲れるに違いない。一人暮らしをすることも作業所も疲れる。だけどそんな桃さんを支えているのは，ほかでもない作

業所の仲間であり，家族であり，主治医であり，周りの人なのだということも教えてくれている。

2.3.4. 杉さんの narration の軌跡

病気はなくならないし始末できないけど，我慢せず楽な自分になろうと試みる

narration 1(X＋1年：20代)	経過	narration 2(X＋5年：20代)
やっぱり病気なのか？　と繰り返し問い続ける	▶他デイケア通所 ▶大学復学→退学 ▶他デイケア再通所	感謝の気持ちは自分を楽にする
病気は過去に隠す		過去の辛さが織り重なって気持ちが荒れていた
薬を飲んでも病気は隠れない		自分だけでがんばりすぎるほう
自分も治療・看護におけるやりとりに関わる		表面を取り繕ってなんとか過ごしていた
自分は大丈夫って思えるようになりたい		学校生活に自ら終止符を打ち切り替える
		病気はなくならない
		我慢することばかりから自由になってきた
		自分に寛容に楽に考えたい

【narration 1】

　　　　杉さんは「今まで病気とどのようにつきあってきたか？」という私の問いかけに小首をかしげながら，ぽつぽつと発病時の状況を以下のように話し出した。

やっぱり病気なのか？　と繰り返し問い続ける
よくわからないけどいきなり気絶して倒れてしまった【N 8-1-01】
(病気になったころ，倒れちゃったのは)なんか覚えているんですよね。理由はわかんないんですけど，なんかそのころ，アーティストの，その人の歌詞にすごい共感していたんですよね，歌詞の内容が生き写しってゆうか，同じような体験してるなって思って。そのころから，うつっていうか，ブルーだったんです。それで，意気投合っていうか，そんな感じになっちゃって，一人じゃない

んだなーって，思って，それで，……うーんそれからなんかエスカレートして……。病院に行って，家に帰ってきて，それで，病院紹介してくれた学校の先生と電話で話をして，それでそのときなんだかわからないけど，よくわからないけど，ショックなことがあったらしい。全然先生は悪くないんですけど，自分で勝手になんか解釈して，気絶しちゃったらしいんです。やっぱり，……病気だったんじゃないかって。倒れちゃうぐらいだから。たぶんショックなことが起きたんだろうって。

学校は人間関係に押しつぶされた感じ【N 8-1-02】
学校は，なんか人間関係ってゆうか，人間関係で押しつぶされたかなーって感じする。

病気なんだからと言われて反抗する【N 8-1-03】
一番最初に病気になったときはわからなくって，いきなり気絶したんですよね，なんか，ショックなことがあって，それで気がついたら保護室にいたって感じだったんです。だから，病気とつきあってきたというか，最初は看護婦さんに病気なんだからここにいなさいって言われて，僕は病気じゃないって，反対していたんです。わからなくって。

保護室から出してもらうために妥協して大人しくした【N 8-1-04】
で，まあなんか，妥協してきて，それで，まあほとんど強制的に，おとなしくしてないと，そこから出してもらえないって状況で，病気なんだとは思ってなかったけど(保護室から)出してもらった。病気じゃないから出してってゆうか，あの，出してくれ出してくれって，暴れまくっていたから，そういうの止めて，従って，それで出してもらうために，大人しくして，出してもらった。なんか，そのうち，モルモットみたいになっているのかなーって思い出して，人体実験でもされているんじゃないかって……精神科の病院にいるってわからなかったから……。

大人しくなることが退院すること？【N 8-1-05】
このときの病院の看護婦さんは，怖かったですね。なんか大人しくしないと，退院させないよって，そういう看護婦さん多かった。

病気だからと言われても実態がわからない【N 8-1-06】

それで，だんだん，高校進学するってことがあったから，先生と面談する機会があって，高校進学したいって言ったんだけど，病気だからみたいなこと言われて，そこで，やっぱり病気なのかなって思ったりして，なんか，何がだめなのかなって思ったりして，それで，病気とつきあうってゆうか……。
元気になって友達と会いたかったけど，病気だったから止められた
【N 8-1-07】
中学校は，入院中に僕も一応卒業した。卒業式だけ出たんです。そのときは，早く，病気なんだろうけど，早くみんなと会いたいって思いがあったんですけどね，友達とか，集団に入りたいとか，だけど，会わないほうがいいって，主治医の先生は言ってた。すごく元気だったから，もうそのときは元気で落ち着いてたんだけど，なんかいつも，前のときと違っていて，それで友達はびっくりするのかなって思ったりしたんです。それはやっぱり病気だったのかな，って。

　　　杉さんにとって病気は突然外からやってきたやっかいな代物だったに違いなく，入院は，日常生活のみならず，学校生活をも彼から剥ぎ取っていった。そしてそれは，退院してからも影を落としていく。

病気は過去に隠す
妙に心落ち着いた日々になる【N 8-1-08】
（入院して変わったのは）落ち着きましたね。なんか気持ち悪いぐらい落ち着きました。（気絶して倒れる前は）なんか切なかった。卒業してから退院して，家庭教師と勉強したり，そのころやっぱり，あまり深くは考えていなかった。妙に落ち着いていた。薬のせいかもしれないけど，妙に落ち着いてましたね。卒業式の日に送られてきた内申とか，すごい下がっていたんだけど別に何も動じないで，落ち着いてた。
病気は隠す【N 8-1-09】
高校入ってから，病気は隠してましたね，偏見とかありますし。
病気が隠れる【N 8-1-10】

ずっと通院して，途中で薬を止めようかって話になって，それで一時止めたんですよね，それで通院しなくなった。そのころは，みんなとうちとけあうので一所懸命だった。勉強のほうでは，ぐれちゃいました。友達は大事にしていた。
<u>それでも思い出される病気【N 8-1-11】</u>
ずっと一人だったから。うーん，よくでもないけど，たまに昔のことを思い出して，病気のことで，よく夜に枕をぬらしてました。なんでこんなふうになっちゃったんだろうって思ったり。

　　　病気の存在は，落ち着いてくれば隠せるものであり，通院をしなくなれば，隠れるものでもあった。にもかかわらず，それでも「病気であったこと」は思い出されてしまい，「なぜ？」という問いかけが杉さんにはわき起こっていくのだ。

薬を飲んでも病気は隠れない
<u>精神科が信用できなくなる【N 8-1-12】</u>
3年のときに，やっぱり，進路のことでちょっと落ち込んじゃって，それで，お薬もらったんですけど，なんか，薬飲まなくなっちゃったりして，なんか，精神科のことが，信用できなくなってきたってゆうか，薬飲んでもあまり効かないし，不信感みたいのが出てきたんですよね……。
<u>薬を飲むことだけしかないのか？【N 8-1-13】</u>
(医者から病気の説明は)ないですね，ただ薬を出してもらって，僕は，ただ，薬を飲んでればいいや，って感じ，しかないですね。病気は，薬を飲んでいるから，気になるのかなって考えで，あまり，それで，病気の対策は万全なんだって考えで，それで解決してましたね，それは今もです。
<u>薬は効いているのかわからない【N 8-1-14】</u>
薬は，なんか効いているか効いてないのか，わからないですね。飲んでも飲まなくても変わりないんじゃないのかって……，予防には，なっているんだろうけど，まあ症状が出てないんですから，押さえる役割はしているんだろうと思います。病気の症状は，なんか何もしたくなくなるんですね，病気になったら。

横になったままで，食べる気もしないし，何もしたくなくなる。

　　　再び進路に迷う節目で杉さんは，再び病院へ足を向けることになる。迷いと不信感のなかで，しかし今度は自分で，最終的に入院を杉さんは決意している。

自分も治療・看護におけるやりとりに関わる
自分で納得して入院した【N 8-1-15】
浪人時代の入院は自分で，任意入院みたいにして，先生が入院したほうがいいんじゃないのかってことでした。
担当看護婦さんがしゃべりかけて元気づけてくれた【N 8-1-16】
入院中のエピソードでは，担当看護婦のGさんといろいろ話したの思い出に残ってます。いろいろ悩んでいたことあって，それで，話しようって，気がまぎれるんだったらって，勤務が終わってから，話をしてくれたりした。いろんな話してくれて，そういうのが結構何日もあって，それで結構，元気づけられたかなってあった。しゃべりかけてくれるのがよかったですね。Gさんからも僕は自分に厳しいタイプだからって言われました。このときの入院は，今まで入院したなかで，一番よかったかな……。
過去の強制治療体験の納得への試み【N 8-1-17】
入院中の治療で，どうして保護室に入ったんでしょうね……という話になった。やっぱり，そのときはやっぱり，えーっと危険な状態だったんじゃないのかいって。やっぱり，気分がハイだったから……うーんたとえば，自分の命を絶ってしまうとかだと困るとか，そういう話を医者がして，ちょっと納得した。やっぱり，そういうことで，保護室に入ったのかな，ってそれまで，なんか無理矢理入れられたって思ってたんですよね。なんか，過去に入れられたっていうのは，気になっていて……。一応納得したんです。整理ついたんです。だけど，保護室，てのは人権を無視してるんじゃないのかって思うんです。

　　　ここでようやく杉さんは，ただ薬を出してもらうだけの医療から，医師

や看護師とのやりとりを前提にした医療の利用への展開を可能にしている。そして，繰り返してきた「病気」について，最後に杉さんは率直に今の思いを語り出した。

自分は大丈夫って思えるようになりたい
長く見て大丈夫にならず再発は怖い【N 8-1-19】
薬がすぐ効くものじゃないんでしょうけど，あまり効果が出たってないですよね。長い目で見なきゃだめなのかなって思うけど。俺は薬が効く体質なのかなとか，思ったりします。なんか，再発が怖い。やっぱり，経過を見て，何年か経って，ほんと大丈夫だってときがないから，5年10年と大丈夫ってのがあれば，病院に頼らなくてもいいけど(長く見て大丈夫だって)何回か繰り返しているから来るんだと思います。自分で大丈夫だって，そう思いたい。
病院に頼ることと病気と思うこと，とは違う【N 8-1-20】
病気とは思ってないよって，たまに思うかな，だって普通の人ってゆうか，そういうと嫌だけど，病院に通ってない人でも，落ち込むことあるし，その度合いが強いだけなのかな，ってただ，それを和らげるために病院，てあるから，べつに行かなくても，まあ，支障がなければ，がんばれれば，いいし，がんばれないから，病院にかかるわけで，病気って定義するのは，どうなのかなって思います。

【narration 2】
　　2回目のインタビューは杉さんが大学退学をはさんで他デイケア通所を継続中に，薬の副作用に苦しんでいた時期を経て行った。
　　インタビューはまず，その副作用で苦しんでいたときのことを回想するところから始まった。

感謝の気持ちは自分を楽にする
副作用で大変でやけになったけどよくなってくるとありがたさがわいてきた【N 8-2-01】

去年，副作用で，食べるのが大変なぐらいなりましたよね。食べるのもベッドでって感じになって。それまでは，うんやるぞーって，元気な感じだったのに，なんか，それでなんか，副作用が出て，それが，よくなってきてその過程で，結構何だろう，親とか，あたってたりして，なんていうか，どうでもよくなってきていて，なんか，それがなんか，だんだん，まず最初に，B先生が副作用担当して，結構短期間でよくしてくれたんで，ありがたいなーって思い出してきて，その次に，えーと，ベッドで寝てたりして，夜中も，苦しくなったりして，起きたりしてても，（親は）僕を見て，文句言いながらでもつきあってくれたから，なんかありがたいなあ，って。

自分だけと背負うのではなく，周りに感謝すること【N 8-2-02】
そのうちに，田村亮子っているじゃないですか。近所に来たんですよ。講演会があって，それでなんか，入場券，なんかあんま注目されてなくて，入れたんですよ。話とか聞けたりして，なんか，あの人が，一番気持ちを込めて言ったのは，このメダルを取れたのは，私だけじゃない，私だけの力じゃない，みんながいたからって言ってて，感謝の気持ちで，心を楽にしてって言ってて。なんか，そう思ったら，気持ちが楽になってきて。

過去の辛さが織り重なって気持ちが荒れていた

他人の世話になって待つしかなかった【N 8-2-04】
他人に，ああいう時期だから。ああしなさい，こうしなさい，って，とか，これ夜中にごそごそ，音を立てたりして，注意されたりとか，そんなことだけになっちゃったから。一人で部屋でご飯食べていて，うまくできなくて，親を困らせて……。あのときはあんなふうになるとは思ってなかったから，ぐれてたかなあって。ここまでって，寝たきりと同じだったですからね，一応なんとかご飯は自分で食べてたけどあとはもう，楽になるのを待つだけだったから。

昔の辛かったことも重ねて今を過ごしていた【N 8-2-05】
（どういうぐれ方？）いやあ，だけど，なんかな，やっぱり，そうなっちゃうと，昔の辛かったことがまた，思い出されてきて，あーそのとき，親はこんなひどいこと言ったなあとか，それまで思い出しちゃって，それで頭に残ったまま，なんか物言ったら，とげが出ちゃったりして。（前の過去を？）発病したころじ

ゃなくて，退院して，高校のときとかだったかな。中3で1回入院して，高校でやっぱり，一度進学のときに，学校あんま行かなくなって，結構そんな感じだったから……。予備校行く前の高3のときですね。また，うつになって。親はどうなるんだろうと思って……。(病院は)外来で，通ってた。(そのときはしんどかったんだ)あーーそうですね。

　　　そして，杉さんの回想は，高校時代そして中学時代にまで遡っていった。

自分だけでがんばりすぎるほう
病気でできなかったことを取り戻そうとがんばりすぎていた【N 8-2-06】
そのとき，楽に，進路というか，自分に見合ったというか，見合ったっていうか。そんなにストレスかからないような進路選んでいけば……中学のときに，結構，馬鹿みたいにっていうか，こつこつこつこつ，なんか勉強してて，そのあと病気になって，希望の進路に行けなかったりってのを，ずっと，引きずってたかな。それで，がんばってしまって，それで板ばさみになって，しわよせがあったりして……。
完璧主義で一所懸命だった【N 8-2-07】
切り替えっていうか，あんまうまくできないのかなーって。高3の担任に言われたのは，結構，完璧主義っぽいんじゃないかって言われていて。

　　　杉さんは，病気になって希望の進路に行けなかったことを引きずって，結局それを取り戻すため，がんばりすぎてきたのかもしれないと自己分析をした。杉さんの生活は，いっぱいいっぱいだったようだ。

表面を取り繕ってなんとか過ごしていた
元気がなくて世間一般にすがることでなんとかやってた【N 8-2-08】
(高校入ってからも勉強したの？)高校入ってからは，受験勉強はできなかったけど学校の勉強はしてました。高校んときはやっぱり，浪人して1浪して入ってるから，元気もなかったから，なんとか，みんなに寄り添って，なんとか

……。だけど，元気がなかったから，何なんだろう，自分のしっかりした考えとか，考えがしっかりしてなくて，世間一般の，一般的にこうしたほうがいいとかっていう，それにすがって，ふらふらふらふら考えたりしているような感じで，ほんとに自分が考えているようなあんまりわかんないような，だから，何やっても，中途半端っていうか，すっきりしないような……。

取り繕いながら生活に追われる【N 8-2-09】
生活に追われていたような感じ……。朝ちゃんと起きて，仕度して，講義に出て，帰って……それだけで精一杯で。作り笑いがうまくなったかな……。いじめとかも，受けなかったし。

　　そして，杉さんは，大学を退学するまでの経過を以下のように綴った。

学校生活に自ら終止符を打ち切り替える
このままじゃだめだと退学を決断する【N 8-2-10】
大学に復学するときまでは，高3から変わってなくて，復学して辞める，退学しようって思ったときは，このままじゃほんとに，だめなのかなって思ったから，自分で，ほんとに，決めれたですね。それまでは，ずうっと，しょうがなくだったけど，これは，メリットより，デメリットのほうが大きいなって自分でわかったから。それで，自分で辞めようって。ぱっと，でしたね。あのときは。お父さんにはあのときは，痛い出費をさせてしまいました。遠いですからね。学費は安かったんですけど，それに付帯するお金のほうが，結構大きかったです。

今までを振り返って学校の意味を考えた【N 8-2-11】
(その選択は一人でしたんですね)はい。結局ほとんど一人ですね。デイケアの担当スタッフの人に，なんかちょっと話したりはしたんですけど，結構はっきりしてて……。(どうして，うまくできたんだろうね)うーん。もう。5，6度目の正直って感じだったから。なんか，入院も何回もしているし，進学とか，休学は大学が初めてですけど，エーと，高校でも結構欠席してたし，予備校時代もあるし，その教訓っていうか……。また，何だろう，ほんとに，このまま，

同じこと繰り返すのはもういいなあって。そうなったら，何のための学校かなって思ったら，……うん。

　このとき，杉さんは初めて自分を基準に「切り替え」て進路を自己決定したのだ。
　私は，このとき，病気という過去から現在に至る事実についても「切り替え」ることができているのかどうかが気になり，問いかけてみた。

病気はなくならない
病気のもとは病院にあるというのも，無茶がきかないというのも本当
【N 8-2-13】
（自分にとって病気っていうのは，つきあうって感じなの？　どういうやつ？）病気ってなんだろう……。大学のときだったら，どうってことないのかなとかって，考えてたりしてたんですけど。うーん。何だろう。やっぱり，（やや考えて）今は，あんまり無茶はきかないのかなって感じで，うーん（考え込む）。でもやっぱり，前の辛かったときのこととか，全部，何だろう病院にあるって，それはなくならないのかなーって思うんですよね。あの，ごみ箱に，クリックして，っていうの，にはならなくて。うん。
病気はウイルススキャン，悪いことばっかでもない【N 8-2-14】
（パソコンにたとえてみると……）なんかなー。うーん。あのー何だろう。うーん。あー。何だろう。あっこれ……かな……。ウイルススキャン。なんか変かな。悪いことばっかでもないんですよね。うん。

　根源には入院体験があって，その病気は簡単に削除できるものではない，と言いながらそれを，「ウイルススキャン」にたとえ，悪いことばかりでもないと杉さんは言い換えた。
　そこで，私は大学退学を決行したあとの杉さんの暮らしは，どのように変化したのかを尋ねてみた。

我慢することばかりから自由になってきた
解放感からいろいろ手を出すようになった【N 8-2-15】
(大学辞めてデイケア戻ってからは今までと違う暮らしだった？)大学辞めたら，結構，普通に，フリーターのような気分で，自由な気持ちで，なんかしようかなあと思って，それで太ってたから，ダイエットしようとか思って。それで，スポーツとかもやったりして，いろいろ手を出してみて……。(自由な気分……)はい。やっぱり，休学してても，籍はあるから。どうしようかなーっていつも考えていた。地方なので遠いなーとか……。
人間関係のためになることもできた【N 8-2-16】
大学辞めて，デイケアに通って翌年の4月に復学して，それで5, 6月に退学したから。今から3年ぐらい経つんですね。その間，結構デイケアでも，大きな行事の委員とかやったりして。あんまり，うーん，大きな変化は，副作用が起きたことのほかはなかったんですけど。中学・高校のときにはいっぱいいっぱいでできなかった人づきあいとか，人間関係とかのためにもなった。
我慢せず自由に人と話せるようになってきた【N 8-2-18】
人づきあいとかは，そつなくっていうのがあって，そつなくっていうか，みんなと仲良くしたいってのがあったんですよね。なんか，誰とでも，同じ距離っていうか。仲いい人とも，そうでもない人とも変わりなくって，結構，我慢しながらやってたのかな……。中途半端なことしてた。(どこか抑えながら話されている感じがありました)このごろ，なんか，自由に話せるようになってきて，好き勝手言ってるんですよね。相手の人がむすっとしているぐらい……。
不安があっても，これからもなんとかなると思える【N 8-2-19】
これからどうなるのかなーという，不安とか，誰にでもあると思うんですけど，まあ，なんか，ウルフルズの歌で，「明日がある」って，……。
自分に寛容に楽に考えたい
自分が変わるのでなく，自分を許せるような……【N 8-2-21】
(今はどんな自分？)何年経っても，生まれ変わっているわけじゃないから。何だろう，もっと楽に眺めるっていう感じが出てきてて，なんか，許せるっていうか，なんか，何でも，……だったらだめだあーじゃなくて。この人はこうい

う，もの抱えているから，こういうふうにするのかなとかって，痛みがわかるっていうふうになるといいのかなって。

自分をやわらかく受けとめたい【N 8-2-22】
こうきたら，はね返すっていうのは，疲れるっていうか，大変だから，やわらかく，やっていけばいいのかなあーって，なんか。(はね返してたときもあった……)うん。がんばって，去年とか……。

白い部分も黒い部分もどっちも人はあっていい【N 8-2-24】
(人との出会いではどんなことがありますか)影響を受けたとか？……なんか，やっぱりなんか，音楽が好きだから，ミュージシャン，結構歌詞とか，がお手本になったりしてて，人って白い部分と黒い部分がありますよね。黒いとこたくさん歌うアーティストが好きです。歌詞とか聞いたら，なんか，共感するっていうか心地よくて，思いっきり前向きな曲もあれば，どうしようもなくなっちゃう曲もあって，そのギャップがいい。でも，やっぱり，誰かといたいなとかっていう歌もあって……。

気楽に手荒なぐらいの自分を過ごしたい【N 8-2-25】
(これからは……)今なんか，ちらほら考えたり……。ずっとデイケアにいられないですから，……まあ，考えなきゃ……。ただなんか，自分がちょっと，楽しいとか，いいなあって，あんまり，何だろう，臆病っていうか，そういうのなくなって，気楽に……。(前は)自分に厳しかった，自重しまくっていた，今はちょっと前より周りに手荒くなっちゃったかも……。

　　　杉さんはこうして心地よい自分の姿を確かめるように吹い出し，綴っていった。

杉さんの narration の軌跡分析
　narration 1 で最初に綴られた，杉さんにとっての発病とその入院体験は，突然目の前に現れた大きなアクシデントであり，杉さんにとても大きな心の傷をもたらすものだった。彼は，中学時代自分がブルーになっていて学校の人間関係がしんどかったことは自覚しているのだが，自分がそもそも「病気だっ

た」のか，についてはよくわからないというのが本当のところだった。彼のなかでは，「気絶しちゃったらしい」というあとづけの情報から，「やっぱり，……病気だったんじゃ」とおさめるより仕方がなかったのだろう。

つまり，杉さんにとっての病いの軌跡の始まりは発病ではなく，入院体験であったと言い換えられる。彼は，気絶して意識を失い倒れ，気づいたときにはカギのかかった部屋に閉じ込められていた。非人間的な扱いのその状況のなかで，病気なんだからと頭ごなしに言われても，納得することはこのときの彼には不可能であったに違いない。

この初回入院によって杉さんは，それまでの日常生活とともに，学校生活をも手放すことになっている。そして結果として彼は高校進学を1年遅らせることになった。〈やっぱり病気なのか？　と繰り返し問い続け〉何度も自問自答する杉さんにとって，病気はつきあうというのではなく，つきまとう憑き物のように彼に張り付くやっかいな代物だったのではないだろうか。

高校で，杉さんは偏見のある〈**病気は過去に隠**〉し，「みんなとうちとけあうので一所懸命だった」と言う。病気の存在は，落ち着いてくれば隠せるものであり，見えないものであり，さらに通院をしなくなれば，隠れるものでもあったのだ。しかしそれでも，杉さんは「ずっと一人だった」と言い，「なんでこんなふうになっちゃったんだろう」と涙していたという。つまり決して病気をかき消すことはできなかったのだ。

杉さんは，進路に迷う時期に再び病院を訪れている。「病気の症状は，なんか何もしたくなくなる」という杉さんだが，このときは，〈**薬を飲んでも病気は隠れ**〉ず，精神科に対する不信感が生じ，治療はスムーズには進まなかった。それは，ただ薬を出してもらうだけでは心の傷は癒せないし，救われないと言っているかのようでもあり，一方で薬の効きにこだわることで正面から向き合わなくてはならないことを回避しているかのようでもある。

しかし，こうした迷いと不信のなかで，杉さんは最終的には自分自身で入院を決めている。そして幸いに，このときの入院が，彼の過去の忌まわしい病院体験を払拭させていたことが杉さんの綴りからうかがわれる。

ここでようやく杉さんは，受け身ではなく〈**自分も治療・看護におけるやり**

とりに関わる〉医療の利用を可能にしている。保護室に強制的に入れられた事実は，人間扱いされなかったという意味で彼にとって外傷体験であったことは疑う余地がない。しかし，2回目のこの入院で得た気配りの効いた世話をする看護師や，納得のいく説明をする医師との出会いは，過去の入院体験の忌まわしさをちょっともしくは一応納得へもっていってくれる体験だったのである。

　杉さんは，これまで繰り返してきた「病気」について，〈自分は大丈夫って思えるようになりたい〉と率直に今の思いを話し，「長く見て大丈夫だって」思えるときがない現状から，病院に，そして薬に頼る事実を受けとめ，現実的な判断をしようとしていた。杉さんは「病気とは思ってない」自身のなかにある抵抗感に折り合いをつけるつなぎとして，「度合いが強いだけなのかな，ってただ，それを和らげるために病院，てあるから」と，誰でもが抱える問題の延長線上に程度の問題として「病院にかかる自分」を位置づけて綴っていった。それはあくまでも，病気と定義されることへの杉さんの抵抗感が容易に変わるわけではないことを示しており，それゆえの再発の予期不安でもあり，「大丈夫だって，そう思いたい」という切実な思いなのだと感じられた。

　杉さんのnarration 1 の病いの軌跡は，突然外から災難のようにして，彼の目の前に現れ，忌まわしい憑き物といった病気という対象から，自ら判断し対処する対象としての病気へと変化していた。

　4年後のnarration 2 は，杉さんが薬の副作用で苦しんでいたときのことを話すところから始まっている。しかし意外にもその苦しみの綴りは，〈感謝の気持ちは自分を楽にする〉というモチーフの提示だった。講演会で杉さんの心に届いた言葉は，「私だけの力じゃない，みんながいたから」，「感謝の気持ちで，心を楽にして」というフレーズだったという。これは杉さんが副作用の苦しみから快方へ向かっていく過程で親や医者との関わりのなかで生じていった感謝の気持ちに重なるものであった。

　しかし，元気で順調だったにもかかわらず，薬の副作用の苦しみに見舞われるという状況は，最初，杉さんを〈過去の辛さが織り重なって気持ちが荒れてい〉かざるを得ない事態に陥らせている。杉さんにとって，薬の副作用の苦しみは，昔の辛かったことの追体験でもあったのだ。それゆえに，ぐれてしまい

「親を困らせ」たり，「とげが出ちゃったり」したのだと杉さんは言う。自らの力ではどうしようもなくただ待つだけで，人に頼らざるを得ない受け身の自分であり続ける状況は，初回入院体験や再発時の状況とも重なっていたのだ。

　しかし，そこから杉さんは高校そして中学時代へと回想し，〈自分だけでがんばりすぎる〉完璧主義の自分へ，そして病気のために希望の進路に行けなかったことを取り戻すため，「切り替え」ることができずがんばりすぎてきたのかもしれない自分へと内省を深めていく。さらには，毎日みんなと一緒の生活をすること，世間一般にすがることに精一杯であったことを内省し，〈表面を取り繕ってなんとか過ごしていた〉自分を振り返った。みんなと違う体験をもち，元気もわいてこない状況の杉さんにとっては，自分の考えをしっかりさせることより，愛想笑いで取り繕いながら，世間一般に寄り添うことのほうが当時，優先すべき課題でもあったのだ。

　彼がここで，当時の自分を「何やっても，中途半端っていうか，すっきりしないような……」と振り返ることができるのは，次に自らの選択で招いた転機があったからではないだろうか。杉さんは大学退学という〈学校生活に自ら終止符を打ち切り替え〉を行って，自らの選択で自分の人生の歴史を受け身ばかりではない主体的な筋書きへ再構成している。ここで彼は，はっきりと自分の考えを打ち出し，「同じこと繰り返すのはもういいなあって」と過去の歴史に主体的な自分を組み込んで，今までの連鎖を断ち切り，「切り替え」ていったのである。

　私が意図して「病気」への認識を問うと杉さんは，慎重に必死に言葉を選び，ややしばらく考えた末に，「無茶はきかない」し，諸悪の根源は病院体験だという思いも綴りながら，「ごみ箱に，クリックして」というようにはならず，〈病気はなくならない〉存在だと答えた。しかし「ウイルススキャン」にたとえて，悪いことばかりでもないと言い換え，柔軟な認識への変化を綴ったのである。

　杉さんは大学退学後の生活を一気に話し出し，〈我慢することばかりから自由になって〉「自由な気持ちで」自分のためになることをしようとしていることを綴った。杉さんは，今まで我慢していた自分を振り返り，「自由に話せる

ようになって」きた自分への変化を好意的に捉えていた。それは，やわらかく受けとめ楽に眺める感じが出てきたという，〈自分に寛容に楽に考えたい〉自己意識への変化にもつながっていた。杉さんは，「……だったらだめだあーじゃなくて」，「痛みがわかる」ように寛容にそして，「こうきたら，はね返す」んじゃなく「やわらかく」受けとめて，生きていきたいと綴っていた。

杉さんは narration 2 のなかで，周囲への感謝を発端にして，寛容に自分を責めることなく，主体的な自分へ，そして病気を組み込んだ自分を扱い，さまざまな自己の歴史を再構成しようと試みていた。

2.3.5. narration 1 と 2 全体を通した軌跡の変位

竹さん

竹さんの narration 1，2 の間には，就労準備訓練であったり，障害者枠雇用から一般就労への就労体験という，社会との関わり，さまざまな他者との出会いが体験されていたことがあり，それが narration の軌跡を規定する大きな役割を果たしていたということは間違いないだろう。竹さんの narration 1，narration 1＋α，narration 2 の変位は，連続的でかつ時間的な自己の再編成と，彼が体験したさまざまな他者の発見による社会的な自己の再編成が編み上げられていく過程として軌跡が描かれていたと考えられる。

narration 1 では，病気は自分のなかにある嫌な塊みたいなものとして捉えつつ，それも含めて自己の輪郭を描き，心地よい他者との関係に気づいていく軌跡を描いていた。さらに，narration 1＋α ではっきり見えてき出した自分の輪郭が，未来にも続く期待を語り，そのなかで自分自身の存在をもう一度固め，確かめる行為を選んでいたといえる。そして narration 2 ではよりはっきりと自身の過去を洞察し意味づけをし，さまざまな他者の発見のなかで，自分の本質についての気づきと，信念の生成が行われていた。つまり，narration 1 で生成された自己と他者の輪郭が，narration 2 においてはいっそうその重層的な質へと生成され変位していたといえるだろう。それは，病気をしたことの捉えなおしを含め過去・現在・未来へ，そして他者が映し返す自分，自分の本質などすべての多様な自己を否定せずにおさめ，おさまりよく辻褄を合

わせていく和解への軌跡を描いていたと考えられる。

桜さん

　桜さんは narration 1 と narration 2 とでその筋書きを大きく変えている。その間の経過として大きかったのは，転居と作業所退所であった。narration 1 では病気に負けている自分と病気に負けていない自分の対立図式のなかで，病気に負けていない自分に軍配を上げ，がんばるのだと言いきかせ自らを励ます筋書きを展開し，そのがんばりには偽らない自分，つまりは本当の自分を受けとめてくれる場と他者の存在が支えになっていることを表していた。しかし，narration 2 では，作業所挫折体験からひたすら病気に負けている自分の軌跡を重ね描き続けていた。桜さんは病気であった過去のなかに自分をおき，今・現在は過去と未来の不安に押しつぶされていた。このような悪循環への変位がこの2つの間には生じていた。

　また，桜さんの narration のどちらにおいてもその基底部分には，やはり病気への怖れが存在していた。また，少しだけ先の未来の希望や自己効力感，そして偽らざる自分を受けとめてくれる場と他者の存在が，今・現在の自分を取り戻すときの支えとなることが示されていた。

桃さん

　narration 1 では　病いは桃さんにとって，2回の通院・服薬中断と再発をとおし，逃れる存在から逃れることのできない存在へ，そして残るものとして自身の一部として身にまとう存在として，自分で引き受け生きていく軌跡を描いていた。

　narration 1 と narration 2 との間の経過で，桃さんにとって大きかったのは，一人暮らしの開始と再入院をはさんだ作業所通所の継続である。

　narration 2 では，一人暮らしを始めたことから話し，病いを身にまとう存在として引き受けて生きていくことは，やっとやっとで，決してたやすいことではないがなんとかやっているという日常化への軌跡を描いていた。つまり，narration 1 において到達した位相の継続が narration 2 においても示されてい

たのだが，その位相に厚みが加わりやっとやっとながらの日常という平穏な生活の様子が示されていっているのが narration 2 の特徴であった。桃さんにとって気の休まることのなかった家庭状況が，少なからず彼女の人生に影響を及ぼしていたであろうことは想像に難くない。そのなかにおいて，平穏な生活の位相の厚みを生成するというのは，決してたやすいことではなかったことも桃さんの narration は教えてくれている。

　桃さんが寂しさに耐え，一人暮らしをもちこたえようとしている日常の日々の暮らしは，そうした過程のなかにおける，ささやかな営みの積み重ねであり，彼女の傍らにいる作業所の仲間や主治医や家族といった周りの人たちを支えとして成り立っていた。

杉さん

　全体をとおして見た杉さんの narration の軌跡は，初め外部から突然やってきた病いに戸惑いながら対処する軌跡から，その病いを自己の歴史に，内部に組み込みつつ囚われず自由になる試みの軌跡へと徐々に進展し展開していた。それは，杉さんのしっかりした自分になりたいという自己の所有への歴史として捉えられる。

　narration 1 では，扱いかねる憑き物としての病気という対象から，入院を自分の意思で決めるというできごとをとおして，不安を抱えつつも自ら判断し対処する対象としての病気へと，病いの軌跡を杉さんは展開させている。さらに narration 2 では，大学自主退学と薬の副作用の苦しみを契機に，過去の歴史に遡って主体的にさまざまな自己を組み入れて寛容に抱えていき，病いは健康の警告機能とし，寛容に今を楽に過ごし，しっかりした自分を育てて生きようとする自己の所有へ，杉さんは軌跡を描いていた。

　大学の退学は，杉さんにとって大きな転機になっていたことがうかがわれるが，受身の状態から主体的な自分を所有し獲得しようと試みていく筋書きは，narration 1・narration 2 同様に用いられていた。

　以上4名の調査協力者の narration 1, 2 の軌跡から，病気を患ったという

事実は変わらずに厳然として消えることなくあるのだが，語られた体験内容は，人それぞれに変化していた。年表に表されるように客観的な体験事実は変わらないはずであるが，当事者にとって体験事実の意味づけは時間が経過し，さらにその後の体験が積み重なっていくことによって編みなおされ，変わっていたのである。

　過去の体験の意味づけの変化は，時間が経てば風化していくものもあろうが，病いを抱えて生き抜く体験が綴られていった narration 1 から narration 2 の変位は，捉え方の変化として現れたり（未掲載，松さん），詳細化，明確化として現れたり，継続性のある発展として（竹さん，杉さん）もしくは揺れ戻しによる掘り下げとして（桜さん），もしくは変わらず維持していくための象(かたど)りとして（桃さん）現れていた。

　これは今もなお，治ることのない病いを抱える当事者であるがゆえの変化の軌跡であると思われる。つまり病気であるという客観的事実は変わっていないのであるが，当事者にとっての主観的体験は固定化し永続するものではなく，時間の経過のなかで編みなおされ変位しうるものであったのだ。

　変位は時間の経過のなかで生じていた。しかし，この時間の経過は空虚な時間の集積ではなかった。そこでは，その時その時に起きたさまざまな体験の綴りが織り重なり，絶えず体験の綴りなおしが行われていたのである。言い換えれば時が過ぎ行くごとに綴りなおしが行われていたのである。そうすると，narration 1 から narration 2 への変位もまた，長い人生のなかで絶えず綴りなおされていく，大きな変位の中継地点の一つに過ぎないと考えられる。つまり，変位は体験を言葉化した時点のその瞬間から起こっていくということにもなるだろう。

　主観的体験とは，誰かが与えたシナリオではなく，当事者が主体的に綴った narration である。そしてそれは時間の経過のなかで，絶えず編みなおされ変化していくものであった。

　ここに，前節で narration を掲載し検討した narration の軌跡（筋書き）の変位の特徴をまとめたものを，表 4 に示す。

　さて，こうして検討してきたこれらの軌跡の変位は，どのような意味をもつ

表4 narrationの変位の特徴

		内容
竹さん	和解	自己と他者の輪郭の生成からその重層的な質の生成へとnarrationが変位し、過去・現在・未来へ、そして他者が映し返す自分、多様な自己をすべておさまりよく辻褄を合わせていく「和解への軌跡」を描く
桜さん	悪循環	narration 1における病気に負けてない自分の勝利から、narration 2の病気をしていた過去に自分をおき、病気に負けているという「悪循環の軌跡」を描く
桃さん	日常化	narration 1において到達した位相の継続がnarration 2においても示されていく。しかしそれは入院、一人暮らしなどいろいろ体験しながら、やっとやっとながらの平穏な日常の生活が流れていくというような「日常化の軌跡」を描く
杉さん	所有	外部から突然にやってきた病いを扱いかねていた時期から、徐々にそれゆえに不安を抱えつつも自ら判断し対処する対象としての病気へ、そして病いは健康の警告機能と位置づけて、主体的にさまざまな自己を組み入れて寛容に抱えていき、今を楽に過ごし、しっかりした自分を育てて生きようとする自己の「所有の軌跡」を描く

のだろうか。そこから新たなケアの視点として私たちは何を読み取っていったらよいのだろうか。

筆者はケアの視点を読み取るために、まず4名のnarrationの軌跡の変位を、自己と体験の綴り方という観点から解いていくことにしたい。それは、自己の体験の綴り方を解くことによって、そこから当事者自身のとりくみや対処、そして他者への問いかけや望みを導くことができるからである。

2.4. narrationにおける自己と体験の綴り方分析

ここで改めて一人一人のnarration 1, 2の軌跡をなぞりながら、まとめとして共通する自己と体験の綴り方について、導いていくことにしたい。

分析においては自己の体験の意味内容を示す「自己コード」についてオープンコーディングを行い、「メモ」を記しながら、語り(récit)にみる体験の綴り方の文脈を示す「綴り方カテゴリ」を徐々に導き出した。

結果、綴り方カテゴリは、「おさまらない」、「あずける」、「帳消しにする」、「共存する」、「わりあてていく」、「綴りなおす」、「添える」の7つのカテゴリとして見出された。

以下に，その分析経過を提示し，見出された7つのカテゴリの意味内容を導いていく。

図2から図5は，語り（récit）にみる体験の綴り方の文脈を示す「綴り方カテゴリ」を時系列に並べ，narration全体の軌跡の構成を表したものである。

2.4.1. 竹さんのnarration軌跡分析から——自分を見つめ，見方を変えると，病気になってよかったかも……

【narration 1】

データNo.	Nラベル	自己コード	綴り方カテゴリ
自分がだんだん暗くなっていったのは高校からだった			
N9-1-01	高校生になって，現実が変わって見えて，自分が過剰に意識されるようになって，暗くなった	自分あらざるものとの出会いによって自分がばらばらになる	おさまらない
N9-1-02	発病は高校ぐらいと周りに言われる		
職場でもいじめられる			
N9-1-03	一所懸命やってたけど職場ではいじめられた	さまざまな状況にさらされて自分がばらばらになる	おさまらない
親への暴力がきっかけで受診，その前から病院行きたかったけど，何が起こっているかわからなかった			
N9-1-04	家に引きこもって，「家庭内暴力」ってわかっていて暴力ふるうようになってた	自分がばらばらになって暴れ出す	おさまらない
N9-1-05	本気の暴力じゃなかったからすぐに病院には行かなかった	助言に従う	あずける
N9-1-07	前から病院行きたいと思ってたけど，抵抗があった	なにものなのか問題も定まらない	おさまらない
N9-1-08	真っ只中は苦しいとは思わなかったけど苦しんでいて，わからなくて行動に出てた		
病院に行ったら，普通になった，楽になった			
N9-1-06	病院に行き出したら，ふっと普通の心に戻った	頼ってみて救われる	あずける
N9-1-09	病院で初めて冷静に，客観的に話したら，楽になった	伝えることで救われる	わりあてていく
途中で薬を止めたら調子が悪くなって閉じこもるようになった			
N9-1-11	どこもおかしくないよと言う友達との話し合いがあって途中で通院を止めた	治ったものとして望みをもつ	帳消しにする

N9-1-12	薬を止めたらまた，周りが気になりだしてデイケアにも行けなくなった	楽観から振り出しに戻る	おさまらない
N9-1-14	人に言うのが怖かったし，気のせいとも思った	自分の見方を考えなおそうとする	わりあてていく
妄想だったけど，デイケアに1年通い続けてなくなった			
N9-1-15	妄想だってわかってた，少し閉じこもって，デイケアにもう1度通い出したら，嫌われているというのがなくなった	自分の見方を切り替える	綴りなおす
N9-1-16	「あっ来る」っていうのがわかって切り替えをする訓練をしてた	考えなおしを訓練してきた	
気持ちを楽にして自分を見つめる，人を見る			
N9-1-18	拘束のない気楽さをもったデイケアで自分を見つめることができた	自分を見つめ，存在が保証される	綴りなおす
N9-1-19	怖かった他人のことを，冷静に見ることができるようになった	考えなおしを訓練してきた	
人を恐れず自分を信じて押し出していけそうだ			
N9-1-20	自分でやりたいようにやれる	効力感を育んでいける	
N9-1-21	自分は引っ込み思案だから，もっと人に溶け込んでうまくやりたい	自己を見つめ分析する	綴りなおす
N9-1-22	周りのせいじゃなく，自分の嫌な塊が悪さをする，苦しいのなら，治したほうがいい	効力感に信頼をおく	
人には話すことと話さないこと，伝わることと伝わらないこと，いろいろある			
N9-1-23	自分しかわからない自分の考え方を説明するけど，伝わらない，だから話さない	問題を自分のなかにためることができる	共存する
N9-1-24	話さないことで自分のことをわかってもらえることもある	汲み取られ伝わる心地よさもある	わりあてていく
N9-1-26	デイケアのスタッフとはもっと仲良くなりたいけどあまり話すことない	頼りたいけど，他者に侵入されたくない	共存する
人に頼れること頼れないこと，人といること一人でいること，どっちにしても，楽になれることと，解決することは違う			
N9-1-27	スタッフに頼りたいけどどう頼ったらいいかわからないときがあった	頼りたくて一人ではいられないときもある	
N9-1-30	前は一人だったけど，今は辛いって平気で親に言えるようになった	人に求めることができるようになる	わりあてていく
N9-1-31	辛いと言えると助けてくれないけど気が楽になる		
N9-1-32	自分は一人で考えて，人と違うような気がしていたけど，それを言わないようにして，自分のこと反省した	一人になろうとしていたことの内省をする	綴りなおす

データNo	Nラベル	自己コード	綴り方カテゴリ
N9-1-34	苦しいときは苦しい分だけ人に期待をする、そしてやってみて人の限界もわかった	人にほどよく求めることができるようになる	綴りなおす
N9-1-35	へんだなと思うけど関わり合うと楽しいのは真実	人との関わり合いを楽しむことができる	
考えすぎず普通に、楽しめればいいんだ			
N9-1-36	デイケアはいつも変わらないのがよかった、普通にしてればいい	いつも変わらず普通の自分でいられた	綴りなおす
N9-1-37	もっと楽しむこともできただろう	いつも変わらない自分を楽しんでいいと気づく	

【narration 1＋α】

データNo	Nラベル	自己コード	綴り方カテゴリ
訓練は勉強になるけど、薬も必要と考えるようになった			
N9-1-38	職業センターに通い出して、眠れなくなったり、ふさぎ込んだり、今までこういうのを見逃していた	現実に向き合う	綴りなおす
N9-1-39	落ち着いて訓練受けてて、すごい身につく		
N9-1-40	熟睡できないのは、不安材料があるからいけないのかも	現実的に問題を確定する	
病人として生きるんだという考えが出てきた			
N9-1-42	病人として生きるんだということを疑いもしないでやれる考えに変わった	過去を織り込んで自分を語る	綴りなおす
気持ちが楽になってきてとてもそれが大事なことだとわかってきた			
N9-1-44	病気を治すというよりも、気持ちが楽になりたかったというのに気づいた	自分に寛容になれる	綴りなおす
N9-1-45	気持ちが楽になって初めて、絶対働かなくちゃから、ホントに働きたいって思えるようになった	過去の自分に寛容になれる	
N9-1-46	通院しながら、障害者って言って仕事の面接まで行くので大変、気長にやる	これからの自分に寛容になれる	
N9-1-47	デイケアもセンターもあるし、時間かかりそうだけど、仕事決まりそうなうれしさがある		
不安もあるけど期待もしている			
N9-1-49	仕事が続くかどうか、不安だったり、期待してみたりできる	これからの自分に期待する	綴りなおす
N9-1-50	年と病気のこと考えて、また病気にならないよう、気長にやろう		

【narration 2】

データNo.	Nラベル	自己コード	綴り方カテゴリ
新たなことを目指している自分			
N9-2-01	いろいろ病気もしたけれど認定カウンセラーの勉強を始めている	過去を期待の道のりとして捉える	綴りなおす
妄想と人間的な焦りが病気のもとになっていた			
N9-2-02	発病したとき，急に現実を見て焦っていた，最近すごくよくわかる	焦りに囚われて己を見失っていたことがわかる	綴りなおす
N9-2-03	人間的な焦りが病気のもとになってた，高校のときから仕事まで焦ってすごく苦しかった	繰り返し焦りに囚われて己を見失っていたことがわかる	
N9-2-04	人に対しての思い込みが妄想になるのがわかった，理解できると楽になる	妄想とわかることで気持ちが穏やかになる	
N9-2-05	デイケアでも，自分はかっこつけたり，いいこと言わなきゃって焦ってた	過去の内省から言葉をあてがい自分のことをわかろうとする	
わかりあえる人との出会い			
N9-2-09	久しぶりに会って，心開いて友達になれた	人とわかりあえることに気づく	綴りなおす
N9-2-13	お互いに症状が似ている人に出会って，わかりあえた		
自分を落ち着いて見つめる			
N9-2-10	前の会社ではいらいらしながら苦しくて振り返ることもできなかった	振り返りができないという苦しさを知る	わりあてていく
N9-2-11	今は，自分のことも冷静に見れるし，嫌われてるとかって，あんまり動揺しない	冷静に寛容に自分を見る	綴りなおす
働きたかった			
N9-2-15	障害者特別待遇で何もしないより，動きたくて働き出した	過去を期待の道のりとして捉える	綴りなおす
人とのつきあい方が変わった			
N9-2-16	デイケアに行ってから社会に出て，人を見る目が変わった自分に気づく	ほどよく人とわかりあうことに気づく	綴りなおす
N9-2-17	健常者も障害者も区別しないでつきあうとみんな悩みあることがわかった	他者に寛容になれる	
N9-2-18	一人でいるときこそ二人で生きる気持ちで，仕事の次は結婚	これからの自分に期待する	

過去のできごとも見方を変えることができる

N9-2-19	病気になったとき，デイケアいたときに，死ぬんだという恐怖があった	過去の内省から言葉をあてがい自分のことをわかろうとする	綴りなおす
N9-2-20	死んだら砂になるという感じ方を思い出してうれしかった		
N9-2-21	自分が忘れていたことを，しなやかに，にじみ出るように思い出す	過去の良いことも悪いことも抱き込む	

落ち着いた変わらない自分を感じる

N9-2-23	自分の本質はわからないけど，変わらない	変わらず貫いている自分に気づく	綴りなおす
N9-2-24	いらいらしなくなったし，焦りをコントロールしようとするようになった	効力感に信頼をおく	

前に進んでいく自分になりたい

N9-2-25	職場で話し相手がいなくて何回もデイケア戻りたいなってのがあった	今をがんばろうとする	綴りなおす
N9-2-26	成長のための山場だから，人に頼らずにがんばろうと思った	効力感に信頼をおく	
N9-2-27	今も，仕事の山は登っている最中で焦ったほうがいいことある	これからの自分に期待する	わりあてていく

真剣によりよく生きていきたい

N9-2-30	自分は欲の少ない弱い人間だから，もうちょっと元気にたくましく生きてもいいかもしれない	ありのままの姿でこれからの自分に期待する	綴りなおす
N9-2-31	病気自覚する前は自信なくてふざけて生きていた		
N9-2-32	病気したのはひょっとしたらいいことなんじゃないか，落ち着いて過ごせる	過去を糧に今の効力感に気づく	

安心してのびのび過ごせるようになった

N9-2-33	まじめに人の話を聴く姿勢に衝撃を受け，自分がふざけていたと感じた	聴き取られる侵入感に当惑する	おさまらない
N9-2-34	まじめに話を聴かれることは，安心感をもたらすことだとわかった	ありのままの存在が保証される	わりあてていく

自分の信念を築く

N9-2-36	自分で気づくことで，自分を見る目が変わった	自分を見つめなおして気づいていく	綴りなおす
N9-2-37	逆らわずに日常を生きることと人の言うことを信じることを，してきた	信念を抱く	

誰かに，何かに頼ることもする

N9-2-39	回復者グループの人たちは，なんかいるだけで助けてくれる	わが身をゆだねる体験の心地よさを知る	あずける

| N9-2-41 | 行動には出ないけど、まだ考えすぎちゃって、辛いところがあるので、薬は必要 | わが身をゆだねる体験の心地よさを知る | あずける |

次のチャレンジは病気の予防と一人暮らしだ

| N9-2-42 | 普通に戻って予防のための服薬へチャレンジしたい | ありのままの姿でこれからの自分に期待する | わりあてていく |
| N9-2-44 | 一人暮らしをしたいし免許も取りたいけど、まずは家を出る | 効力感をばねにこれからの自分に期待する | 綴りなおす |

　竹さんは，narration 1 において，病院に受診する前のできごとから話し出した。それは，高校生になって自意識が過剰に意識されて，自己は分断化し〈自分あらざるものとの出会いによって自分がばらばらになる〉というどうにも**おさまらない**体験であった。高校を卒業し就職をしてからもいじめにあった竹さんは，〈さまざまな状況にさらされて自分がばらばらになる〉ような体験から，場によって変わらざるを得ない自分の姿を**おさめ**きれなくなっている。自宅へひきこもることとなり，「家庭内暴力」を起こすようになった竹さんは，〈自分がばらばらになって暴れ出す〉ことを抑えきれなくなり，姉の〈助言に従う〉ことで，病院にわが身を**あずける**ところに落ち着くこととなる。竹さんはこのとき，〈なにものなのか問題も定まらない〉なかで，苦しんでいるけど，苦しんでいるのかわからないような**おさまらない**体験に翻弄されていた。そして暴力をふるったり死のうとしたり，さまざまな行動に出たあとに，ようやく最後に，病院へ身を**あずけてみる**ことになり，竹さんは〈頼ってみて救われ〉ていくのである。それはふっと普通の心に戻ることを可能にし，今まで命名不可能だった自分の状態を，初めて冷静に診察で，言葉を**わりあてていく**機会を得たのである。言葉がわりあてられ人に伝わるという体験は，竹さんに大きな安心をもたらしている。〈伝えることで救われ〉ていく体験は彼にとって，とてつもなく大きいものだったといえるだろう。

　しかし，その後デイケアに参加するようになった竹さんは，病気は〈治ったものとして望みをも〉ち**帳消しにする**ことができるものとして，自分の意思で通院，服薬を中断していった。服薬中断はえてして，病状の再燃を招くことが多い。竹さんの場合もそうであった。彼は，再び症状の再燃を招き〈楽観から振り出しに戻る〉ことを余儀なくされ，嫌われているんじゃないかという「妄

想」が出現し，どうにも再び**おさまりきらなく**なってしまうのである。

　悪口を言われているというのは「気のせいか」と，〈自分の見方を考えなおそうと〉して，言葉を**わりあて**ながら過ごしていたという竹さんだが，「妄想だと」わかってもいたと言う。結局は，妄想と位置づけ，自身のなかで納得のいく解釈を展開して，**綴りなおす**ことで，通院を再開し，デイケアの再開をもって〈自分の見方を切り替え〉るようになっていったのである。

　今では，妄想観念が出そうになって，「あっ来るっ」という感じが起こると，自分のなかで「気のせい気のせい」と，否定し〈考えなおしを訓練し〉ているという竹さんは，デイケアで〈自分を見つめ，存在が保証される〉体験を得ることができ，怖かった他人に対しても，冷静に見て〈考えなおしを訓練〉することができるようになっていく。ここで初めて，彼の体験は，混乱をきたすばかりだった分断化した自己の筋書きから，主体的におさまりをつけていく筋書きへ向かって行っている。さらに重要なのは他者の存在の変化である。怖かった他者の存在が，今は，冷静に見ることのできる存在へ変化しているのである。そして，自分を見つめることに重ねて，他者を見つめることができるという行為を「癖」と言えるまでに**綴りなおし**て，〈考えなおしを訓練〉できる自己を育んでいるのである。

　彼は，こうしてデイケアにおいて，「やりたいようにやるんじゃないかな……」と〈効力感を育み〉，引っ込み思案の〈自己を見つめ分析する〉ことを押し進め，自身の嫌な塊が悪さをする，苦しいのなら治したほうがいい，と自身の〈効力感に信頼をおく〉ことができるようになるストーリーを**綴りなおし**ていくのである。それは，何もかも相談することではなく，〈問題を自分のなかにためることができる〉**共存性**を保った自己である。他者に相談しなくても〈汲み取られ伝わる心地よさ〉も，彼のなかに**わりあてられ**ていき，仲良くなりたいけど話すこともあまりないという，ある程度の距離感を意識しながら〈頼りたいけど，他者に侵入されたくない〉他者との**共存性**を綴っているのである。

　竹さんにとって他者をめぐる自己の体験は，揺さぶられ続けていた。「スタッフって頼りないと思うんです」という自身の発言を彼は掘り起こし

ながら，スタッフに〈頼りたくて一人ではいられないときもあ〉ることを示し「スタッフって不思議な存在」と**わりあて**たり，今は，辛い，と〈人に求めることができるようにな〉り，解決方法は見つからないけど，話すことで気持ちが楽になるってことはあるというような，**わりあて**も行っていくのである。皮肉なことに，竹さんにとって，他者の存在は，自己の存在の危機をもたらすものでもあったが，成長の原動力をもたらすものでもあったのである。

そして，〈一人になろうとしていたことの内省〉をするなかで，期待しすぎる自分と現実の限界を言いきかせながら，竹さんは**綴りなおし**を始め，〈人にほどよく求めることができるようになる〉自己を意識していく。そして，人にどこまで求めていったらよいかを考え，「なんか話していると関わり合うと楽しいんです」というように，〈人との関わり合いを楽しむことができる〉というような体験の綴りなおしを生成するまでに，他者との関係の体験を竹さんは，展開していったのである。

彼にとってデイケアは〈いつも変わらず普通の自分でいられた〉場であり，〈いつも変わらない自分を楽しんでいいと気づく〉ことができた場であったことが，振り返りのなかから最後には**綴りなおされ**，1回目のnarrationは終わりとなった。

narration 1のあと，竹さんは再び話を付け加えた。それは就学準備訓練が開始されたことを背景に，眠れなくなったりする一方で，訓練が身についていく実感から〈現実に向き合〉い，〈現実的に問題を確定する〉のみならず，「病人として生きるんだ」と，以前の就労体験や病気を体験した〈過去を織り込んで自分を語り〉出し，**綴りなおし**ていった。

竹さんは，こうして〈過去の自分に寛容になれる〉綴りから，現在の〈自分に寛容になれる〉綴りへ，そして〈これからの自分に寛容になれる〉というように，未来へ続く自分の存在を期待する綴りを展開し，自分の輪郭を確信していた。このような自己存在の確かさ感(self-awareness)は，仕事が続くかどうか，病気にならないように気長にやろうと，焦らず，気負わずに〈これからの自分に期待する〉**綴りなおし**に展開させていた。

この後，narration 2において2年後に会ったときの竹さんは，一般就労を

しながら，認定カウンセラーの勉強もしていた。彼は，新たな社会経験と過去の体験とを言葉を介して，何度も綴りなおす作業に取り組んだ。過去から現在に向けて〈期待の道のりとして捉える〉**綴りなおし**方が行われていた。

　narration 1 でも語られた高校時代の振り返りは，よりいっそう明確なものとなっていた。〈焦りに囚われて己を見失っていたことがわかる〉ようになり，「人間的な焦り」がずっと病気のもとになっていて，仕事をするときにも織り重ねてずっと〈繰り返し焦りに囚われて己を見失っていたことがわかる〉という語りを展開していった。そしてはっきりと「対人に妄想がある」と言い切れると，「状態は変わんないんですけど，理解できると楽になる」というように，〈妄想とわかることで気持ちが穏やかになる〉というような体験の**綴りなおし**にもなっていくのである。かっこつけてた，という回想，〈過去の内省から言葉をあてがい自分のことをわかろうとする〉行為は，より自律的に竹さんのなかで機能し**綴りなおされ**，苦しみそのものをもより分け，気持ちを穏やかにしていた。

　竹さんが，このように変わってきたきっかけは，やはり，久しぶりに会って和解した知人との再会によって，〈人とわかりあえることに気づく〉ことができたことが大きいようである。それが，竹さん自身の過去の自分との和解へと導く契機になっていたのである。

　それは，以前の職場で〈振り返りができないという苦しさを知る〉ことから，自分を落ち着いて見つめることの効用を**わりあてていく**道へ導いていき，今では〈冷静に寛容に自分を見る〉ことが可能になっていく彼の変化として現れている。彼は，期待の道のりとして，過去から現在を，現在から未来を，そして自己と他者を，往ったり来たりしながら**綴りなおし**作業を行っていた。「人の見る目が変わる」ことで人が怖くなくなり，〈ほどよく人とわかりあうことに気づく〉ことや，わかりあえる存在として〈他者に寛容になれる〉自分へと変化し，「一人でいるときこそ二人で生きる気持ちで」結婚へという〈これからの自分に期待する〉**綴りなおし**を行っていたのである。

　竹さんは，辛い過去の記憶を想起しながらも，過去の自分と競合させずに自分の言葉で**綴りなおし**作業を行っていた。それは，「死ぬんだ」，「死んだら砂

になる」という死への恐怖を語るまでに至るが，それでも〈過去の内省から言葉をあてがい自分のことをわかろうとする〉ことで見方を変え，〈過去の良いことも悪いことも抱き込〉み自分の糧と変えていっていた。

こうして竹さんは，「逆に変わらないものって，自分の本質だと思います」と〈変わらず貫いている自分に気づ〉きそれをはっきりと語るようになるのである。彼は，しっかりと自己〈効力感に信頼をお〉きデイケアに戻りたいと思いながらも，「成長のための山場だ」と自分で自分を励まして，〈今をがんばろうと〉してきた過去を振り返った。それは，今現在の仕事の山の乗り越えと重なり，竹さんは〈これからの自分に期待する〉**わりあて**をして自分でがんばることを言い聞かせていた。

彼は，このあと何度もよりはっきりとした自己の輪郭を示していった。自分は欲のない人間で，もっと強くてたくましく生きてもいいんじゃないかと思うと言い，〈ありのままの姿でこれからの自分に期待する〉綴りや，災いでもあったに違いない「病気」についても，「病気したのひょっとしていいことなんじゃないかなって」と言って〈過去を糧に今の効力感に気づく〉自己を登場させ示していったのである。

このストーリーの展開を改めて見るならば，自己の確からしさをつかむことや，強くするということは，自分に寛容に他者に寛容に，災いとしての病気を福と為す病気へと転じる筋書きのように，過去を織り重ねて糧としていく道のりや，期待の道のりとして自ら**綴りなおす**ことによってなされるのではないかということを，竹さんは教えてくれている。

筆者の聴く姿勢に驚いたという話では，〈聴き取られる侵入感に当惑〉した**おさまらなさ**を打ち明けた。しかし，それも，安心感へと転じ，〈ありのままの存在が保証される〉体験へと竹さんは**わりあて**ていったのである。

竹さんは，こうした〈自分を見つめなおして気づいていく〉ような，繰り返しの**綴りなおし**が〈信念を抱く〉，信念の形成につながることを次に示している。

竹さんは，「日常を生きる」ことと，「人の言うことを信じること」という2つの信念，人生訓をここで展開した。これは，竹さんの話のなかで，もっとも

説得力のある部分でもあった。彼は，決して他者を寄せつけずに一人で強く生きるのだと突っぱねるのでなく，ときには，誰かに頼ることもし，回復者サークルの人たちとの〈わが身をゆだねる体験の心地よさを知る〉体験も語りながら，薬の効用に**あずけて**暮らす語りも展開した。

最後には，竹さんは，予防のための服薬へのチャレンジという目標を**わりあて**，〈効力感をばねにこれからの自分に期待する〉希望に満ちた未来の世界を描いて話を結んだ。

図2をみると，narration 1 のストーリーの構成は，現在の語り(récit)こそ最後は辻褄の合うように綴りなおしがされているが，過去の高校時代のところや職場でのできごと，再発の時期など，どうにも**おさまらない**語りが現れている。そして narration 2 のストーリーの構成をみると，**わりあてていく綴り方**や，**あずける綴り方**，**おさまらない**綴り方も含めて，伏線がありながら，すべての時期にわたって**綴りなおす**という筋書きが展開している。ここからもまさに，竹さんの narration の軌跡は，過去から現在未来に貫く「和解の軌跡」が描かれていたといってよいだろう。しかし，このストーリー構成にみる現在における**綴りなおし**は決して固定的な変わらぬものとして継続されるものであるとはいえないようである。それは，narration 1 から 2 年経ったあとの narration 2 の構成がまったく違っていることからも明らかである。narration 1 も narration 2 も，現在の時点で**共存する**，**わりあてていく**，**あずける**，そして**綴りなおす**という綴り方との循環回路が形成されており，ストーリーが書き換えられているのである。ストーリーは今現在の時間のなかで，常に生成され続けているのである。

竹さんのこのストーリー構成は，精神科リハビリテーション過程において議論されてきた「障害受容」の「受容(克服)」パターンとして意味づけることもできる。受容とは自己と他者に寛容になっていく過程であり，自己存在の確かさ感(self-awareness)の確認から，信念を形成するに至るという，いわゆる障害の相互受容と自己価値の再編成が竹さんの narration には展開していた。

そして，新たな知見としては，自己存在の確かさ感(self-awareness)をつかむ過程に，時間軸を通した過去と未来を織り込んだ現在の自己の体験の主体的

2. 青年期を生きる精神障害者の主観的体験　171

```
               narration 1 のストーリー        narration 2 のストーリー
                                              1 + α

─┬─
 │ 子供のころ                                   綴りなおす
─┼─
 │ 高校時代（発病）   おさまらない              綴りなおす
─┼─                       │
 │ 就労            おさまらない
─┼─                       │
 │ 在宅            おさまらない
 │ 受診            ↑   ↓
 │                あずける
 │                     ↓
 │                わりあてていく
─┼─                       │
 │ DC 一時中断     帳消し                      綴りなおす
 │                     ↓
 │                おさまらない                  おさまらない
 │                     ↓                            ↓
 │                わりあてていく                わりあてていく
─┼─
 │ DC 再開         綴りなおす → 共存する        綴りなおす
 │                     ↑      ↓
 │                     わりあてていく
─┼─
 │ センター利用        綴りなおす                       わりあてていく
 │ 1回目就労                                     綴りなおす
─┼─
 │ 2回目就労      わりあてていく → 綴りなおす
 │ 現在と              あずける ←
 │ これから
 ▼
```

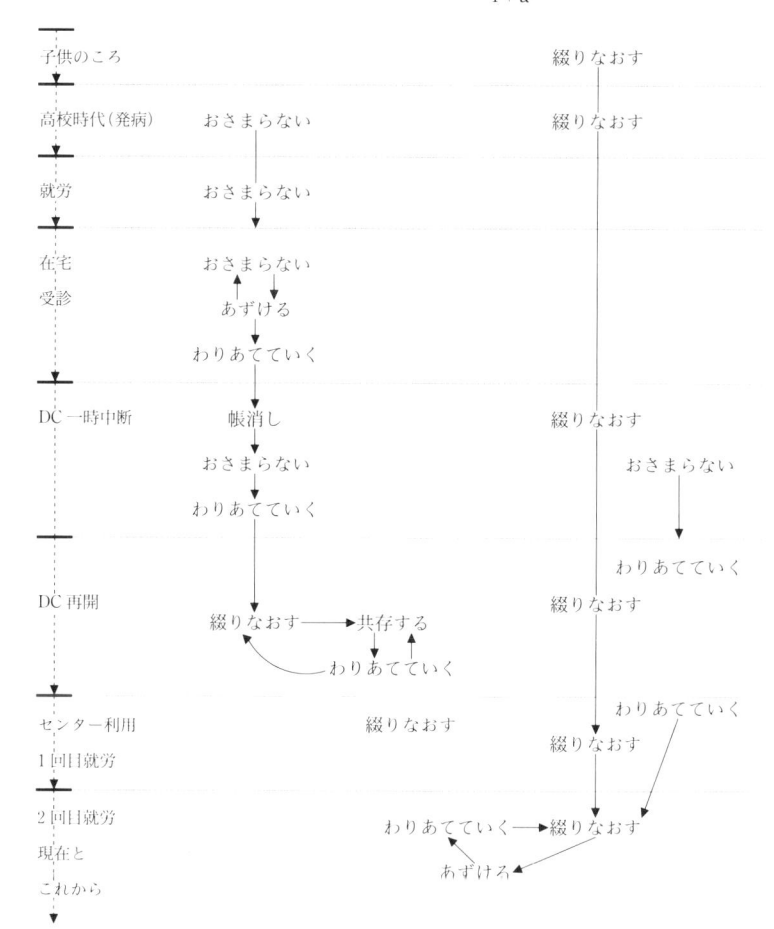

図2　narrationの軌跡2：和解の軌跡

注　DC＝デイケアの略。以下の図でも同じ。

な綴りなおしが行われていたこと，さらにそれらは時間の経過とともに生成され続けるということが見出された。

2.4.2. 桜さんの narration 軌跡分析から——病気に負けてない私と病気に負けている私の行ったり来たり

【narration 1】

データNo.	Nラベル	自己コード	綴り方カテゴリ
不規則な生活から調子を崩し迷ったけど受診をした			
N3-1-01	不規則な生活から，脳みそが圧迫されるような感じで，人の声が気になり深い意味があるような気になった	病いの世界へ引きずり込まれ当惑する	おさまらない
N3-1-02	生活リズムの乱れから自主退職し受診する		
N3-1-03	精神科受診はほかの人に知られたくなくて間際まで迷った	精神病になることと自愛心とで引き裂かれる	
いつもの生活にはもう戻れない病気とわかる			
N3-1-04	医者からは精神的な神経が切れているみたいに言われ，分裂病の気があるということだ，親にも聞いた		
N3-1-05	通院はしなくていいと思ってたので，知ってる人に会いたくないし，めんどくさかった	病気を背負っていくことを言い聞かせる	わりあてていく
N3-1-06	薬は死ぬまで，予防のため，病気は再発しやすいもの		
薬を飲むといつもの生活が戻ってきた			
N3-1-07	薬飲んで，人と同じ考え方をしていつもの生活ができるようになり，振り返る不思議な体験とのギャップ	病気を背負っていくことを言い聞かせる	わりあてていく
精神科に所属する私と社会に所属していた私の亀裂			
N3-1-09	同じ病気の友達へなじむ	これまでの日常から引き裂かれる	おさまらない
N3-1-10	行く先見えぬおそれと見放される不安		
医者を信じて病気を治すために不安を抱えつつがんばる			
N3-1-12	医者の言葉を信じていれば病気は治る	病気治癒を願い，治癒努力を維持させる	あずける
自分の病気がどうなのかわかりたいけど，はっきりさせたくない			
N3-1-13	自分の病気はどうなってゆくのか，再発への不安と安心して生きたい気持ちの揺れ	未来の見当がつけられず当惑する	共存する

2. 青年期を生きる精神障害者の主観的体験

データNo.	Nラベル	自己コード	綴り方カテゴリ
N3-1-14	自分の病気の重たさを他者を見て測る、見た目にわからないから隠したい	つかみきれずにいる異物としての病気を抱え込む	共存する
N3-1-15	病気は煩わしく隠すべき忌まわしいもの		
体力つけて自分も病気に負けてないなって自信をつけたい				
N3-1-17	人には見えないだるさもなくなってくると，病気に負けてないと思えて自信がつく	病気に負けてない未来の見当を立てなおす	綴りなおす
N3-1-19	病気に負けてしまっていた暮らしから夢に向かいたい		
気づかい，汲み取ってくれる人たちがいた				
N3-1-21	具合の悪い自分に気づいてくれる仲間に会い，救われる体験をする	汲み取られ，救われる	綴りなおす
N3-1-23	悪い自分もさらすことができる	偽りのない存在を保証される	

【narration 2】

データNo.	Nラベル	自己コード	綴り方カテゴリ
作業所に通ってたけど調子を崩して作業所を辞める				
N3-2-01	作業所は当番があって行き帰りが辛くて気が重たくなっちゃった	居場所にいられなくなっていく	おさまらない
眠れなくなり，からだが妙にだるくプレッシャーを感じてた				
N3-2-04	その日によって，一人で不安なこと考えると憂鬱になる	ひきこもり憂鬱になっていく	おさまらない
N3-2-05	デイケアでは楽しかったけど作業所は当番がプレッシャーだった	責任を果たせず自信を失う	
N3-2-06	作業所は責任の度合いが違って調子を崩して，自信がなくなってきた		
N3-2-08	辞めるころは，2時間座っているのがやっとか早退してた		
世間から離れてしまって精神的に自分は成長していないような気がする				
N3-2-09	病気してから世間とあまり接してない，一人で生きていけるのか	世間知らずで引け目をもつ	おさまらない
N3-2-10	発病したときから社会にもまれず昔のままの変わらない自分に引け目を感じる		
成長してないけど病気はなんともなくなってきた				
N3-2-13	成長もしてないし，病気もなんともなくなったのは薬のおかげ	成長してないけど病気のほうはなんとかしている	わりあてていく

病気に負けているから自分はだめなんだ			
N3-2-14	病気に負けて，病気のせいと感じすぎ	病気に負け，病気のせいにする自分を責める	おさまらない
N3-2-16	人が言うほど，自分はもうなんでもないんだとは思えない		
N3-2-17	今甘えていたら将来大変と思うと焦る		
N3-2-19	立っているだけでおもりを背負っている感じ		
ねばならない自分を他者に汲み取られて楽になる			
N3-2-20	同じ作業所のメンバーに帰ったほうがいいよと言われて，使命感から解放された	汲み取られ，救われる	わりあてていく
おさまりのいい場所がわからない			
N3-2-21	行くとこないかと不安になったりなんとかしようと明るい気持ちになったりする	存在を保証してもらえる居場所がない	おさまらない
N3-2-22	作業所に通うんだったらいい加減なことできないって考える		
N3-2-23	場にすぐなじめるかなーって心配		
強くなれない精神力の弱さが病気のもと			
N3-2-25	大人になれない強くなれない感じ	病気の原因を自分のせいにしておののく	おさまらない
N3-2-26	精神力の弱さで病気になったから，また何かあったら元に戻るかもしれない		
N3-2-27	ストレスないけど惰性で生きてる	くよくよ癖に抵抗できない	
もともとくよくよする気があって精神的に強くなれない			
N3-2-29	小さなことでも大きく考えてしまう癖が抜けない	くよくよ癖に抵抗できない	
N3-2-30	なんでそんなことで悩むのかと思われてしまう	その場その場で対処しよう	わりあてていく
N3-2-31	もともとそういう気があって病気だからくよくよ悩んでしまうのだろうか	もともとだと納得しようとする	
先のことを考えると次々不安なことが出てくる			
N3-2-32	親いなくなったらどうしようって気持ちが強くなってきた	必然として不安をおさえる	わりあてていく
N3-2-34	この幸せはいつまで続くのだろう，またぶり返したらどうしよう	納得できない	おさまらない
自分をもてあます			
N3-2-35	何もしていない状態もまた居心地が悪い	家族との関係に気後れを感じる	おさまらない
N3-2-36	病気になっちゃったから苦労をかけている		

気づかい，汲み取ってくれる人たちがいた			
N3-2-37	仲間がいて助けてもらったから今までこうしてこれたし，同じ病気抱えていると言いやすい	汲み取られ，救われる	わりあてていく
病名をはっきり人には言えない			
N3-2-38	はっきり病名言えず，うそついちゃってる	存在を保証してもらえる居場所がない	おさまらない
自分を押し出していけない			
N3-2-40	自分から率先して動き出す力がないのかも	主体的には動き出せない	おさまらない
N3-2-41	自分の力がなくて，作業所続かなくて，臆病になった	無力感にさいなまれる	
N3-2-42	楽しいデイケアと働く前提の作業所ではギャップがあった		
N3-2-43	一つ挫折してしまうと何やってもだめかもと思ってしまう		
くよくよ癖も自信がなくて感受性強いからだ			
N3-2-44	カッカしないで心にゆとりのある大人になりたい	過去への帰属から納得できる言葉を捜し希望につなげる	わりあてていく
N3-2-45	自信がないから感受性強くなる		

　桜さんは，narration 1において，最初，入院に至るまでのさまざまな身体症状（疲労，嘔吐，食欲不振，身体感覚の異常）や，精神症状（不眠，被害念慮）をとつとつと語りながらも，どこかで自分を責めるような語気で，〈病いの世界へ引きずり込まれ当惑〉していた当時の自分の姿を表した。彼女にとってこの時期はどうにも**おさまりがつかなく**なっていく最悪の状況であった。

　受診のきっかけも，桜さんの場合は，親の勧めによっており，彼女自身は，最後の最後まで受診を迷っていた。ほかの人に知られたくないと思う自愛心と，知られたくないような病気の診断（つまり精神病）が下るかもしれないという不安という〈精神病になることと自愛心とで引き裂かれ〉苦しんでいた。

　入院から通院を経て自身の病名を知り，いつもの生活にはもう戻れない病気，と知った桜さんは，初め通院は嫌じゃないけど，しなくてはならない，「めんどくさい」ものであった。桜さんは，「薬は死ぬまで飲まなくちゃだめなのかなって」重たくなりながらも，薬を飲んで人と同じ考え方できるようになった，と言い換えて，なんとか，〈病気を背負っていくことを言い聞かせる〉作業を

して，自分のなかへ**わりあてていく**道を探っていった。

　桜さんは，同じ病気の友達になじみつつも，入院生活を送ることで，〈これまでの日常から引き裂かれる〉不安の体験を語っている。これは，今までの暮らしとの断裂と，これから先が見えないという断裂，両方の時間的連続性が失われていく**おさまらなさ**となっていた。このときの桜さんは，時間的存在としての自己の存在の脅かしにさらされていたのである。このようなとき，〈病気治癒を願い，治癒努力を維持させる〉には，医者の言葉を信じて**あずける**よりはほかに彼女には処しようがなかったのかもしれない。またそれを引き受ける医療者の存在があったことは彼女の救いでもあっただろう。

　桜さんの苦しみの根本には，常に，病いを抱えたという現実の渦に翻弄されている自分の姿と，しっかりしようとしている自分の姿との，引き裂かれるような乖離があるように思える。

　デイケアに通うようになってからも桜さんは，自問自答を繰り返している。薬を飲まなくなることが病気が治ることと言いながら，「今現在薬は自分にとって必要なもん」とも言い，病気は治るのか，繰り返されるのか，治らなくても生きていけるのか，未来を考えたときに，どんな自分になっているか，〈未来の見当がつけられず当惑〉し，たたずんでいた。どれも打ち消すことができず抱え込み，〈つかみきれずにいる異物としての病気を抱え込〉んで，「ばれたらどうしよう」という隠すべき忌まわしい病気と隠蔽する自己との危うい均衡のなかで，桜さんは病気を**共存**させているかのようであった。

　しかし，桜さんはここでようやく，病気に負けていない自分を前面に登場させて，〈病気に負けてない未来の見当を立てなおす〉自分の語りを導いた。デイケアの活動も「今は，疲れるんだけどさわやかな気分になれる」と，体力に自信がついてきた実感を言葉にして，バイトについても「1年続けばもっと自信になる」と，過去の辛い体験を捉えなおし，効力感を含んだ未来への展望へ，**綴りなおし**ていった。それはこのままでは「廃人になるかもしれない」，存在の危機からの脱出であり，存在の保証を求めた**綴りなおし**でもあると考えられた。

　そして彼女は具合の悪いときにそれに気づいてくれたデイケアメンバーの存

在から〈汲み取られ，救われる〉体験を語り，失敗したときの自分をスタッフに明かすことができた体験から，〈偽りのない存在を保証される〉体験を語っていった。これは，常に偽りの自己と真の自己との乖離を抱えていた彼女にとって大きな恵みをもたらす体験であったに違いなく，ばらばらになりそうな自己があるまとまりとして輪郭を帯び，自己の存在の確からしさを実感することにつながるストーリーへの**綴りなおし**であったといえるだろう。

　こうして桜さんは narration 1 を結んでいった。

　しかし，一旦は，まとまりをつけたかのような narration 1 から，narration 2 では桜さんは，終始，病気をした自分，病気に負けている自分を，「なぜ？」と問い続けていた。答えを見つけるための言葉は，堂堂めぐりをなし，どうにもおさまりのつかないまま深みにはまっていった。

　桜さんは，デイケア退所後作業所に通所していたのだが，当番のプレッシャーから作業所通所がままならなくなり，自宅以外の〈居場所にいられなくなって〉いき，自宅にひきこもることが多くなってしまっていた。それは〈ひきこもり憂鬱になっていく〉事態を招きさらに，作業所で〈責任を果たせず自信を失う〉ことにつながり，どうにも**おさまらない**綴りがつながっていってしまうのである。

　「なぜ？」作業所が続かなかったのかという問いかけは，病気と自己の未熟さへひたすら向かっていく。精神的に成長できない，〈世間知らずで引け目をもつ〉自分を語りつつ，〈成長してないけど病気のほうはなんとかしている〉自分を**わりあてて**立てなおしていくのだが，それも，結局は〈病気に負け，病気のせいにする自分を責める〉**おさまらない**語りへ展開させてしまっていた。

　桜さんは，今の状態の悪さを決して人のせいにはせず，作業所のメンバーからは自分の辛さが〈汲み取られ，救われる〉体験も得ていたことを**わりあてて**いく。しかし，次の作業所探しの話題に移っても，〈存在を保証してもらえる居場所がない〉という思いを彼女は綴るに至り，結局自分の「精神力の弱さで病気になったんじゃないか」というように，〈病気の原因を自分のせいにしておのの〉き，再発の恐怖を引き出すまでに達してしまうのである。

　ここで，桜さんは，精神力の弱さを，「根本的には，暗い性格」とか，「癖」

という言葉に転換させコントロール外のものとしておくことで，〈くよくよ癖に抵抗できない〉自分を**わりあてていく**。そして，「そのときはそのときで，壁を乗り越えればいいんだって」という友達の助言を頼りに，〈その場その場で対処しよう〉とする前向きの自分を一時的に登場させていった。そして「病気だから」と，過去からの因果に今をつなげながら，だけど自分が悪いわけじゃない，〈もともとだと納得しようとする〉自分を引き出し再度**わりあてていった**のである。

しかし，過去からの因果は，そのまま現在から未来に引き継がれていってしまい，この先の未知の未来が桜さんの不安を搔き立てるものとして立ちはだかっていくのである。親がいなくなったらどうしようという不安は，年齢からして必然的な不安である。そう**わりあてておけば**，ひとまずおさまりがつくにしても，再び今のこの幸せはいつまで続くかという不安，再発したらどうしようという不安に囚われ〈納得できない〉自分が立ち現れて**おさまりきらなくなっ**てしまうのである。

桜さんの今には，心地いい場と存在を保証してくれる他者への揺らぎが現れていた。それは，居心地の悪さや，病気になっちゃったから苦労をかけているというような〈家族との関係に気後れを感じる〉**おさまらない語り**として示され，数年前のデイケアでは助けとなる同じ病気を抱えた仲間がいて〈汲み取られ，救われる〉体験を得ていたにもかかわらず，今は，病名もうそをついちゃっていて本当の自分として〈存在を保証してもらえる居場所がな〉くなってしまった**おさまりのわるさ**の綴りに表れていた。そして，自分から率先して動き出せない〈主体的には動き出せない〉自分や，〈無力感にさいなまれる〉自分の**おさまりきらない語り**をえぐるように示していった。

彼女の他者の目を意識した偽りの自己と本音の部分の自己との乖離の悪循環は，自分を臆病にし，自己感覚の確からしさすら危うくし，おさまりがつかなくなっていくかのようであった。そして最後に桜さんは〈過去の帰属から納得できる言葉を捜し希望につなげる〉綴りを**わりあてていった**。

図3をみると，桜さんのnarration 1とnarration 2のストーリー構成の大きな特徴が一つ見出せる。それは，その軌跡がほかと比べて単純であるという

2. 青年期を生きる精神障害者の主観的体験　179

```
narration 1のストーリー              narration 2のストーリー

発病前                                              わりあてていく
  ↓
                                                    わりあてていく
発病      おさまらない ⇄ わりあてていく
入院              ↓
退院            あずける
                  ↓                     わりあてていく
DC             共存する                        ↕
                  ↓                       おさまらない
                綴りなおす
作業所

現在と                               おさまらない ⇄ わりあてていく
これから
```

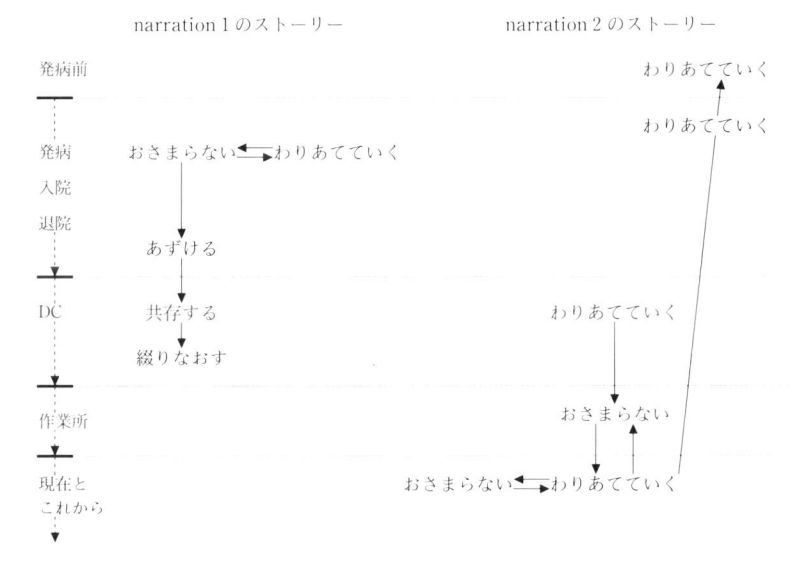

図3　narrationの軌跡3；悪循環の軌跡

ことである。桜さんのストーリーの基本パターンは**おさまらない**綴り方と一時的に**わりあてていく**綴り方の繰り返しという特徴をもっている。それゆえ，特にnarration 2に示された，過去から未来を貫く長い時間的な自己の統一のさせ方は，過去の因果の連なりとして過去に今の自分を帰属させ，わりあてていく綴りとして展開していた。つまり現在の病気である自分を語りつつも，常に病気をしたという事実との向き合い，病気・障害を抱えていた過去の自分，もともとその気があったという自分との折り合いのつかなさが見え隠れしているのである。

このようなストーリーの構成によって桜さんの「悪循環の軌跡」が描かれていた。

桜さんのnarration（物語）は，切なく苦しい思いに否応なくさらされる。narration 1では未来に希望を託した彼女であったが，その後のnarration 2では，未来は不安を掻き立てるものに変貌していた。障害受容のプロセスからみたとき，病気に負けていない自分を語ったnarration 1での桜さんは受容段階に達していたようにみえる。しかし，数年後のnarration 2において，それは

継続されず，仮の受容でしかなかったのかもしれない。narration 2 における桜さんの体験では，彼女は慢性的ともいえる悲哀のなかで，心地よい場を失い，混迷と悪循環のなかにいた。しかし，それでも必死に桜さんは生きようとしていることを見逃してはならない。

　障害受容のプロセスで重要なのは悲哀のプロセスであると考えられていたことはすでに序論で述べたが，見える障害である場合と違って，見えない障害を抱え，さらに状態が変化していく状況においては，悲哀は過ぎ去ったようであっても，繰り返しまた訪れるということがわかる。そして当事者はこうした今と，過去を背負った現実にどうにかこうにか対処していかねばならないのである。

　桜さんが生きてきた数年間の軌跡は，見える障害から導き出された障害受容段階プロセスからの悲哀の解釈と援助の組み立てではない新たなケアを求めるものであった。

　精神障害者のリハビリテーションに関わっていくとき，特に障害受容を問題にするときに，ケアの担い手である援助者はもう一度，彼女の体験に立ち戻り，何度も問いかけながら，再度，成長への助力として青年期を生きる精神障害者へのケアリングについて考えていかなくてはならない。

2.4.3. 桃さんの narration 軌跡分析から──過去の体験や病気をまとい，とにかく目の前の今を生きる

【narration 1】

データNo.	Nラベル	自己コード	綴り方カテゴリ
短大を卒業して就職したが長く続かず，嫌な思いを体験する			
N5-1-01	仕事は電話対応が悪かったり，嫌なこともあって自分から辞めては就職をした	さまざまな障害を納得させて生きてきた	わりあてていく
幻聴が始まりなんとかしたくて，病院へ連れて行ってもらう			
N5-1-02	幻聴の苦しみ，生活上の苦しみ，家族関係の苦しみをなんとかしたくて病院へ	幻聴の苦しさをなんとかしようと他者に頼る	あずける
服薬で幻聴はなくなるが，入院による集団生活は苦痛のまま退院へ			
N5-1-04	入院生活は居心地が悪く，強引にうちに帰ろうとしたら，牢獄に入れられた	他者に抑制される	あずける

2. 青年期を生きる精神障害者の主観的体験

	働けることは，病気治癒の証明		
N5-1-05	退院してすぐに働けたし病気は治ったと思っていた	病気は嫌なもの，治るもの，なくなるもの	帳消しにする
N5-1-06	働き出しては薬を止め再発して眠れなくなった	病気は治るもの，なくなるもの	
	まだ自分には病気が残っている		
N5-1-07	残った病気を治すための通院，服薬へ	何かに頼ることで楽になる自分を意識する	綴りなおす
N5-1-08	障害者としてでも働ける自分になろうと思う	何かに頼ることで希望をもつ自分を意識する	
N5-1-09	「退院」しても病気は病気なんだ	病気は治りづらいという振り返りをする	
	頼れるスタッフとの出会いと場を得る		
N5-1-10	励ましてくれる看護婦がいた	他者から元気をもらう	綴りなおす
N5-1-11	支え手であり理解者であるスタッフがいる		
N5-1-12	仕事がない，やることのない辛さがまぎれる時間つぶし	安心して自分をおくことができる場がある	

【narration 2】

データNo.	Nラベル	自己コード	綴り方カテゴリ
	自立，一人暮らしを過ごす		
N5-2-01	一人暮らしは楽だけど寂しい	寂しさとうつのなかに過ごす	わりあてていく
N5-2-02	家からは出るに出れない家庭環境だった	それでも家族と寂しくなく過ごしていた	
N5-2-03	一人で過ごす日常の暮らしはやっとやっと	寂しさとうつのなかに過ごす	
N5-2-04	寂しいときは電話の掛け合いっこをしておしゃべり	寂しさやうつを伝える	
N5-2-05	帰る場所や出会う場所がある	家族の絆を慈しむ	
	発病前から今の生活までを振り返る		
N5-2-07	事務の仕事で貯めたお金はあっというまに消えた	過去の営みを積み重ねていく	添える
N5-2-08	職場でも家でもストレスたまって病気が始まり11年	過去の病気の体験をなぞる	
N5-2-10	今は作業所だけど疲れちゃう	今の暮らしに身をおく	わりあてていく

今の暮らしをなぞる			
N5-2-11	薬は飲んでねと言われている	今の暮らしに身をおく	添える
N5-2-12	そしてアルコールはだめ		
N5-2-13	それでタバコやほかの飲み物をたくさん飲む		
N5-2-15	だけど入院はしたくない	譲りたくないところをもつ	綴りなおす
N5-2-16	旅行に行ったときビール飲んで朝方ボーっと外眺めてた	過去の暮らしに身をおく	
N5-2-17	立ち仕事は向かないけれどバザーは出てる		
N5-2-18	休むこともあるけれど作業所はみんな行けって言う	ありのままの暮らしに身をおく	添える
N5-2-19	なぜだかわかんないけど、今も波がある		
N5-2-20	普段の作業所の作業も疲れる		
N5-2-21	作業所に行ってると赤字だ		
N5-2-22	でも誘われるし通おうかな		
N5-2-23	でもやっぱり嫌な人だっているから作業所行くと疲れる		

　桃さんは narration 1 では発病前のできごととして，大学進学を諦めて短大に行ったあと，職を転々とした話から始めた。それは，病気こそまだ起きてはいないが，家庭の事情，職場の事情といった〈さまざまな障害を納得させて生きてきた〉桃さんの人生の始まりでもあった。

　やがて幻聴が聴こえ出し，家庭環境の苦しみも重なったとき桃さんは〈幻聴の苦しさをなんとかしようと他者に頼る〉という行動を選び，姉妹へそして病院へわが身と苦しみを**あずけて**いる。しかし入院生活は彼女にとって居心地のいいところではなかった。そして強引に帰ろうとしたときに抑えられ，暴れてしまい〈他者に抑制される〉体験をせざるを得なくなってしまったのである。やっと退院すると桃さんはすぐに働いている。〈病気は嫌なもの，治るもの，なくなるもの〉として**帳消し**にして過ごし，通院と服薬を中断しては再発を繰り返していたのである。このとき彼女は，「仕事ができるようになれば，病気は治ったものと思っていた」と言うように，自然と〈病気は治るもの，なくなるもの〉として対処していたのである。

そんな彼女の考えが変わっていくのは，2回の再発を経験しデイケアを利用し始めてからだった。桃さんは，「まだ病気が残っているのだと思う」と言い，病気を治すための通院と服薬の必要性を語り，「薬でずいぶん楽になった」と話している。こうして，〈何かに頼ることで楽になる自分を意識する〉こととなり，障害者として働く道として障害者職業センターの利用を考えて〈希望をもつ自分を意識する〉ことまでを**綴りなおし**ていっているのである。

退院しても病気は病気であることを改めて認識した桃さんは，以前の医師の「治るよ」という言葉を思い出しながら，〈病気は治りづらいという振り返りを〉し，**綴りなおし**をして折り合いをつけていくのである。

narration 1 では，彼女にとっての場の意味や他者の存在の意味の広がりが最後に語られ，デイケアスタッフや病棟看護師という〈他者から元気をもらう〉自分や，〈安心して自分をおくことができる場がある〉というような体験が**綴りなおされ**ていく。彼女はこうして病気という現実を潔く抱き込むストーリーを物語っていった。

しかし，4年近く過ぎたあとの桃さんの narration 2 では，少し病気との位置関係が変わりトーンが変わっていた。

全体のストーリーは**綴りなおし**ていくよりも，そっと輪郭を象っていくかのような**添える**筋書きが用いられていた。

桃さんは，最初に一人暮らしを始めた大きな変化について語り出した。それは〈寂しさとうつのなかに過ごす〉やっとやっとの毎日のさまを**わりあてて**，〈それでも家族と寂しくなく過ごしていた〉過去の暮らしを振り返ることによって示されていった。そして今は作業所の職員の助言もあって母親と電話の掛け合いっこで〈寂しさやうつを伝え〉，連休は実家へ帰ることや，母親の健康を気遣う〈家族の絆を慈しむ〉話や，作業所であったことなどのエピソードを並べていき，今の暮らしを桃さんは手を**添え**ていくように象っていった。

narration 2 で桃さんは，さりげなくさまざまなエピソードを話し，たいした意図性もなくただ並べていった。それは，発病前に，働いて貯めたお金をぱーっと使ってしまった話にみるように〈過去の営みを積み重ねていく〉語りであったり，病気が始まったころを淡々と〈過去の病気の体験をなぞる〉ように

語るものであったりした。

　「作業所に行くだけで疲れちゃうって感じ」という**わりあて方**で〈今の暮らしに身をおく〉桃さんであり，そのあとも今の暮らしの一コマ一コマを語っていった。薬のこと，アルコールのこと，健康のこと，を上げていくうちに，彼女は最後に，調子はそんなによくないけど，「入院したくないなって」とはっきりとした自身の意思を〈譲りたくないところをもつ〉自分として**綴りなおし**ていった。

　このあとも再び，途切れることなく，〈過去の暮らしに身をおく〉自分の姿と，〈ありのままの暮らしに身をおく〉自分の日常化した日々の姿を淡々と，一コマ一コマ送りで語っていった。その中身は今，今の暮らしの点描であった。それは決してばら色というのではなく，しかし真っ暗というのでもなく，ひたすら今が語られ，そして narration が終わっていった。

　桃さんのストーリーの構成は，ほかにはない大きな特徴がある。それは，**添えるという綴り方**が多用されているところから示される。具体的には，素朴な一コマ一コマのエピソードが寄せられていくことで，ある輪郭が浮かび上がってくるかのような語り方であった。

　narration 1 では，図 4 をみてもわかるように，病気はなかったものとしたストーリーからそれを潔く抱き込むストーリーへの展開があった。しかし，narration 2 では，障害受容や克服という大きな価値転換が語りとして明示されているわけではなく，障害受容とは程遠いストーリー構成である。ドラマティックなエピソードなど何一つないが，ただ淡々と調子の波に揺られながら，日常に身をおき，生きる桃さんの姿がここでは浮かび上がってきていた。そして，そのストーリー構成は，過去に遡って narration 1 よりさらに長いスパンで展開していたのだ。

　彼女は病気になってかれこれ 11 年である。病気や障害は決して快いものでも，心地よいものでもなく，相変わらずわが身を苦しめるものであるが，この闘病の歳月が結果として身になじんだものとして，日常化していく，そんな暮らしと対処があるのではないかと，そしてそれにともに寄り添うケアのあり方もあるのではないかということを，桃さんの narration は示唆していると思わ

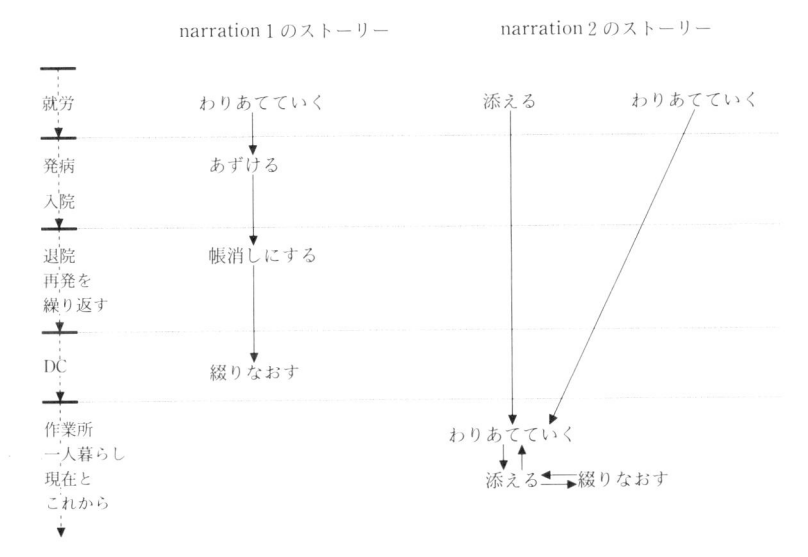

2. 青年期を生きる精神障害者の主観的体験　　185

```
              narration 1 のストーリー      narration 2 のストーリー

就労           わりあてていく          添える        わりあてていく
発病
              あずける
入院

退院           帳消しにする
再発を
繰り返す

DC            綴りなおす
                                    わりあてていく
作業所
一人暮らし                            添える ←──── 綴りなおす
現在と
これから
```

図4　narrationの軌跡4；日常化の軌跡

れる。

2.4.4. 杉さんのnarration軌跡分析から──病気はなくならないし始末できないけど，我慢せず楽な自分になろうと試みる

【narration 1】

データNo.	Nラベル	自己コード	綴り方カテゴリ
やっぱり病気なのか？　と繰り返し問い続ける			
N8-1-01	よくわからないけどいきなり気絶して倒れてしまった	病気になるまでが納得しきれない	おさまらない
N8-1-02	学校は人間関係に押しつぶされた感じ	外界に押しつぶされる	
N8-1-03	病気なんだからと言われて反抗する	外界に対して抵抗する	
N8-1-04	保護室から出してもらうために妥協して大人しくした	外界に押しつぶされる	わりあてていく
N8-1-05	大人しくなることが退院すること？		
N8-1-06	病気だからと言われても実態がわからない		おさまらない
N8-1-07	元気になって友達と会いたかったけど，病気だったから止められた	動きを止められ病気を意識する	わりあてていく

病気は過去に隠す

データNo.	Nラベル	自己コード	綴り方カテゴリ
N8-1-08	妙に心落ち着いた日々になる	外界との交渉に身をおく	帳消しにする
N8-1-09	病気は隠す	外界に身をおく	
N8-1-10	病気が隠れる	外界との交渉に身をおく	
N8-1-11	それでも思い出される病気	今を正当化できない	おさまらない

薬を飲んでも病気は隠れない

データNo.	Nラベル	自己コード	綴り方カテゴリ
N8-1-12	精神科が信用できなくなる	再び抵抗する	わりあてていく
N8-1-13	薬を飲むことだけしかないのか？	対処を言い聞かせる	
N8-1-14	薬は効いているのかわからない		

自分も治療・看護におけるやりとりに関わる

データNo.	Nラベル	自己コード	綴り方カテゴリ
N8-1-15	自分で納得して入院した	納得できる過去の体験をもつ	綴りなおす
N8-1-16	担当看護婦さんがしゃべりかけて元気づけてくれた		
N8-1-17	過去の強制治療体験の納得への試み	過去の体験を捉えなおす	
N8-1-18	自分がしっかりしてないから不安で薬をもらった	主体的に関与した過去をもつ	

自分は大丈夫って思えるようになりたい

データNo.	Nラベル	自己コード	綴り方カテゴリ
N8-1-19	長く見て大丈夫にならず再発は怖い	今の正当化を目指したい	共存する
N8-1-20	病院に頼ることと病気と思うこと、とは違う	一人の悩める人間として意識していく	

【narration 2】

データNo.	Nラベル	自己コード	綴り方カテゴリ
感謝の気持ちは自分を楽にする			
N8-2-01	副作用で大変でやけになったけどよくなってくるとありがたさがわいてきた	今が正当化できる	綴りなおす
N8-2-02	自分だけと背負うのではなく、周りに感謝すること	自己と他者に寛容になる	
過去の辛さが織り重なって気持ちが荒れていた			
N8-2-04	他人の世話になって待つしかなかった	事態に対する無力さに打ちのめされる	おさまらない

N8-2-05	昔の辛かったことも重ねて今を過ごしていた	消化しきらない過去のなかに生きる	おさまらない
自分だけでがんばりすぎるほう			
N8-2-06	病気でできなかったことを取り戻そうとがんばりすぎていた	過去との辻褄を合わせることができない	おさまらない
N8-2-07	完璧主義で一所懸命だった	違う辻褄の合わせ方に気づく	わりあてていく
表面を取り繕ってなんとか過ごしていた			
N8-2-08	元気がなくて世間一般にすがることでなんとかやってた	世間一般の考えに寄り添ってみる	あずける
N8-2-09	取り繕いながら生活に追われる	世間一般の考えに任せる	
学校生活に自ら終止符を打ち切り替える			
N8-2-10	このままじゃだめだと退学を決断する	自分の考えで行動する	帳消しにする
N8-2-11	今までを振り返って学校の意味を考えた	過去を糧に今を立ち上げる	綴りなおす
病気はなくならない			
N8-2-13	病気のもとは病院にあるというのも，無茶がきかないというのも本当	病気がそこにあるのは感じる	添える
N8-2-14	病気はウイルススキャン，悪いことばっかでもない	病気に役割を与える	共存する
我慢することばかりから自由になってきた			
N8-2-15	解放感からいろいろ手を出すようになった	自分から動き出す	
N8-2-16	人間関係のためになることもできた	自分から動き出し吸収する	添える
N8-2-18	我慢せず自由に人と話せるようになってきた	自由な人づきあいへ変わる	綴りなおす
N8-2-19	不安があっても，これからもなんとかなると思える	未来に期待をつなぐ	
自分に寛容に楽に考えたい			
N8-2-21	自分が変わるのでなく，自分を許せるような……	痛みを捉えなおす	
N8-2-22	自分をやわらかく受けとめたい	自分をやわらかく捉えなおす	綴りなおす
N8-2-23	でも楽ばっかりじゃだめでちゃんと考えたい	自分をやわらかく創ろうとする	
N8-2-24	白い部分も黒い部分もどっちも人はあっていい	自分の輪郭を象っていく	添える
N8-2-25	気楽に手荒なぐらいの自分を過ごしたい	余裕を保つ	綴りなおす

杉さんにとっての「病気」は突然，理不尽にやってきていた。それは nar-ration 1 で詳しく語られた。彼にとっての「病気」は，学校こそ「人間関係で押しつぶされたかなー」という印象があっても，入院するまでのことは，はっきりとした理由はわからないまま，急に倒れて〈病気になるまでが納得しきれ〉ずに，気がついたら保護室にいたというような経緯で始まっている。それは，「病気なんだからここにいなさい」という看護師に反抗し，病気を突きつけてくる〈外界に対して抵抗〉してもなお，**おさまりきらない体験として語られ**ている。
　保護室で「暴れまくっていた」という彼は，保護室から出るためだと**わりあてて**自分に言い聞かせて，病気とは思ってないけど，病気じゃないから出してと言うのをやめて妥協して大人しくしたという。彼の人間性は，こうして「人体実験でもされている」ような気持ちにおとしめられ〈外界に押しつぶされ〉ていった。
　この「病院体験」は彼の未来の希望を一つ一つ奪っていった。一つは高校進学であった。「病気だから」という理由で彼は高校進学を止められ，次には友達と会いたいという思いも止められた。こうして〈動きを止められ病気を意識〉せざるを得なくなり「やっぱり病気だったのかな」と**わりあてて**いくようになったと杉さんは語っていた。
　退院したあとの杉さんは，「妙に落ち着い」た日々を送り，自分の成績を受けとめ，家庭教師と勉強をし〈外界との交渉に身をおく〉ことができるようになっていた。しかし〈外界に身をおく〉ようになると，病気は隠す生活となり，以前の過去を**帳消しにする**生活になっていた。それはほどなく，通院を止めることによってより隠しやすくもなったのである。それでも，彼は，「なぜ？自分がこんなふうに？」という思いをぬぐうことができず，〈今を正当化できない〉ことに苦しみ，**おさまりきらない悲哀に暮れていた**。
　進路選択を前に再び「落ち込ん」で通院を始めた杉さんだが，このときは医療不信が生じ，〈再び抵抗〉を試みたり，服薬の効果も理解しつつわりあてていきながらも，信じ難くもありという葛藤が生じている。不信を抱えながら受診をし服薬するというような〈対処を言い聞かせ〉，自問自答する時期であっ

2. 青年期を生きる精神障害者の主観的体験

たのだろう。

　しかし後に，自分の意思で入院を決定することをとおし，彼はようやく〈納得できる過去の体験をもつ〉こととなるのである。このときの「病院体験」は初回の入院とはまったく違って，いろいろ話すなかで「元気づけられ」る体験だったと彼は回想していた。ここで初めて杉さんは過去をおさまりよく**綴りなおす**ことが，できていったのである。それは，初回の「病院体験」のおさめどころにも寄与し，彼の〈過去の体験を捉えなおす〉ことを可能にしていった。ここからようやく杉さんは主体的な自分を綴るようになっていく。大学に入ってからも自ら受診行動に出ていくようになり，〈主体的に関与した過去をもつ〉自分の語りの**綴りなおし**を行っていったのである。

　こうして最後に杉さんは，病気に対する切実な思いを語っていった。それは，再発の怖さを抱えながら「長く見て大丈夫だって」思えるようになりたいと言い，自分に対して〈今の正当化を目指したい〉という期待と希望を語るに至った。そして病院に通う自分を〈一人の悩める人間として意識してい〉き，「病気って定義」されることの抵抗感を示し，病院で非人間的扱いを受けた病気である自分を，遠ざけて距離をとることで**共存させ**ていった。杉さんは「普通の人」の枠内に自己をおき，大丈夫な自分に期待を寄せていくことで，病気と定義されてきた自分を抱えようとしていたのである。

　narration 2 までの間の杉さんの生活は決して大丈夫な世界ではなかった。しかし，冒頭で彼は，「感謝の気持ち」が自分の気持ちも楽にすることを話し出し，〈今が正当化できる〉自分の姿を映し出し，自分にも，他者にも〈寛容になる〉ことができていったエピソードを**綴りなおす**ことから始めていった。

　薬の副作用でほとんど寝たきりのようになって苦しんでいたとき，彼は他者の世話になるしかなく，〈事態に対する無力さに打ちのめされ〉ていた。そして昔の辛かったことを思い出して，〈消化しきらない過去のなかに生きる〉自分が**おさまらず**に今になって「とげ」になって現れてしまっていたことを話し出していった。うまくいかなかった学校生活と〈辻褄を合わせることができ〉ず，杉さんは自己内省を進めていった。そのなかで，ようやく「完璧主義っぽい」自分に思いあたって，一つの落ち着きどころを自身に**わりあて**，〈違う辻

褄の合わせ方に気づ〉いていったのである。

　高校時代の杉さんは，元気がなくて自分がしっかりしてなくて，〈世間一般の考えに寄り添って〉すがるように，取り繕って**あずけて**生きてきたと反芻していた。こうした過去を断ち切ったのは，彼が大学の退学を決意したときであった。このときに杉さんはそれまでの過去を**帳消しにして**，〈自分の考えで行動する〉選択をしたのである。「このまま，同じこと繰り返すのはもういいなあ」と〈過去を糧に今を立ち上げ〉ようとし**綴りなおし**を始めたのである。

　彼にとっての病気の位置づけを再び尋ねると，杉さんは一番最初の病院体験を病気の原因におく考えはなくならないし，ごみ箱にクリックできるものじゃないと話した。でも〈病気がそこにあるのは感じる〉という**わりあて**を行い，どうにもなくならない存在として病気にウイルススキャンという〈役割を与え〉悪いことばかりでもないとして，共存させていった。

　自らの決意で退学をしてからの杉さんの生活は，大きく変わり，解放感がもたらされ，〈自分から動き出す〉ことを可能にし，人づきあいの機会が増えていったという。具体的なエピソードを**添えて**杉さんは今の自分の輪郭を語っていき，次に〈自由な人づきあいへ変わ〉っていった自分や，明日がある，って〈未来に期待をつなぐ〉自分がいることを**綴りなおし**ていった。

　彼は，かつては完璧に自分に厳しくあたっていただけに，今ここでようやく，自分に寛容に許容し，〈痛みを捉えなお〉し，〈自分をやわらかく捉えなおす〉，〈創ろうとする〉**綴りなおし**をしていった。杉さんは，自分の好きなミュージシャンの歌詞を引き合いに出しながら，人間の裏と表両方を包み込む自分という器を，〈輪郭を象っていく〉ように話していった。そして，気楽な手荒なぐらいに過ごせる〈余裕を保つ〉ことのできる自分でありたいと杉さんは最後に**綴りなおし**ていった。

　杉さんのストーリーの構成は図5をみるとわかるように，narration 1 も narration 2 も基本的なパターンとしては変わっていない。それは，どちらも時期こそずれているが，自らの意思で入院を決定したり，退学を決定したりしたことを契機に，自分を取り戻していくストーリー構成である。また，それは病気の位置づけにもみることができる。つまり杉さんは，病気を否定するでな

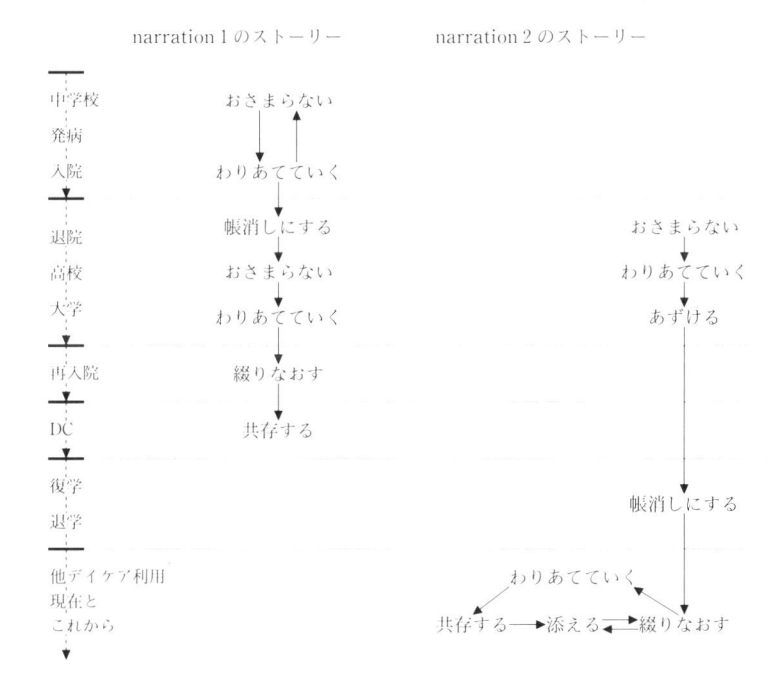

2. 青年期を生きる精神障害者の主観的体験　191

```
narration 1 のストーリー        narration 2 のストーリー

中学校          おさまらない
発病               ↕
入院           わりあてていく

退院           帳消しにする           おさまらない
高校           おさまらない           わりあてていく
大学           わりあてていく         あずける

再入院          綴りなおす
DC            共存する

復学
退学                                帳消しにする

他デイケア利用       わりあてていく
現在と           共存する→添える←綴りなおす
これから
```

図5　narration の軌跡 5；所有の軌跡

く，取り込めるほどに嫌さ加減を払拭することができるものでもなく，しかしある名づけ(病院に頼るということ，ウイルススキャン)を行うことで，身のうちにおき，**共存させる**ことで落ち着かせているのである。ここでの共存のさせ方は，病気を敵視せず，悪いことばっかりでもないといったおき方である。そしてもう一つの特徴は，他者への感謝と自分への寛容が自分語りのなかに示されているところである。こうして彼は，ミュージシャンの歌詞などもちだしながら自己の輪郭を象り，所有する自己を育てていこうとする語りを最後に展開してみせたのである。杉さんには，このように「病気」を許容できる範囲で位置づけて，所有していこうというような共存の姿がみられた。

　一方，narration 1 と 2 においてどうにも変わらないのは，やはり発病期の病院体験である。ここに至る過去の**綴りなおし**は，なかなか容易には彼のなかで生起しない。

それは，彼にとっての最初の「病院体験」が，心的外傷となっている所以ではないかと思われる。この最初の「病院体験」は彼にとって非人間的な扱いを受け，意思の発動が否定され，主体性が殺がれていく体験であったことが推察される。

　杉さんは，自分が病気だとは思いたくないと言う。そういう名づけはしなくてもいいじゃないかとも言っている。障害受容段階論でみたときには，こうした病気の位置づけ方の場合，杉さんは受容段階には達してはいない状態として評価されるであろう。

　しかし，彼はそのなかにあって，他者にも自分にも寛容な自己の器を作り出し，気楽に生きていける主体的な自己を育てていこうという回復過程を歩んでいた。

　彼にとって必要なのは，障害受容ではなく，心的外傷からの回復ではなかったのか，そうした問題提起がここからは導かれるのである。

2.4.5. 4名のnarrationにおける体験の綴り方分析をとおして

　竹さんは，発病時の混乱や症状の再燃をとおして，あらざる自己とも向き合いながら，一貫して連続性を保ちながら変わらずに存在する自己の輪郭を顕にしていき，narration 2では，寛容な他者の発見と気づきとともに，ひょっとしたら病気をしたこともよかったことかもしれないと言って，過去を**綴りなおし**，現在の自己の確からしさ，充実感，そして未来予測が可能なほどに，自己存在の確かさ感(self-awareness)を構成し信念を形成するに至っていった。これを「和解の軌跡」と示したわけであるが，竹さんの2つのnarrationの軌跡は，他者との和解としての障害の相互受容と自分との和解という意味での価値観の転換がもたらされており，障害受容の過程そのものとして解釈できる。しかし，決してその道のりは平坦なものではないことも示されていた。そしてその**綴りなおし**の作業は絶えず行われていくものでもあることが明らかになった。さらに障害受容の過程になぞらえるならば，竹さんのナレーションは，それを超えて未来への期待をも含んだ**綴りなおし**である点が，新たな発見であった。

　ほかのnarrationからは，病気や障害を抱えて生き抜いていくときのさまざ

まな状況と対処努力の姿が示されていた。桜さんの「悪循環の軌跡」は，narration 1 で一度おさまりのついた障害体験であろうとも，自身の症状が変わったり，状況の変化によっては，無力化への悪循環へと，再び語りは深刻化してしまい，悲哀の慢性化へ陥ることがあることを示していた。narration 2 では，成長していない自分に引け目を感じると言い，だけど病気はなんともなくなってきた，と**わりあててもちなおそうとしても**，再び病気に負けている自分はだめ，精神力の弱い自分はだめというように，体験を**おさめきれずに**自分を責め続けてしまっていた。桜さんは行きつ戻りつ，病気に負けていない自分，負けてしまっている自分との間を行き来し，どうにも**おさまりきらず**，翻弄されていた。

彼女にとっての未来は希望を託すものでもあるが，不安を掻き立てるものでもあり揺れ動いていた。そして彼女は医者に祈るように，自己を**あずけてみた**り，かろうじて保つことができる自己を搾り出したりして，自己の体験を綴り構成していた。彼女の困難な道のりは，病気をしたときから自分は成長していないような気がする，と呟いたことに象徴されるだろう。つまり彼女はどうしても過去の病気に苛まれた体験を，自己の体験として現在に至る時間の流れのなかに組み入れることができずにいたのである。しかし，一方でめぐりつづけながら織り重なる綴りは，彼女が必死に今を生きようとする姿そのものでもあった。

病気の事実を多くの人に伏せて生きている桜さんは，この過去を織り込んで現在につながる自己の物語をぶつける他者の資源（存在）が乏しい状況に身をおくことになってしまっている。彼女の narration からは，そのようなプロセスに添う他者が資源として，つまりケアの担い手が機能することの必要性が導かれてくるだろう。そして，同時にそうした資源を得ることの困難さも導き出される。

桜さんの narration の軌跡からは，精神疾患，精神障害を抱えるという主観的体験のおさめようにも，おさまりきらない，どうしようもない苦しさが，数年経った後においても何度もよみがえってくるという事実と，それへの対処のしんどさが伝わってくる。

彼女のnarrationからは，個人の心のもちようとして性急に障害受容過程を描くことの限界が示され，見えない——とりわけ言葉にして表現することなしては見えない障害における障害受容過程の課題が提起されているといえるだろう。

　次に，narrationは未掲載であるが，松さんについて述べておきたい。
　松さんのnarrationでは，ユニークな対処努力のスタイルが示されていた。松さんは，narration 1では病気を**帳消し**にして働くことから，障害者として生きることを**綴りなおし**ていた。しかし数年後，就労を経験した松さんはnarration 2で，病気をしたという事実に対する嫌さはなくならない，と断言した。松さんは決して受容などできないと言っていたのである。松さんは健康な自分と病気に対して，警察と犯人という**わりあて**をしてそれらを**共存**させるかたちで，健康な自己という存在の確からしさを補強していた。健康と対立し矛盾し競合する病いを抱えることのできる強い自己を育てて，自己の体験を構成するnarrationを松さんは展開していた。

　松さんは，普通の人と変わらない話をすることで，普通の人と同じ感覚がもてることを強調した。それによって，病気のことを忘れ健康的な強い自己を有力化する対処を行って，異物としての病気とともに**共存する**という綴りを展開させていた。そしてこれこそが松さんの現実生活とのおさまりのいい折り合いのつけ方だった。この普通の話を普通にすることが，病気を忘れさせ普通の感覚をもたらし安らぎにつながるという松さんの綴りは，障害受容ではないが，普通の人と同じという効力感を保ち続けて生きるという対処努力を新たに示していた。

　杉さんもまた，病気や障害は決して友達ではなく個性でもなく，忌まわしい病院体験から生じる異物であった。
　杉さんにとって病気が異物であることは，narration 1においても2においても同様ではあったが，narration 1では，病気と名づけることにさえ抵抗した。しかし，彼のユニークさは，narration 2においてその異物＝病気を対処可能なものとして，それにウイルススキャンという名づけをしておきかえて**わりあてている**ところである。杉さんは，病気について悪いことばかりでない，

と言って，彼なりにおさまりのつく**綴りなおし**を行っていたのである。そして薬の副作用で調子を崩した時期を振り返りつつ，そのとき，周りの人へ感謝する気持ちを**綴りなおし**ていったことや，我慢せずに自由に人と話せるようになってきた自分を感じるエピソードを**添えて**いきながら，寛容に楽に考えることができるようになっている自分を綴っていったことも彼のユニークさとなっていた。

　杉さんの自己と体験のおさめ方もまた，障害受容とは違っていた。杉さんは「所有の軌跡」を示していたわけだが，おきかえる対処によって自分じゃない自分も「所有」するかたちで，精一杯に自分を綴っていたのである。

　桃さんは，ほかの誰にも見られない対処努力のスタイルを示していた。彼女は2回の再発や再入院の繰り返しのなかで，病気や障害を身にまとい，やっとやっとの暮らしを支えていた。それは「日常化の軌跡」として示された。

　彼女の体験もまた，障害受容とは外れたものとして見なされるだろう。narration 1 では，桃さんは病気を**帳消し**にして通院・服薬を中断しては再発を繰り返してきた過去から，潔く病気であることを抱き込んで**綴りなおし**ていったが，入院をはさんだ narration 2 では，より淡々と病状の波に揺られ，そうした日常に身をおき生きていく，そんな対処といえるようないえないようなスタイルを示していた。「克服」というほどの転換ではなく，安定といえるほど平穏でもなく，否応なく闘病の歳月が身になじんで日常化し，そっと手を**添える**ようにぼんやりと自己の体験に輪郭を象るかのような対処であった。そして彼女の日常の暮らしは確かに，そこに，ある，というエピソードを添えて綴られていたのである。

　長く患い病状が進行することすらある慢性疾患を抱えて生き抜く人へのケアリングを考えるとき，桃さんのように細く長く揺らぎつつ続いていく対処努力のあり方も一つのモデルになると考えられるのではないだろうか。

　ここまで辿ってきたように，自己の体験の構造は5人5様の展開ではあったが，もう一方で，そうした多様な自己の体験を構成し構造化するときの綴り方をみていくと，そこには7つの綴り方——〈おさまらない〉，〈帳消しにする〉，

〈あずける〉,〈わりあてていく〉,〈共存する〉,〈綴りなおす〉,〈添える〉——が共通して見出されてきた。そして，これら7つの綴り方には，それぞれに困難を抱えたときの当事者自身のとりくみや対処，そして他者への問いかけや望みが含まれていた。

　それぞれの綴り方にあるおさめ方のプロセスは，決して単純なものでも固定的なものでもなかった。また，数年後に行った narration との比較でみていくと，それは同じ時期の語り（récit）であろうとも綴り換えが行われていたのである。

　あえておおまかな流れを示すとすると，まずは，自己のおさまりどころが定まらず，あらざる自己の体験を扱いかねるような〈おさまらない〉体験の綴りから始まって，当初の自己のおさまり具合としては，〈帳消しにする〉,〈あずける〉体験の綴り方が用いられていた。そして一時的に〈わりあてていく〉作業によって，名づけされ帰属先が見つかると，〈共存する〉,〈綴りなおす〉という一つの体験の構造の帰着点を示すような継続性をもった体験の綴りへ移っていくという流れがあった。また，〈わりあてていく〉体験の綴りでなくとも，〈添える〉体験の綴りや〈綴りなおす〉体験の綴りへの流れも示されていた。

　しかし，それは直線的な流れでは決してなく，行きつ戻りつ，循環しながら積み重ねられていくものであった。そして大きな筋書きも決して固定化はせず，数年後には違った narration の構成となることもあり，常に変動するものでもあった。また新たな状況の変化や病状の変化などによって，慢性的に〈おさまらない〉体験の揺れ戻しに陥ることもあった。

　ここで示された体験の綴り方の構造とその流れ，narration としての大きな筋書きには，一定法則があるわけではなかった。ただ，〈おさまらない〉体験の綴り，つまりは，矛盾する，ほころびの生じた，おさまり具合の悪い自己の体験の気づきが，次の自己の体験の綴りを生成しているということは，はっきりと示されていた。

　次に次節で，見出された7つの綴り方について，それぞれの特徴を整理し，ケアの視点を導き出していきたい。

2.5. 7つの綴り方の特徴分析

〈おさまらない〉

　〈おさまらない〉というのは，自己のおさまりどころが定まらない，所在の定まらない，不安定な状況のnarrationから見出されたカテゴリである。

　この綴り方は，当然ではあるが，発病段階や再発におけるnarrationには，必ず示されていた。たとえば，竹さんであれば，高校に入ったときの違和感から始まって，ひきこもるようになったとき，まったく何が起こっているのかすらわからず，「苦しいとも言えなかった。苦しいとは思わなかった，でも，苦しんでるんです」という，状況の綴りに現れていた。杉さんにとっては，突然気を失って，気がついたら保護室だったという病院体験や，薬の副作用の出現による苦しみなど，自分では納得のしきれない，到底言葉では正当化できない，どう自己の体験として位置づけたらいいのか，さっぱりつかめない〈**おさまらなさ**〉でもあった。

　桜さんの悪口言われてるような，脳みそがしびれるような感覚が綴られているときの〈**おさまらなさ**〉は，起こっているできごとが言葉にはなるし，わかってはいるけど，それは抱えようとしても抱えきれない苦しみとして示されていた。

　〈おさまらない〉綴りには，このように，大きく二分され，言葉にならない捉えどころのない〈**おさまらなさ**〉と，言葉にすることができてしまうからこそ生じる〈**おさまらなさ**〉があるようだ。どちらにしても自己の体験としての関連づけが困難で，位置関係が定まらず，距離感がつかめず，ひとり立ちすくんでいる様子が浮かんでくる。

　〈おさまらない〉綴り方の特徴は，桜さんのように孤立化し他者から切り離されていく体験として示されていたり，竹さんのように「急に現実を見たっていう感じで，気持ちが焦って」いくというような，自己内の矛盾や乖離の綴り方として現れるもの，そして杉さんが過去となった病気を思い出しながら，なぜこんなことになってしまったのか？　と涙するような時間的文脈のなかでの

おさまらなさが，あげられる。社会的な文脈のなかでのおさまりの悪さは，各々に随所にみられるが，たとえば竹さんが病院に行きたいと思いながらも，偏見を感じ受診までは抵抗があったという語り (récit) に如実に示されていた。

このように，さまざまな言葉に置き換えられるからこそ生じる〈おさまらない〉綴りにみる，自己内界の矛盾や乖離は，これまでの日常と，現在とこれから予期される日常との，社会的，時間的文脈のなかでのきしみともなり，個人にとってはおさまりがたい相当な苦しみであることも伝わってきた。

〈おさまらない〉綴りにおける時間的特徴は，一過性のものであり，次には必ず何かしらのおさまりをつかむ綴りへ移っていくものであった。つまり〈おさまらない〉体験の綴りは，矛盾する，ほころびの生じた，おさまり具合の悪い自己の体験の気づきによって，何かしらおさめどころを探るための自己の体験の綴りを，次に生成していたということである。しかし，桜さんにみるような慢性化した悲哀のかたちで繰り返し堂々めぐりとして現れることもあった。

終わりのない堂々めぐりの渦のような〈おさまらなさ〉には，また，前の状態に戻るんじゃないかという恐怖，いわば，再燃恐怖の苦しみも伴っていた。再燃恐怖は，現実においては，まったく何事も起きていないにもかかわらず，この状態がずっと続く確信をもてず，未知の未来を想定したときの根拠のない予期不安である。過去のみが動かぬ事実であり，コントロール可能なはずの現在から未来へのおさまりがどうにも悪い現在化の不成立ともいえる，恐怖の連鎖がここには存在していた。こうした連なりから，何かしらのおさまりをつかむ綴りへ移るとき，果たす他者のはたらきは非常に重要であった。

〈おさまらない〉体験の綴りにみる他者は，ずれやほころびが顕になる他者である一方で，孤立化した自己が自身の存在への気づきを模索する過程で他者を求めていることも示されていた。

〈帳消しにする〉

〈帳消しにする〉とは，病気をした事実はなかったこととして，過ごすことができる「夢」を描くことであったり，病気はすっきり治り，風邪と同じことで，なんともなくなってしまえば忘れてしまってよい事実として，始末すると

いう筋書きのnarrationから見出されている。つまり病気や障害を「異物」として消去したり忘却することでおさまりをよくし，安定化を試みるおさめ方である。竹さん桃さんのように，服薬や受診を中断するというのは，病気を帳消しにするという典型的な例である。桃さんは働ければ治ったってことなんだ，と，早々に仕事につき，病気は嫌なもの，治るもの，なくなるもの，として通院服薬を中断していた。

〈帳消しにする〉体験の綴り方は，いわば，自己の体験として関連づけない，位置づけないおさめ方と言い換えることができる。しかし，この綴り方はどのnarrationでも一時的な用いられ方で終わり，すぐにほかの綴り方にとってかわられていた。

綴り方の特徴としては，まったくその過去をなかったことにすることで，その因果に引っ張られない現在と未来を改めてポジティブに構成しなおせるというはたらきが見出される。つまり過去の自己（未来を語るときの現在の自己も相対的には過去の自己となる）を帳消しにして現在の自己，未来の自己の希望を構成する綴り方となっていた。

narrationから明らかなのは，こうすることによって就労が可能になったり社会生活が拡がっていたという事実である。つまり，こうした体験の綴りにみる対処がもたらすものとしては，憂いを断ちエネルギー消耗を防ぐ役割があるといえるのではないだろうか。

そして〈帳消しにする〉体験の綴りにみる他者は，効力感をもった自己の存在の気づきをもたらす役割が求められていた。

〈あずける〉

〈あずける〉では2つの意味が見出された。

一つは，病気をした自分であるとか，生きづらさを抱えている取り込み難い自分，あらざる自己の存在事実に対する自己関与を放棄し，自己効力の及ぶものと及ばぬものの分離をし，及ばぬものに対してはたとえば医師に託すというような，いわば，体験を構造化する際，主体性の棚上げをするという筋書きである。ここでは，生きることを放棄するのではなく，桃さんのように，幻聴の

苦しさをなんとかしようと他者に頼るかたちで，家族や病院へわが身の苦しさをあずけ救い出す綴りや，桜さんの医者を信じてがんばるという，病気治癒を願い，治癒努力を維持させる綴りにみるように，逆に，他者へあずけることにより，間接的に治癒努力を維持させる機能をもっていた。

　第二の意味は，棚上げではなく，自己の効力の限界をつかんだうえでの，助力の要請というおさまり具合である。これは，自己の確からしさの信念のもとに，積極的な自己関与によって信頼できる他者を頼るという対処の綴りである。竹さんは自己の体験を信念の形成にまで高めたうえで，誰かに頼ることについて，わが身をゆだねる体験の心地よさを漂わせながら「なんかいるだけで，助けてくれる」安心感やありがたさを示していたのである。

　信頼をベースにした積極的な意味合いにおける〈**あずける**〉綴りと，間接的な消極的な意味合いにおける綴りとの2極が，narration から見出された。ここで重要なことは，どちらも，生きることを選んでいるからこその位置づけであり，それは，自分のぎりぎりのところでの選択であるか，余裕のなかから生じる選択であるか，そのどちらにしても，自己保全的な意味をもって現れていた。

〈わりあてていく〉

　〈わりあてていく〉は，自己の体験に，何かしら言葉を，意味を付与することができ，あるおさまりどころを，とりあえず構成する作業が行われている語り (récit) から導き出されたカテゴリである。

　この体験の綴り方は自己による体験の自律的，主体的な関連づけによって行われているが，あくまでもとりあえず，一時的な綴りであり，過去・現在・未来の時間的文脈が織り込まれるものではなかった。そして，〈**わりあてていく**〉体験の綴り方は，5名の調査協力者すべての人が用いている体験の綴りであった。

　綴り方の特徴は，一つの解釈であり，正当化，言い聞かせという機能をもっていた。たとえば松さんは，narration 2 でほんとの病気に立ち向かう体験の綴りや，ほんとの病気を取り締まるという綴りによって，主体的に病気に対し

て,「犯人」という名づけをし,おさまりどころを得ようとしていた。桜さんは病名を聞かされこれから服薬と通院を続けていかなくてはならない現実を飲み込んでいかなくてはならなくなったとき,病気を背負っていくことを言い聞かせるように,さまざまな言葉を〈わりあてて〉語っていた。narration 2 では調子を崩して作業所を辞めてしまった自分を語りながらも,「成長してないのかな。病気のほうは,脳のほうがなんともなくなってきた」と,成長してないけど病気のほうはなんとかしている,と〈わりあてて〉一息入れていた。「デイケアでいろいろ助けてもらったから,今までこうやってこれたのかもしれないです。仲間がいたってゆうか」と言うように,過去に今の自分を帰属させ,元気だった過去に自分をおいて力を得ようとしたりもしていた。一方で,杉さんは,わけもわからず入れられた保護室で,病気だと観念したわけではないが,とにかくそこから出してもらうために,大人しくなることを自分に〈わりあてて〉言い聞かせ,妥協させていた。

このように,この機能は,ひとまずの気楽さや,息苦しさのさなかのほっとした息継ぎを生む役割,もしくはひとまずの現実適応を為すものであることが示されていた。

しかし,過去に従属させた因果から現在を綴りなおす語りでも,自責感の強さゆえ,〜だからだめなんだ,という責めの筋書きとして綴られる場合は,すぐに〈おさまらない〉体験の綴りに引き戻されていった。

したがって〈わりあてていく〉体験の綴りにみる他者は,自分自身(時間)のなかでまたは,社会との関係においてひとまずのおさまりどころとして位置づけを試みるはたらきをなしていた。

〈共存する〉

〈共存する〉体験の綴りは,起こっている事態に対する言葉化と,ある意味付与を前提にしたうえで,自己の体験のなかに異物として留め置くときのおさめ方として示されていた。杉さんや松さんの narration における,病いの位置づけがその典型である。

松さんは,病気と健康な自分に対して犯人と警察という名づけを行っていた。

松さんは普通の人と変わらない自分，そして相容れられない病気の自己の部分にもわりあてをし，そのうえで，それを，そのままに留め置く，もしくは，矛盾したまま留め置くという作業を行っていた。それは，病気を抱えつつ，普通の人と同じという感覚をもつことであり，普通の人と変わらない話をしながら，病気と認定されることの嫌さかげんを解消するようにして，ほころびを作らないようにする対処努力の試みでもあり，かつ，そうすることのできる健康な主体的な自己を創り育てていく機能をもつものでもあった。

杉さんもまた，最初の入院体験こそが病気の原因だ，という考え方は残したままでも，他者への感謝の気持ちを綴りながら，病気はそう簡単に削除できるものではなく，それがそこにあるのは感じつつ，病気に，ウイルススキャンというような〈役割を与える〉ことで，「悪いことばっかでもない」ものとして所有するような共存のスタイルを示していた。

したがって〈**共存する**〉綴り方の特徴は，松さんや杉さんのような共存や所有の筋書きに典型的にみられ，かつそれは支持的に存在を保証する他者，安全をもたらす他者を必要としていたともいえる。

〈綴りなおす〉

〈**綴りなおす**〉体験の綴りは，おさまり具合のいい，話の落ち着きどころを得た narration から導かれた綴り方カテゴリである。

特に，典型的なものとしては，松さんの障害者として生きていくとか，竹さんの病人として生きていくというように，現実的に向き合い，過去を織り込んで自分を語る綴りや，過去を現在から期待の道のりとして捉える綴りとして，自分との折り合いがつきがたかった，過去や，現在の事実との向き合い方が関連づけられて言葉となって綴られていく筋書きであった。

それは，時間的文脈のなかでさまざまなできごとが関連づけられていくプロセスでもあり，多分に折り合いがつきがたいからこそ，自分のなかにつながりを作り正当化し辻褄を合わせる対処努力と捉えられた。それは，竹さんでいうと現在の自分の見方を切り替えることでもあり，過去の自分を捉えなおし現在につなぎ，過去を糧に今の効力感に気づくこととして語られていた。そしてさ

らには，未来のこれからの自分に寛容になることであり，ありのままの姿でこれからの自分に期待する綴りとしても示されていった。〈綴りなおす〉作業とは，時間的文脈のなかで，過去を織り込み，未来を織り込んだ，現在の自己の体験の綴りであった。

　竹さんのnarration 2においてそれは，自身の信念としても綴られていった。このような〈綴りなおし〉の特徴は，個人の自己存在の確かさ感(self-awareness)を言葉にする試みであり，肯定感情や自己効力感の回復としての機能をもっていたといえる。

　〈綴りなおす〉という作業は，また，対社会，他者とのつながりへも変化を及ぼしていた。たとえば，もともとは人とのつきあいが怖かった竹さんですら，人に求めることができるようになり，人との関わり合いを楽しむことができる体験の綴りが可能になり，他者に寛容になり，ほどよく人とわかりあうことに気づく体験として，他者へ，社会へ開かれ，綴られていた。

　こうした，綴りなおしはどのようにして生成されるのか。

　竹さんの場合，最初は，自分の見方を切り替えるように，「どっかで自分で妄想だとわかっていたんできっと言わなかったんだと思う。だって現実じゃないから」というように，わりあてて，自分へ言い聞かせするところから始まっていた。しかし，そうした切り替えのほかに，やはり，自分を偽らないということや，〈おさまらない〉作業のところでみた，乖離の解消，たとえば，自分を偽らずにできる仕事を模索することであったり，偽りのない存在を保証される，というような乖離の解消が，他者，社会との間でなされていたこともあげられる。

　〈綴りなおす〉という体験の綴りの機能には，自己効力感の回復とともに，さらに，癒されるという役割も見出された。それは，桜さんの具合の悪い自分を推し量って気遣ってくれた仲間の話や，「なんか助けてくれないけど，気が楽なんですよね」という竹さんの体験のように，汲み取られ，救われる体験や大きな成果が得られたわけではないが穏やかな安らぎをもたらす機能が，綴りなおす作業にはみられたのである。

〈添える〉

　〈添える〉という体験の綴り方は，具体的なエピソードがとつとつと並べられる綴りから見出された綴り方カテゴリである。意味するもの，意味されるものを分かつ境界線を引くように，自己の体験にそっと手を添えてぼんやりと輪郭を象るようなまとまりを表す語りであった。それは，とりたてて話すほどのこともない，たわいもない，日常生活上の変わりない話題であり，エピソードであった。桃さんは，過去の暮らしに身をおいて宴会の話をしたり，家族の絆を慈しむように毎日の電話のやりとりを話したり，ありのままの暮らしに身をおくような作業所の日常であったり，ちょっとした雑談話のなかで，今という生活を象っていった。これらはどこにでもある話でありながら，それが，日常の確かな自己の姿を顕にしていっていたのである。抽象的な言い方をすると，身体的な自己の確かさをつかむ綴り方といえるだろう。

　境界線の向こうにいる他者は，はっきりとした名づけや意味づけをそのエピソードから見出せるわけではない。しかし確かに，その体験はそこにあり，積み重なっていることを受けとめ，それに添い，ともに輪郭を象っていくような他者の存在が，そこには示されていたのである。

3. 青年期を生きる精神障害者の回復過程

3.1. 青年期を生きる精神障害者における自己の体験構造の生成——体験構造の綴り方の意味

　人生の途上において，己の可能性，潜在能力を十二分に開き試みていくまさにその直前に，もしくはその最中に，病いと障害を抱えて生きていかざるを得なくなった青年期の精神障害者にとって，過去の体験，現在の体験，日常の体験，そして未来の意味とその位置づけをおさまりよく連ねていくことは，決して容易なことではないことが，ここまでで示されたと思う。そして人生における秩序と意味は，おさまりがついたようでいても，時を隔てていくなかでなお定まることなく綴りなおされていた。彼ら彼女らの道のりは，病状の変化の波に見舞われることもあるし，また就学，就労，家族の問題，などさまざまなライフイベントによるさまざまな変化の波を漕ぎ分けていきながら，対処していく道のりでもあった。

　本書で示した当事者のnarrationは，立派なお手本として並べる目的で聴き取ったわけではない。しかし筆者にとって5名の人たちのnarrationすべてが学ぶに値するものであった。協力を惜しみなく注いで下さった5名の方々には改めて敬意を払いたい。

　ここまで示した当事者のnarrationを，無心に先入観を取り払い，ただ唯一青年期を生きる精神障害者の回復過程におけるケアの視点を学び取ることのみを目的として，その意味を問い続けてみると，今まで適用されてきた「障害受容解釈モデル」の枠では捉えきれない，青年期を生きる精神障害者たちの人生

表5 体験の

	おさまらない	帳消しにする	あずける	
おさまり具合	自己のおさまりどころが定まらない，所在の定まらない，不安定な状況	異物の消去と忘却による安定化	自己効力の及ぶものと及ばぬものの分離	助力の要請
体験と自己の関連づけ方	位置関係，距離感がつかめない	体験と自己とを関連づけない，位置づけない	自己関与の棚上げ	自己の体験の限界を見極める
時間的特徴	一過性もしくは慢性化	一過性	一過性	一過性
綴り方の特徴	社会的文脈，時間的文脈における自己矛盾，乖離の綴り方 孤立化した堂々めぐり	消去，もしくは忘却して，現在，未来をポジティブに構成する綴り方	他にあずけることで，間接的に自己治癒努力を維持させる綴り方	自己の確からしさの信念のもと，信頼できる他者を頼る綴り方
はたらき	不安感，混乱，根拠のない予期不安，再燃恐怖	憂いを断ちエネルギー消耗を防ぐ	エネルギーの保持，維持	安心感，休息
他者のはたらき	ずれやほころびが顕になる・存在の気づき	効力感・存在の気づき	汲み取り引き受ける	信頼して分かち助力する

の物語と歴史が見出されてくる。当事者たちは四苦八苦しながら，誰かが描いた人生のシナリオではなく，まぎれもない自分自身の人生を生き抜こうとしていた。彼ら彼女らはただ漫然と療養生活を送り，ただ治癒という未来を待つ人なのではなく，充実した今を生き，明日に希望をみて成長していく存在であった。桜さんのように，自分は病気をしてから成長してないように思う，と感じている当事者もいた。この先の未来は不安を掻き立てるものでもあった。しかし，これもまた，病気をしていても成長はしていきたい，幸せに暮らしたいという願いの映し返しであるだろう。

　narrationの分析をとおして明らかになってきた自己の体験構造の綴り方や，その変化の軌跡というものは，言い換えれば，自己の体験のおさまり具合の程度の質を表し，変化し続ける自己の輪郭形成の過程であり，自己感覚，自己存

綴り方カテゴリ

わりあてていく	共存する	綴りなおす		添える
言葉と意味付与がとりあえず構成される	自己の体験のなかに異物として留め置く	おさまり具合のいい，話の落ち着きどころを得る		輪郭がぼんやりまとまる
自己による体験の自律的，主体的な関連づけ	自己による体験の自律的，主体的な関連づけ	自己による体験の自律的，主体的な関連づけ		自己の体験を象る
一過性	一過性もしくは継続性	継続性		日常化
解釈，正当化，言い聞かせの綴り方	競合，所有といった綴り方	社会，他者とのつながりにおいて自己をおく綴り方	時間的文脈のなかで過去と未来を現在に織り込む綴り方	具体的エピソードが並べられる綴り方
帰属と名づけの試み	ほころびをあえて見ないようにする試み	乖離の解消，自己の確かさ感を言葉にする試み	自分のなかでつながりをつける，正当化する，納得する，辻褄を合わせる試み	自分の輪郭を象る試み
ひとまずの気楽さを得る，息継ぎする	健康的な主体的な自己を創る，育てる	肯定感情や自己効力感の回復	癒される体験	変わらない日常の確かめ
位置づけの試み	支持的に存在を保証する・安全の保証	ほどよい支持	心地よい穏やかなつながり	輪郭を象る・境界線を保ち添う

在の確かさ感(self-awareness)の形成の過程であったと考えられる。そしてそれは，病気・障害を抱えた当事者の対処努力を表すこととなっていた(表5 体験の綴り方カテゴリ)。

　7つの自己の体験の綴り方は，〈わりあてていく〉，〈共存する〉，〈綴りなおす〉のように説明的であったり，辻褄の合ったおさまり具合のよいものばかりではなく，〈帳消しにする〉，〈あずける〉というように，飛び石を踏むようなおさめ方があったり，〈添える〉というような何気ないおさめ方もあった。また，2〜4年の時を隔てたnarrationの軌跡の変化は，〈和解〉のような筋を貫く意思を読み取ることができるものもあれば，〈日常化〉，〈所有〉のように慎重に輪郭を象ろうとする軌跡も見出された。そして〈悪循環〉のように有力化から無力化の渦に引き込まれていくなかで，必死にもがく軌跡も見出された。

生きづらさという障害を抱えて現在を生きる，生き抜く，その回復過程にケアの担い手がつきあうということは，一人の人間として自己存在の確かさ感(self-awareness)を育み，成長の可能性を含んだ未来への期待をつかむ，成長発達へのケアリングそのものであることがここから気づかされる。

　そこで，narration の軌跡の変化から導かれた分析成果を踏まえて，「見えない障害」を抱えた彼ら彼女らの対処努力という視点から，青年期を生きる精神障害者の回復過程を捉えなおし，ケアリングについて考えていくことにしたい。

3.2.「見えない障害」を抱えた青年期を生きる精神障害者の対処努力

　精神障害は，桜さんいわく「見た目にはわからない病気」によっている。

　筆者は以前，精神障害者6名へのインタビュー調査をとおして，彼ら彼女らの主観的体験に基づいた障害認識とその対処努力を明らかにしてきた(葛西・古塚 1999)。結果，「生活のしづらさに対する主観的な認識とその態度」と定義した障害認識は〈対人関係認識〉，〈自己能力認識〉，〈自己価値認識〉，〈社会認識〉，〈疾病認識〉の5つが見出された。そしてこれらの障害認識から，精神障害者たちがとる対処努力には，治療という対処努力に加え，患っていたもしくは患うという社会的事実，そして内的体験事実とつきあう対処努力という，3つの側面があることを明らかにした。

　具体的には〈守る〉，〈おきかえる〉，〈戦い〉，〈取り込み〉，〈あたりまえ〉という対処努力が見出された。発症前後では，ぎりぎりの自己保全，存在保持というべき〈守る〉もしくは〈戦い〉という対処努力が多くとられていた。また問題の一時棚上げを意味する〈おきかえる〉対処努力もとられ，初診から治療が開始されていく時期においてもそれは引き継がれていた。治療を受け，初めて医療に身をさらすことになると，闘病，または病いとの対立という意味においては〈戦い〉という対処努力がとられていき，防御という意味においては〈守る〉対処努力がとられ，受容という意味においては〈取り込み〉という対

処努力がとられていた。病気と障害を抱え生活することになる社会生活では，自己能力認識や自己価値認識のネガティブな側面の障害認識が生じ，患うという内的体験事実への対処努力が始まってくる時期であった。そこにおける特徴としては〈おきかえる〉対処努力がより多く用いられていた。それは問題の棚上げであったり，中心をずらしたり，スイッチを切り替えるような対処であったが，この〈おきかえる〉対処努力の作用として，自尊心を傷つけないような内部努力による緩衝作用が見出された。〈おきかえる〉対処努力はその緩衝作用ゆえに，ポジティブな障害認識を生じさせ，その結果，患うという内的体験事実への対処努力そのものを，積極的な〈戦い〉，〈取り込み〉，そして〈あたりまえ〉という対処努力へと変化させていた。〈あたりまえ〉という対処努力は，成長や幸せへの希求であり，あたりまえの生活を取り戻すということであり，明日を信じ期待をもつ未来指向性をもった対処努力を意味していた。精神障害者の人たちは，医療や福祉にただ従順に応じ，受け入れていくだけの存在ではなく，生活し自分の人生を生き，対処をし主体的に生きていたのである。

本書で提示した縦断的 narration 分析では，それが数年にわたって引き続くことが明らかになり，精神障害者の人たちが「見えない障害」を抱えて生きることの困難さと生きづらさを改めて知らされることとなった。が，同時にそれに向き合う強さ，たくましさ，人には見えない対処努力を重ねて，生きていることも，また明らかになったと思う。

さて，ではここまでで導かれた7つの体験の綴り方，〈おさまらない〉，〈帳消しにする〉，〈あずける〉，〈わりあてていく〉，〈共存する〉，〈綴りなおす〉，〈添える〉からはどのような対処努力が読み取れるだろうか。

7つの体験の綴り方における，「綴り方の特徴」と「はたらき」(表6参照)からみていくことにする。

〈わりあてていく〉体験の綴り方の特徴は，解釈，正当化，言い聞かせの綴り方であり，帰属と名づけの試みであった。つまり〈わりあてていく〉綴り方は，なぜ？　に答える一時的な帰属もしくは意味付与をすることである。「はたらき」としては，ひとまずの気楽さや息継ぎを可能にするものであり，これは自己保全から有力化が見出されていくものであった。したがって〈わりあて

表6　体験の綴り方カテゴリ

	おさまらない	帳消しにする	あずける	
綴り方の特徴	社会的文脈，時間的文脈における自己矛盾，乖離の綴り方	消去，もしくは忘却して，現在，未来をポジティブに構成する綴り方	他にあずけることで，間接的に自己治癒努力を維持させる綴り方	自己の確からしさの信念のもと，信頼できる他者を頼る綴り方
	孤立化した堂々めぐり			
はたらき	不安感，混乱，根拠のない予期不安，再燃恐怖	憂いを断ちエネルギー消耗を防ぐ	エネルギーの保持，維持	安心感，休息

ていく〉綴り方は，さまざまな対処努力を可能にする綴りとなっていたといえる。〈わりあてていく〉綴り方のnarrationから導き出される対処は，〈守り〉であったり，〈おきかえる〉ことで一時棚上げをしたり，積極的な受容としての〈取り入れる〉対処だったり，〈あたりまえ〉を取り戻す対処であった。

　この〈わりあてていく〉体験の綴り方は，クラインマン(1988)の「説明モデル」に値する探索作業とも言い換えられる。クラインマンは「病いとはいったい何なのかということについての非公式的な説明」を説明モデル(Explanatory model)とし，患者，家族，治療者のある特定の病いのエピソードについて抱く考えの臨床的な意味に着目している。説明モデルは「さし迫った生活状況に対する反応」とされ「実際的な行為を正当化するもの」であり，言葉で表されない強烈な情動の感覚を含んでいるものとされている。臨床的な意味というのは，説明モデルが，障害の本質について，なぜ？　今？　自分がこの病いに冒されてしまったのか，これからどうなるのか，どうしたいのか，何を恐れているのか，といったことを表しているということである。

　つまり，これは病いに対処していくときの探索地図をもつということなのである。クラインマンは，患者・家族の説明モデルを引き出すことによって，臨床的ケアのための治療戦略を立てるとき，それを取り入れることができるという。そして，そうすることが，患者・家族の説明モデルと治療者の説明モデルとのずれのすりあわせを可能にし，共感的なやりとりと取り決め(negotia-

綴り方の特徴・はたらき(表5より抜粋)

わりあてていく	共存する	綴りなおす		添える
解釈，正当化，言い聞かせの綴り方	競合，所有といった綴り方	社会，他者とのつながりにおいて自己をおく綴り方	時間的文脈のなかで過去と未来を現在に織り込む綴り方	具体的エピソードが並べられる綴り方
帰属と名づけの試み	ほころびをあえて見ないようにする試み	乖離の解消，自己の確かさ感を言葉にする試み	自分のなかでつながりをつける，正当化する，納得する，辻褄を合わせる試み	自分の輪郭を象る試み
ひとまずの気楽さを得る，息継ぎする	健康的な主体的な自己を創る，育てる	肯定感情や自己効力感の回復	癒される体験	変わらない日常の確かめ

tion)を可能にすると述べている。〈わりあてていく〉体験の綴り方を受けとめ，そこから導き出される対処努力を，ケアの担い手が汲み取るということは，「説明モデル」の共同探索であり，引き出しであり，受け手とのケアにおける作業同盟の成立を可能にするということになるのだ。

そうすると〈綴りなおす〉体験の綴り方の特徴のほうは，一過性の〈わりあてていく〉体験の綴り方とは違い，社会的な日常的なつながりとともに時間的継続性をもった体験を，自己の主体的関与のもとに辻褄の合った物語として綴る「説明モデル」と言い換えられる。対処努力でいえば，肯定感情や自己効力感の回復，そして癒される体験がそのはたらきとしてもたらされるより積極的な，〈取り入れる〉，〈あたりまえ〉という対処努力であるといえる。

また〈共存する〉体験の綴り方の特徴は，競合，所有といった綴り方であり，ほころびをあえて見ないようにする試みとなっていた。それはより健康的な主体的な自己を創る，育てる，もう一言加えるなら強化するはたらきが必要とされていた。ここにみる対処努力もnarrationをみていくと〈取り入れる〉もしくは〈あたりまえ〉が導かれてくるが，大変な努力によるエネルギーの産出，供給と消費がされていたともいえる。〈添える〉体験の綴りは，具体的エピソードが並べられる綴り方であり，自分の輪郭をぼんやりと象る試みとして，そのはたらきは，変わらない日常から自己を確かめようとするものであった。桃さんの日常のささやかなできごとの綴りであったり，松さんが普通の会話を普

通にすることが普通の感覚をもたらし安らぎにつながると言っていたことがあげられる。ここにみる対処努力は何もしていないようだが，受動的な〈取り入れ〉またはささやかなる〈あたりまえ〉を得る対処努力が導かれてくる。こうしてみていくと，〈**綴りなおす**〉，〈**共存する**〉，〈**添える**〉，いずれにしても，その対処努力において，有力化(empowerment)の機能が引き出されていることがわかる。

一転して〈**おさまらない**〉体験の綴りの特徴は，社会的時間的文脈における自己矛盾や乖離の綴り方と孤立化した堂々めぐりとして示され，そのはたらきは，混乱や不安感，再燃恐怖をもたらしていた。竹さんが受診する前，自宅にひきこもって，何だかわからずに親に暴力をふるっていたこと，竹さんも桜さんも社会の偏見が立ちはだかり精神科受診を躊躇していたこと，病気に負けまいとがんばっていた桜さん，状況がつかめず保護室で抵抗していた杉さんなどが，思い浮かべられる。ここにみる対処努力はしたがって〈戦い〉としかいいようがないものである。

〈**帳消しにする**〉，〈**あずける**〉体験の綴り方は，どちらもエネルギーの維持，もしくは消耗を防ぐはたらきがあった。特に〈**帳消しにする**〉体験の綴り方では，体験を異物として扱い，それを消去もしくは忘却することによって安定化を試みるおさめ方がなされていた。つまり憂いを断ちエネルギー消耗を防ぐはたらきがあり，自己保全的な機能が見出されてくるのである。〈**あずける**〉体験の綴り方では，体験事実を自己効力の及ぶものと及ばぬものに分離し転化するという位置づけ方をしておさめていた。これらは〈おきかえる〉対処努力でもありかつ，何より自己を〈守る〉対処努力であることに違いないだろう。そしてどちらも，エネルギーの保持，維持，そして安心感や休息といった自己保全的な機能を働かせていることがわかる。

主観的体験の綴り方の大まかな流れでみていくと，〈**おさまらない**〉体験の綴り方がその起点になっていたが，それは〈戦い〉という対処努力の始まりでもあることになる。行きつ戻りつの循環ではあるが，〈**帳消しにする**〉，〈**あずける**〉体験の綴り方への移行は，自己保全的な〈守る〉対処努力や，問題の一時棚上げによる緩衝作用と自尊心を保つ〈おきかえる〉対処努力のはたらきが

もたらされていたことになる。つまり，安全感の確保や有力感を蓄え保つはたらきが機能するということである。

そして〈わりあてていく〉体験の綴り方においては，その意味付与を与える帰属先によって，一時的な「説明モデル」を得て，〈守る〉，〈おきかえる〉対処努力のほか，〈取り込み〉，〈あたりまえ〉という対処努力のはたらきがもたらされていくことになっていく。さらに次の〈**共存する**〉，〈**綴りなおす**〉，〈**添える**〉体験の綴り方にはどれにも〈取り込み〉と〈あたりまえ〉の対処努力のはたらきがみられた。〈**綴りなおす**〉体験の綴り方には，社会的，日常的，時間的継続性をもった〈取り込み〉と〈あたりまえ〉の対処努力がみられ，〈**共存する**〉体験の綴り方には，競合や所有に足るエネルギーの供給と消費を伴った〈取り込み〉と〈あたりまえ〉の対処努力が，そして〈**添える**〉体験の綴り方には，自分の輪郭をなぞりながら象るような〈取り込み〉とすべてを日常化する〈あたりまえ〉の対処努力がみられた。

大括りでみると，7つの体験の綴り方から導き出される対処努力には，安全感の確保や有力感を蓄え保ち発揮するはたらきと，一時的もしくは継続的な意味の帰属やおさまりどころを得るようなはたらきがあることがわかってくる。

このようにnarrationの綴り方に映し出された人間の営みは，自己対処努力のかたちをとり，潜在能力を十分に発揮させるように助力し，人生に秩序と意味がもたらされるケアリング過程の実際を示すのである。

3.3. 回復過程を捉えなおす

本調査研究の結果は，いうまでもなく当事者にとって精神病を患うということ，精神障害を抱えるという体験が，大きな心的ダメージをもたらすものであり，引き続き繰り返されるストレスフルな状況であることを厳然と示していた。その体験は，自分自身に対する信頼を揺るがし，自己の確かさ感といった存在実感を揺るがす体験であり，かつそれは，他者からは見えにくく，伝わりにくくスティグマさえ伴うがゆえに，さらに当事者にとっては大きなダメージとなって押し寄せていた。発症時期は特に，彼ら彼女らは孤立化し，自己の断片化

を起こし，自己矛盾を起こし，無力化へと陥っていた。しかしそのような状況にさらされた彼ら彼女らの生き様を年単位の長い経過において，綴り方の構成，narrationの変化として個別にみていくと，それぞれに懸命に生きる主体的な自分の生活と人生がさまざまな綴り方において示され，おさまりのいい状態を生成しようとする対処努力が見出された。

　ここから導き出される「体験としての障害」の回復過程を，改めて検討しよう。

　「体験としての障害」の回復過程の焦点となる障害受容論への批判は，新たに，障害受容を障害者の社会的統合における本人の適応に関わる心理的アプローチの目標の一つとして考えるという本田ら(1994)の提起や，障害がもたらす心理的問題へのアプローチに心的外傷理論を取り入れ，ピアサポートの有用性を説く南雲(1998)の提起を生んでいた。

　しかし一方で精神障害への適用について，南雲(1994)は障害受容プロセスにおけるステージ理論を「正常心理に適応させるものであり，精神障害には禁忌である」と言及し，精神障害そのものを起因とした適用について否定している。精神科医の村田(1981, 1982, 1989)は，発病そのものが人間的，社会的，時間的断絶を余儀なくされるアイデンティティ危機であるがゆえに(見えない障害でもあるがゆえに)，「障害受容」プロセスの困難極まりない道のりについて丁寧に述べている。が，決して障害受容プロセスを精神障害ゆえに否定することはしていない。同じく精神科医である伊勢田(1999)も，障害受容そのものは肯定したうえで，消極的障害受容論へすりかわってしまった現状を指摘し，「挑戦する姿勢」の受容と「指向する課題」に向けた積極的な援助，「前向きの受容」の支援の提起を行っていた。

　精神障害者の人たちの病気や障害を抱えて生きていくnarrationから導き出された，それぞれの綴り方のプロセスは，決して単純なものではなかった。また数年後に行ったnarrationとの比較でみると，その綴り方は決して固定的な一定法則は存在せず，同じ時期の語り(récit)であろうとも，綴りなおしが行われ変動していた。

　しかし，障害受容プロセスが精神障害ゆえに否定されることはなかった。竹

さんの和解の軌跡はまさにそれを示してしたといえるだろう。

その一方で，narrationの軌跡分析をとおして，従来の障害受容プロセスという固定した筋書きをなぞらえていたのは，竹さんの和解の軌跡のみであった。その他のnarrationは，それぞれ個々に個性的であり，否認，混乱期(怒り，悲哀)，解決への努力，受容という直線的な受容段階論で捉えきれるものではなかった。が，彼ら彼女らによる一人一人のnarrationの綴り方は，さまざまな対処努力の可能性が示されるものであったのだ。

本調査におけるnarrationの軌跡の変化をこの障害受容段階に当てはめてみると，確かに和解の軌跡はまさにこの障害受容段階を辿った典型例であり，悪循環の軌跡は新たなる無為に陥ってしまった事例とされてしまうだろう。しかし筆者は悪循環の軌跡を描いていたにせよ，やはりそこには懸命に生きる当事者の対処努力が息づいていることを見逃してはならないと思うのである。そして共存，所有，日常化の軌跡もまた障害受容段階からは逸れる変化ではあるが，そこにも現在(いま)という時点における，ある行き着きどころとしての対処の道のりが示されていたと考えられるのである。

「受容」そのものは否定されるものではない。しかし，慢性の病いや「見えない」という障害である精神障害をもつ人たちにとっての生きづらさとその対処努力の姿，そしてその回復過程を映し出し理解していくためには，やはり「見える」障害から立ち上がった障害受容プロセスの単純なそして性急な適用だけでは，不十分であることは明らかであった。

すくなくとも，障害受容のみを唯一のゴールとして当てはめて現状をアセスメントし，その道へ導くように関わるということは，かえって，当事者が主体的に生き抜く道のりをゆがめてしまったり，narrationで示された柔軟な対処努力の道を阻んでしまったり，不自由にさせてしまったりしてしまうおそれがあるのだ。

ここに示されたさまざまな対処努力は，「発病によりひとたび崩壊，喪失した自己価値を「障害受容」を経て再編するプロセス」(村田 1981, 1982, 1989)に対して，新たな知見を示しているといえるだろう。

筆者は，障害受容論に対する新たな提起として，受容は対処努力の一つとお

さえ，病気・障害を抱えたという事実とつきあい対処しなければならなくなる体験を，「見えない障害」(＝離断)である心的外傷体験からの回復過程と捉えることの有用性に着目してみることを冒頭にて述べた。

　しかし，本調査研究において，青年期を生きる精神障害者のnarrationの意味を探っていくうちに，彼ら彼女らの体験をトラウマティックな心的外傷後ストレス障害とその回復過程の道筋にすべて収束させることには，わずかな疑問が生じてくる。

　J.L.ハーマン(1992)は，心的外傷後ストレス障害の症状を「過覚醒」，「侵入」，「狭窄」の3つのカテゴリに分けている。調査協力者たちが話した病気の症状は，幻聴，被害妄想，希死念慮，不眠，体感異常，行動統制の喪失といった状態であり，いわゆる統合失調症によくみられる典型的な症状が語られていた。しかし，その体験内容を吟味すると，これらの症状は，先に示した3つのカテゴリに当てはめていくこともできるものでもある。つまり幻聴，被害妄想，希死念慮，行動統制の喪失は，自他の境界のあやうさゆえの「侵入」としても理解できうるし，不眠はまさに「過覚醒」である。体感異常は自己防衛システムの停止を意味する麻痺として「狭窄」と捉えることができるだろう。

　しかし，統合失調症と心的外傷後ストレス障害とでは，その疾患概念も診断基準も違うということをまずは，おさえておかなくてはならない。そのうえで，トラウマティックな心的外傷後ストレス障害とその回復過程の論議から，何を学ぶことができるかを考えてみなくてはならない。

　そうした立場で考えていくと，外傷後ストレス障害の症状理解を取り入れることは，統合失調症の症状をもつ人の「理解」をするときに，その症状を了解可能なものとして，つまりは自己の存在の危機状態，異常事態に対して正常に反応しようとする，対処しようとする人間への理解へと導いていくように考えられる。それは，ケアの担い手へ，受け手である人が主体的なそして回復力をもった存在であることの重要な気づきをもたらすと思われる。

　J.L.ハーマン(1992)は，「心的外傷体験の核心は孤立と無援(helplessness)である」と述べ，「回復過程の核心は有力化(empowerment)と再結合(reconnection)である」と述べている。この回復過程は，「安全の確立」，「想起と服

喪追悼」，「通常生活との再結合」の3段階に分けて示されてはいるが，それは，現実には複雑で，渦巻く過程であり，「単純な頭で作ったこのような順序を押し付けようとする試みを許さない」とはっきりと表されている。そう言わしめるのは，回復のための基本原則に，「その後を生きるもの自身が自分の回復の主体であり判定者でなければならない」とし，自己制御，イニシアティブを取り戻すことと，困難ではあってもなお，協働作業としての治療同盟が確立されることを重要視しているがゆえである。第1段階の安全の確立は，特に，基本原則による治療関係が成立する段階であり，より困難で，多大なエネルギーが費やされる持久戦であることが述べられている。

　見えない障害としての精神障害を抱えて生き抜く精神障害者自身のnarrationにも，同じく有力化やつながりを取り戻すこと，そして安全の確保を目指す綴り方のはたらきが展開していた。具体的には〈**帳消しにする**〉，〈**あずける**〉，〈**わりあてていく**〉体験の綴り方によるはたらきがそうであった。

　しかし，第2段階・第3段階で示されていく，想起と服喪追悼，通常生活との再結合として示される心的外傷の回復過程は，本調査研究の結果を一部支持するものではあるが，やはり青年期のそして見えない障害であるがゆえに，この段階の過程の記述に，すべてが当てはまるわけではないと思われた。〈**綴りなおす**〉体験の綴り方はまさに，想起と通常生活との再結合を意味するはたらきがあるし，〈**添える**〉，〈**共存する**〉体験の綴り方も通常生活との再結合のはたらきをもつと言い換えられるだろう。

　しかし，心的外傷においてははっきりと加害者や原因となる体験や悪者を確定していくことは重要なことであり，それは回復の転機をもたらすものともなる。が，精神障害はいつまでも「見えない」闇がつきまとい，加害者探しや原因探しに対する明確な答えがいつまでも定まらない。いつまでも見えない病気・障害を抱えているがゆえの困難と向き合わなくてはならないのである。

　このつきまとう「見えない」闇が心的外傷の回復過程の道のりとの分かれ目なのではないだろうかと思われる。

　「見えない」ということは他者に「伝わらない」「わかってもらえない」という事態が容易につくりだされ，基本となる安全感の確保にいつまでも大きな影

響を及ぼしていくのである。このことは，桜さんの narration が特に示していたところでもある。

また，2～4年の歳月を経た5名の narration の変位の軌跡は，今においてもまさに続く「見えない」病いと障害があるがゆえに，過去の過去化の工夫，及び過去を現在へ織り込んでいく工夫，対処が行われ，それを人に伝わるように，見えるように言葉にする作業の営みでもあったといえるだろう。それは，病気の位置づけ方を少しずつ扱いやすいように言葉をわりあてて変化させていった杉さん，再入院も余儀なくされながらも，淡々と過去を振り返り，それはそれとして病いを身にまとい，やっとやっとながら周りの人も巻き込んで日常化した生活を営んでいる桃さん，「焦り」という表現から人格の断片化の危機と再統合の軌跡を綴った竹さんなどから，大いに教えられるところであった。

回復過程を捉えなおそうとしたとき，それが見えない障害としての精神障害であることを見落としてはならないのである。

すると，この見えない障害としての精神障害を抱えて生き抜く回復過程のケアリングとして重要なことは，見えない障害を見えるものとして言葉化し，綴ってゆく作業に取り組むということ，そして精神障害者自身の narration に添い，受けとめるケアの担い手がいるということであり，それができるつながりの生成，作業同盟を結ぶということなのではないだろうか。

言葉化することによって見えないものが見えるようになることは，さらに人とのつながりをつくり，発展させ多様な綴り方の可能性を切り開き，対処努力を導き，有力化(empowerment)を支えていく良循環をもたらす。そしてこの道のりに，あらかじめ設定されたゴールは存在しないのである。

4. 青年期を生きる精神障害者へのケアリング

4.1. 相手が成長し潜在能力を発揮することを助けるということ

　青年期を生きる精神障害者の「成長を助け潜在能力を発揮することを助けるということ」とは，とにもかくにも，安全感の確保や有力感を蓄え保つはたらきが機能するということから始まる。

　事の始めは，先にも述べたとおり，何より作業同盟によるつながりの生成と言葉化である。重要なのは，言葉化することなくしてはみえてこないnarrationの綴りである主観的体験世界に，ケアの担い手が気づくこと，そしてそれに添い，ともに時の経過に従ってふつふつ生じる綴り方の変化を積み上げていくことであると考えられる。

　メイヤロフ(1971)が，ケアリングとは，相手が成長し，潜在能力を発揮することを助けることであり，成果ではなく，関係の深まりの道筋であり一つの過程であると定義したことが，ここにおいて，青年期を生きる精神障害者へのケアリングとして，ようやく具体的に示されたことになるだろう。

　聴き取られた彼ら彼女らの物語の軌跡は，自己の成長のnarrationであって，自己実現のnarrationではなかったと思う。それぞれの体験の綴り方のはたらきは，自己保全や自己の有力化，健康的な主体的な自己の創出，または確かめというものであった。体験の綴り方のはたらきには，空間的，社会的，時間的な多様さのなかにおいてなお，感じることのできる私という存在，私という器の所属感，または自己の存在の気づきを意味する，「自己存在の確かさ感(self-awareness)」を育む機能があった。

　すると actualize himself は，やはり自己実現ではなく，潜在能力を発揮させることもしくは具現化と理解するほうが，より多くのケアリングの視点を得ることができるものと思われる。さらにいえば，ケアリングが，成果ではなく過程を重視することからも，actualize himself とは，人と人とのケアリング関係において生じる日々の生の営みそのものと理解できるのではないだろうか。

　相手が成長し潜在能力を発揮することを助力することとは，設定された到達点を目指す助力なのではなく，日々の生の営み，ささやかな日常の文脈のなかで起こる助力であることを，彼ら彼女らの narration は示していたのである。

　そうすると，ケアリングの主因子である「知識」「リズムを変えること」「忍耐」「謙遜」においてケアするために相手をまるごと受けとめ，継続的に謙虚に学び，知るという過程の理解も深まってくる。

　相手とともにいて(being with)，弛むことのない対話を繰り返すとき，まるごと受けとめようとするケアの担い手の器もまた，試され磨かれる。まるごと受けとめるなどということは簡単なことではない。これは自分自身に対する「正直」さと「信頼」への挑戦であり，ケアの担い手の潜在能力を触発せずには為しえないものである。その過程こそが潜在能力を十分に発揮させることにほかならない。つまりケアの担い手も，ケアの担い手としてまた成長していくのである。

　ケアの受け手が見えない障害を見えるものとして言葉化し，綴ってゆく作業に取り組めるということ，そしてその精神障害者自身の narration に添い，受けとめるケアの担い手がいるという過程には，こうした相互の触発と成長過程が生成されているといえる。

　他者へのケアリングをとおして，ケアの担い手もまた成長するという良循環は，人は，誰かに必要とされることによってケアされ成長していくもの，であるからこそ生じるものであることに改めて気づかされる。

　桜さんは，幾度となく，気づかい，汲み取ってくれる人たちに救われた体験を綴った。そして，よくしてもらったから，今度は自分が新しい人に(新しいデイケアメンバーに)返していかなくちゃって……，と話していた。竹さんは，

妄想があることが理解できると，気持ち的に楽で，仕事しながらの過酷な状況でも，なんか気が楽だ，と言っていた。

　桜さんは，自分が受けとめられる体験と安心感の確保をベースにして，自身の力をほかの誰かをケアする方向へ発揮させていたのであろうし，それを実行することでまた自分の力を確かめようとしていたと思う。竹さんは，妄想という名づけによる理解のおさめ方によって，自分自身をケアすることができるようになり，気を楽にする効力感を保つことができるようになっていったのだろう。

　桜さん，竹さんの例は，自分自身をケアすることができるように援助することと，ほかの誰かをケアすることができるように援助することがケアリングであり，それが成長し潜在能力を発揮させるということであるという具体例を示している。そして，そこには，自分自身へのケア，他者へのケアどちらにせよ，ケアを必要とする者がケアされるのと同時に，ケアを必要とされることで，ケアする人もまたケアされるという，相互に生産的な関係が展開している実際が映し出されているのである。

　相手が成長し潜在能力を発揮することを助けるということは，このような相互の自己成長の過程において展開するものであったのである。

4.2. 自己の生の意味を発見するということ

　メイヤロフは，ケアリングとは，"場の中にいる"ことをほどよく感じとり，自分と"即する他者(appropriate others)"のニーズに応えその成長を助けていくことであると述べ，ケアすることとされることをとおして，自分の世界をよく了解できるようになり，心を安んじさせ(at home)，自分の生の意味を発見し創造し，人生における秩序がもたらされるという。

　先に筆者は，narration を綴っていくことを助けること，narration を聴くことが，ケアリングに通じるのだということを述べ，それは「自己存在の確かさ感(self-awareness)」を育む過程であり，体験としての障害からの回復過程であると記した。

当事者が綴った narration にみる自己の体験構造は，さまざまな語り（récit）の構成とその綴り方によってその筋書きが示されていた。そして，それは，固定的な筋書きではなく，その後の体験の積み重ねによって書き換えられていくものであった。

体験と自己との関連づけ方をみると，当初は〈**おさまらない**〉綴り方にみるように，自己との位置関係，距離感がつかめず，社会的にも時間的文脈においても乖離し孤立化したなかにあっても，次には〈**帳消しにする**〉ことによって体験と自己とを関連づけずに，体験を消去し忘却して現在と未来をポジティブに構成する綴り方へ変えてみたり，自己関与の棚上げもしくは限界を設定し他者を頼ったり〈**あずける**〉綴り方へと変えていた。〈**わりあてる**〉ことでとりあえず体験に名づけをして意味付与し，自律的に体験と自己の関連づけをして，正当化したり言い聞かせたりする息継ぎもあり，具体的エピソードを並べて〈**添える**〉ように自己の体験を象り，自分の輪郭を象る試みをなしている綴り方への書き換えもあった。〈**共存する**〉，〈**綴りなおす**〉という綴り方はどちらも，自己による体験の自律的，主体的な関連づけがなされ，ほころびをあえて見ないようにする綴り方，もしくは，ほころびのないように自分のなかで時間的社会的つながりをつけて正当化し辻褄を合わせる綴り方によって継続性のある narration 構成へと書き換えていた。

このように体験と自己の関連づけ方や綴り方の特徴をみていくと，当事者は同じ体験であろうと，その綴り方を書き換え，おさまりどころを変えていくことによって，そのなかから新たな人生の意味を見出し，体験と自己の関連づけ方を変え，自己存在の確かさ感(self-awareness)を育てていたと考えられるだろう。

見出された7つの綴り方は，体験と自己の関連づけ方という，つながりと位置関係を定める布置の構成といえる。時間の経過とともに絶えることなく積み重なっていく体験を綴ることは，何かしらのおさまりどころを得ようとする，布置を構成・再構成する過程であるのだ。

つまり，ほどよいおさまりどころを得るという自己の生の意味の発見は，決して固定的なものではなく，柔軟にそのときそのときの時間経過のなかでコン

トロール可能な現在という場において，布置を構成するということなのである。7つの綴り方はみな，ケアを受け，自身をケアするなかで，生きる意味や人生におけるおさまりどころを得るための，布置の定め方の試みとして尊重されうるものであったと思う。

　これこそが，まさに，自分の世界を了解し，"場の中にいる"自分をほどよく感じおさまりをつけて，心を安んじさせていく(at home)ケアリング過程の実際であると考えたい。ケアリングとは「自己」の成長への助力であり，ほどよいおさまりどころが得られるような布置の構成・再構成を，生涯通じて助力する過程と理解することができるだろう。その意味で，ケアする－される相互関係の読み解きが次に重要となってくる。

　メイヤロフは，ケアする－される相互関係において"場の中にいる(In-Place)"ことができるというとき，ケアの担い手はその相手を"即する他者(appropriate others)"と言い表すことができると示している。これは，拡張した自己のように他者(つまりはケアの受け手)を身に感じ取り，その成長に同一化する関係なのだと述べているが，この他者(ケアの受け手)の他者であるケアの担い手の存在とは，具体的にどのような役割機能をもっていたのだろうか。次節ではこのケアの担い手としての役割機能について述べていきたい。

4.3. ケアの担い手としての役割機能

　彼ら彼女ら青年期を生きる精神障害者へのケアリングにおいて，ケアの担い手は何を求められているのか。すくなくとも，望ましい筋書きが綴れるように当事者のnarrationを仕立て上げることではない。

　ここで，体験の綴り方の分析において，導かれた他者(つまりは他者の他者として映し出された)のはたらきから，ケアの担い手としての他者の具体的な存在とその役割機能を読み解いてみたい。

　5名のnarrationの綴りに示されていた他者のはたらきを，7つの綴り方カテゴリに対応させて表したのが表7である。ここから他者の存在は9つの機能をもっていたと考えられた。

表7 体験の綴り方カテゴリ

	おさまらない		帳消しにする	あずける	
他者のはたらき	ずれやほころびが顕になる・存在の気づき		効力感・存在の気づき	汲み取り引き受ける	信頼して分かち助力する

① 自己の存在を汲み取る他者がいる
② 自己の存在を保証する他者がいる
③ 自己の存在を伝えたいと思える他者がいる，向き合う他者がいる
④ 自己の体験構造の綴り方を聴きとる他者がいる
⑤ 自己の体験構造の綴り方の変化につきあう他者がいる
⑥ ほどよく助けられる，わかりあえる他者がいる
⑦ 自己の存在に添う他者がいる
⑧ ずれを顕にする，引き起こす他者がいる
⑨ 自己の体験の構造にほころびがあることを気づかせる他者がいる

〈①自己の存在を汲み取る他者がいる〉，〈②自己の存在を保証する他者がいる〉は，自分のことを知っていてくれる人であり，自分から何も言わなくても，知っていてくれる，わかってくれる，無条件に汲み取ってくれることを前提としている。〈**あずける**〉綴り方には異物としての病気をあずけものとして汲み取り引き受ける他者のはたらきがあり，〈**帳消しにする**〉綴り方においても，生き残ろうとする存在を汲み取り引き受ける他者のはたらきがあった。〈**共存する**〉綴り方では，松さんのように健康的な自分の存在を支持して安全を保証してくれる他者のはたらきが必要とされていた。ここでの他者の役割機能は，桜さんが示したように「神様みたいな」全能感をもった他者であることもあったが，安全な場のなかにいるという日常行動をともにするなかでの些細なできごとによって生じていた。

　一方③以下で示された他者の役割機能は，行為の主体者としての自己が存在するにしたがって立ち現れてくる他者であった。〈③自己の存在を伝えたいと思える他者がいる，向き合う他者がいる〉，〈④自己の体験構造の綴り方を聴きとる他者がいる〉，〈⑤自己の体験構造の綴り方の変化につきあう他者がいる〉と示された他者は，裏返すと，非自己として分かたれた他者が存在しないこと

他者のはたらき（表5より抜粋）

わりあてていく	共存する	綴りなおす		添える
位置づけの試み	支持的に存在を保証する・安全の保証	ほどよい支持	心地よい穏やかなつながり	輪郭を象る・境界線を保ち添う

には立ち現れない自己でもある。この自己と他者の分化とずれを前提として許容したうえで，つなごうとする行為が③④⑤で表した他者の存在であり役割機能である。これは〈わりあてる〉綴り方で，位置づけの試みとしての他者のはたらきや，〈綴りなおす〉なかでの，ほどよい支持といった他者のはたらきに見られるものであった。

〈⑥ほどよく助けられる，わかりあえる他者がいる〉と表した他者の存在は，少しわかりづらい。竹さんが，苦しいとき，心細いとき，目いっぱい助けてほしい，頼りたいっていうのがあるんだけど，それが全部返ってきて報われるということはない，そうなんだけど，でも気は楽になるという，そんなほどよさである。全面的にすべてがわかりあえる融合状態のような〈わかりあえる他者〉というのではなく，過去にはわかりあえなかった歴史もあるけれど，今はわかりあえる部分が少しできてきたという意味のほどよさでもある。不足を非とせず，許容でき，それでも確かに安心や信頼を感じることのできる他者との継続した関係性の気づき，生き残りがここにはある。これは心地よい穏やかなつながり，と示した〈綴りなおす〉体験の綴りにみる他者のはたらきでもある。この他者の存在は，自分の居場所空間を安定化させ，広げる機能をもち，社会生活を送るうえで重要な他者体験として機能していた。

〈⑦自己の存在に添う他者がいる〉という他者の存在は，桃さんのnarration 2に登場する家族や，作業所スタッフやメンバー，定期的に電話をする相手の存在を表している。輪郭を象る，境界線を保ち添うような身体的自己としてのおさまりをつかむような機能をもった他者の存在を表すものである。非侵入的でありながら，疎外的ではなく親和性を保った他者の存在は，中井(1974)や西園(1988)が統合失調症の治療において引用するシュヴィング的接近(1940)でもある。首のすわりもままならない乳児が母親の腕のなかで心地よい姿勢を保持するように，そっと傍らに身をおくように関わりを保つような機能をもっ

た他者の存在である。

〈⑧ずれを顕にする，引き起こす他者がいる〉，〈⑨自己の体験の構造にほころびがあることを気づかせる他者がいる〉の2つは，成長促進的な他者としてポジティブに捉えるならば，自己の体験の綴りが人に伝わるように言葉化され，あるまとまりをもっていることが前提にあって，かつそこに具体的に働きかけゆさぶる機能をもった他者の存在である。しかし，もう一方で〈**おさまらない**〉体験の綴りにみる，ずれやほころびが顕になる他者のはたらきは，自己の断片化をもたらし安定を崩すネガティブな役割機能ももっていた。

以上のように，①・②のような全面的に存在を支える他者の役割機能，③・④・⑤のように行為を支える他者の役割機能，⑥のように，ほどよい存在と行為の支持，⑦の身体的自己を守る他者，⑧・⑨のずれやほころびをもたらす他者という，9つの存在の役割機能が見出されてきた。

narrationの綴り方から導かれた①〜⑨までの他者の存在とその役割機能は，当事者の体験の綴りのなかにいるさまざまな他者であり，それはケアの担い手以外の他者をも含む。そこには成長促進的な他者も綴られていたが，ネガティブな役割機能をもつものも含まれている。したがって筆者はここで①〜⑨までの他者の存在とその役割機能すべてを，ケアの担い手が負うべきであるなどと，述べるつもりはない。

強調したいのは，こうしたさまざまな機能をもつ他者の存在を含んだ環境を，ケア環境の場としてその全体を視野に入れ，そのなかの一部分として布置する自身のケアの役割機能を自覚し，関わることこそが重要と考えたいのである。そして関係を深めるというプロセスは，その場に居続けることからしか始まらないということを，ここでは強調しておきたい。

こうした意味から，ケアの担い手がさまざまな役割機能をもちつつも，なおケア環境の場に居続けること，生き残ることこそが，メイヤロフのいう，他者への「専心」と考えられることが，ここで再度確認できる。ケアにおける自責感を抱えながらも，それを克服しケアを継続していく作業を可能にする道のりには，ケア環境全体を視野におき自分はケア環境の一部であり，一資源である

ことを自覚するという方法があることに気づかされるのである。

　竹さんは，回復者グループへの参加について，止めようと思いながらも，「なんかいてもいいのかなって感じだったんですよ。去年だったかな。でもみんな助けてくれるんですよね。助け……目に見えて助けてくれるんじゃなくて，なんかいるだけで，助けてくれるっていうか」と語った。

　ケアリングとは人生という大きな文脈のなかにおいて，実りある秩序づけの道筋であり，自己と外界との調和，つまりその人の人生に基本的な安定性をもたらし，"場の中にいる(In-Place)"ことを得，"心を安んじて(at home)"生きているということをもたらすのだ，と述べられていたことを思い出したい。成長を助けるという道筋におけるケアの担い手の役割機能は，さまざまに布置する他者でありつつも，ケアの担い手が成長を目指すケア環境という場のなかに居続け，生き残り，ケアの受け手とともにあるということなのである。

　ここで，ケアの担い手の役割機能として，第1にあげられるのは，相手の主観的体験世界への接近と交流ができるということである。ケアの担い手として，どれだけ相手の主観的体験を知ることができるか，近づけるか，寄り添えるか，情動調律つまり二者間のずれのすりあわせや，チューニングやずれをずれとして許容し合う交流ができるかが，まず問われると筆者は考えたい。

　このとき見えない，見えづらい主観的体験世界，情動世界を見えるものへと媒介するのは「言葉」であり，それを可能にする関係が作業同盟である。身体的体験の言葉化，情動の言葉化，主観的体験としての言葉化によって，それは人に見えるものとして，人とつながり，そして伝わる・通じうるもの(communicable)になるのである。この言葉化が，語り(récit)として，そして自己存在の確かさ感(self-awareness)を育むnarrationの生成をもたらすのである。

　このとき，ケアの担い手は，聴き手として機能し，ケアの相手が語り(récit)の紡ぎ手となり，narrationを構成し，筋書きをつくり，意味を見出すその手助けをすることが，第1の大きな役割であるともいえるだろう。ケアの担い手は，相手がこのrécit(語り)を紡ぐとき，その聴き手として助力するのである。あくまでも紡ぎ手はケアの相手でなければ意味がない。

　この作業同盟の目指すところが相互の成長と幸せであることはいうまでもな

い。そこでケアの担い手としての役割機能の第2は，narrationの生成過程において，対処努力を導くということとなる。言葉化することによって対処努力を見えるものにして共有する，または照らし返しながら対処努力の選択にともに関わり，自己効力感，有力化(empowerment)を支え，主体的に人生を「生き抜いて」いけるように，ケアの担い手はケアするのである。当事者の対処努力に響き応える関わりとも言い換えられるだろう。

さて，ここでようやくはっきりしてきたことであるが，対処努力というのは，つまりは自分自身をケアすることなのである。

メイヤロフ(1971)は，成長と潜在能力の発揮への援助とは，相手がほかの誰かをケアできるように援助すること，自分自身をケアすることができるように援助すること，と述べている。ケアをする—される相互の交替性をもった関係性は，ケアの相手もケアの担い手もともに成長するということとともに，自分で自分をケアするという，自己内部における能動性と受動性の交替性をもった対処努力を可能にしていくのである。人生を生き抜いていく対処努力への助力は，成長と潜在能力の発揮への援助にほかならない。

繰り返しになるが，メイヤロフ(1971)は，ケアの担い手とその相手が，"場の中に(In-Place)""ともにいること(being with)"において，ケアの相手を"即する他者(appropriate others)"と表している。この即する(appropriate)という意味を，当事者の主観的体験から掘り起こされたケアの担い手の多様な機能とつなげて理解するならば，それは決して，相手の心のなかに不用意に踏み込むことではなく，かといって受身でありつづけることでもなかった。行為の主体者としての自己の気づきや，自己存在の確かさ感(self-awareness)を支え，存在を支える役割機能をもっとも基本とし，生の基本的なニーズへの応答性の機能をもちながらも，汲み取り，引き受け，支え，つなぎ，揺さぶる能動的な機能をももっていた。

このようなケアの担い手としての関係の継続は，成長に関わる協働作業つまりは「味方になるから一緒にがんばろう！」という作業同盟の継続とも言い換えられる。自己存在の確かさ感(self-awareness)とはきわめて主観的な体験である。ケアの担い手は何がその助力となるかがなかなかみえづらい。それだけ

に，ケアの担い手はどれだけ相手の主観的体験世界との交流ができるようになるか，間主観的交流が継続できるかが問われる。そして臨床実践の実感をここで述べるならば，ここがなんとももっとも容易ならざる道のりでもあり，かつ醍醐味でもある。

4.4. ケアリングにみる時間論的アプローチ

récit(語り)から narration(物語)への紡ぎ手に当事者がなるとき，大きな時間的な変化のなかで一つの筋書きを作ろうとすると，この作業は大きな困難を伴うものである。それは，時の流れがさまざまな変化をもたらし，どうしても辻褄が合わない体験の集積や，さまざまな複雑な自己のありようが示されるがゆえに，困難が生じるのである。

精神障害者にとっての体験としての障害や，病気になってしまったという事実に対処するということは，まさにその性質からして，安易におさまりがつく代物ではないゆえに，なおさらである。そして，たとえ辻褄の合った大きな筋書きを作ることができたにしても，それは固定的なものとして存在しえず，時間的継続性のなかでそれはすぐに過去になり，すぐまた今現在の自己との折り合いがつかなくなっていく。それゆえに自己の体験の綴りの書き換えは限りなく，途絶えることなく続けていくしかないのである。

本調査研究からは，時間的継続性をもった安定性のある at home な自己の体験の綴り方として，〈**共存する**〉，〈**綴りなおす**〉，という綴り方があった。これらは，時間的継続性をもち，かつ主体的な自律的な自己との関連づけが為されていた。

〈**綴りなおす**〉体験の綴り方は，より確かな自己の成長の発現として受けとめることができたが，もう一方で，ほかの綴り方を状況に応じて柔軟に変容させていく綴りなおしの機能をもっていた。〈**綴りなおす**〉体験の綴り方の安定性は，時間的文脈と社会的文脈において自己のつながりがつき，辻褄が合い，正当化される筋書きとなって現れるところから導かれているといえるだろう。時間的文脈では，過去と未来が現在のなかに織り込まれ綴りなおされるに従っ

て，自己存在の確かさ感(self-awareness)は落ち着きどころを得て，寛容に楽に幸せに生きている語りが促進され，期待や納得の文脈で過去と現在がつながり，それが現在から未来につながって希望の筋書きとしても現れていた。安定した時間を紡ぐとは，予期，期待の文脈であることも各々のnarrationから明らかになった。

また逆に，不安定な時間を紡ぐということは，過去のなかに自分をおき，悔いの因果，もしくはなぜ？と問う不本意の因果で現在とのつながりをつけ，それがそのまま現在から未来への因果として不安を掻き立てる〈おさまらない〉綴りの展開として示されていた。これは非常に当事者のエネルギーをそぐものであることに違いなかった。

そして，このようなエネルギーの消耗を防ぎ自己保全的な機能をもつ〈帳消しにする〉という体験の綴りは，時間論的アプローチでいえば，不都合な現在に蓋をし，不本意な過去の因果を断ち切ることで，現在の安全性を保持し，自分を守り綴ることのできる緩衝地帯を作ると言い換えられるだろう。退院したらもう病気は治ったものとして過去の病気をなかったかのように綴ることは，過去に侵されない安全な現在という場を確保する意味があったのだ。それが〈あずける〉という体験の綴りとなると，逆になる。〈帳消しにする〉綴りは時間的つながりを断つが，〈あずける〉では，時間的つながりを保ったうえで未来・過去への一時棚上げ，限界設定という保留により緩衝地帯を確保するものであった。

〈添える〉という体験の綴りにある時間意識も，現在という日常の些細なエピソードの集積により，今，という確かな自己の姿が映し出される現在という時間意識の層を重ねる綴りと捉えなおすことができる。

メイヤロフ(1971)は，その時間論において，現在という過程を中心に据え，過去と未来が折り重なったこの現在が豊かに深まりをもつことこそが，「自分独自の能力を発揮すること」と述べていた。それは，ジャネ(1929)の時間的人格の統一における物語ること(narration)による現在化とまったく同義であり，ケアリングの目指す道のりであることがここに示された。

さらに，この現在化重視は，J.L.ハーマン(1992)が心的外傷の回復過程に

あげた「通常生活との再結合」からも，同様の時間感覚が存在することがうかがわれる。

　5名の縦断的narration分析の結果は，時間的継続性をもった安定性のあるat homeな自己の体験の綴り方がまさに現在化の綴りであることを示していた。もしくは一時的な安全感の保証のための時間操作として，時間的継続性をあえて断ったり，継続性を保持したうえで一時棚上げ，限界設定による保留という体験の綴りが機能することも確認できた。

　ここで，メイヤロフが「他者と関わることができるのは，現在においてのみ」であり「私たちがコントロールできるのは，現在においてだけである」といったことがよみがえってくる。

　ケアの担い手に求められることは，現在を中心に多層的に綴りなおすことに添うということ，通常生活へ織り込んでいく紡ぎ手としての当事者の仕事に添うということなのである。時間的文脈において，現在へと多層化したnarrationを綴る，その紡ぎ手を助力し機能するケアリングが，体験としての障害へアプローチする援助者には求められるのである。

　障害受容を唯一のゴールとしてリハビリテーションのプログラムを立てたり，ケアの担い手が決めた未来の目標から，今なすべきことを段階的におろしてリハビリテーションの実施計画を立て実施したりすることは，未来に従属した今を生きることを当事者に強要するだけで，現在を豊かに生き，自分独自の能力を発揮することを阻害してしまいかねない。

　では，ケアの受け手の潜在能力が発揮されることを助けるには，どのような時間論的アプローチを考えればいいのだろうか。

　とかくリハビリテーションの援助計画，精神科デイケアプログラムには，就労準備訓練から就労へとか，地域生活訓練から退院といったメニューが組まれる。それが効率よく系統立てて能力を伸ばし育てる手立てと，筆者も信じていた時期があった。しかし，5名の縦断的narration分析から導き出された結論は，その発想に大きな転換をもたらすものであった。

　青年期を生きる精神障害者が，時間的文脈のなかで現在の自己とのつながりをつけ，さまざまな綴り方を用いて綴りなおし続けていくということは，自己

存在の確かさ感(self-awareness)に安定をもたらす対処努力であり，それはより人とつながることを拓き，かつ自分自身をもケアする過程のなかで人生の生の意味を見出すことにつながっていたのである。

　いまだ手中におさめていないコントロールしきれない未来のために，ケアの受け手の現在をケアするのではなく，コントロール可能な現在においてケアすること，その最中をケアすること，そこから未来をつくっていくことが，能力を十分に発揮させる助力には重要なのである。具体的にいえば，就労準備訓練ではなく，労働過程のケアであり，病いを抱えて生き抜く人生の模索へのケアであり，生活支援の過程そのもののケアが重要であるということである。

　竹さんは「日常を生きる」と見事に表現した。桜さんは過去に囚われているとき，その裏に振り返る現在が確かにあるという事実を支えることの大切さを教えてくれている。桃さんはたわいもない日常のエピソードによって自らを象る静かな今という時の紡ぎ方を示した。杉さんは「今」を肩肘張らずに自分のものにしていく過程を綴っていた。そして松さんは健康な自分への信頼を積み上げて今を生きる姿勢を一貫して示してくれた。

　現在を生きる。これこそが，青年期を生きる精神障害者とともに人生を「幸せ」に「生き抜く」ことを可能にしてゆくケアリングの道のりなのである。

付録　分析手続きの手順と留意点

① narration(物語，ストーリー)を作成する。

　narrationとは，慢性疾患における軌跡モデルの実質的・実践的価値の検討を目的とした，ローンズレイ(1992)の研究を参考にしている。ローンズレイの研究はグラウンデッドセオリー法によって導き出されており，慢性精神疾患のケースにおける実践者の回顧を聴き取り，研究データとしている。この研究ではnarration(原文は，narrationsで，邦訳には叙述経過文という訳語が当たっている)を，「回顧的な方法をへて完成した，実在する患者の生きられた体験(Lived experience)」と位置づけている。

　本研究では，当事者である精神障害者のインタビューによって得られたデータが生データであり，調査協力者が発した言葉によって構成し(調査者の言葉は話の流れを補う程度)，当事者の病気と障害を抱えた人生の物語として作成したものがnarrationである。したがって，より「生きられた体験」に迫るものとなっている。

　また，narration(物語，ストーリー)とは，ジャネが「記憶の本質的現象は物語ること(narration)である」と述べる文脈において用いるnarration(物語，ストーリー)を意味するものであり，次のrécit(語り，話)を含むものとして考え，分析を行っている。

② récit(語り，話)に分ける。

　一つの話のまとまりで区切り，No.を振る。

　この際留意した点は，文脈を分断させないようにすることである。

　récitは研究データ分析シート(図6)の，「ナレーション」の列に挿入し，順番に振ったNo.は，図6の「ケース」の列に挿入した。

③ 個々のrécitに，あらかじめ設定した時期，場そして分野をわりあてる。

　時期は，[過去][現在][未来]に分け，わりあてた。

延べID	ケース	名前	時期:場	N分野	ナレーション	Nラベル	Nメモ	Nコード	自己コード	文法コード	文法メモ1
1	N9101	Qさん	発病前:学校	自己	高校生の頃、どこか、今から考えると自意識過剰だった。(以下省略)	高校生になって、自分が過剰に意識されるようになって、暗くなった	省略	自分がだんだん暗くなっていったのは高校からだった	自分あらざるものとの出会いにより自分がばらばらになる	おさまらない	省略

図6 研究データ分析シート(EXCEL にて作成)

　　場は，［医療］［学校］［暮らし］［家庭］［デイケア］［作業所］［障害者職業センター］［回復者サークル］に分けて，わりあてた。

　　分野は，［やまい］［自己］［他者］［社会］［日常］に分けて，わりあてた。

　　分析シートでは，時期と場を「時期：場」として同じセルで表し，時期，場，の順に挿入し記していった。分野は，「N分野」の列に記していった。

　　この作業において，同時に再度，récitの分割単位を再検討し修正を行った。

④　ラベルをつける。

　　分析シートの，「Nラベル」に相当する部分。データを読み込み，語りの内容，現象そのものが示される言葉をラベルとしてつける。récitで当事者の言葉としてよく使われた単語はそのまま用いるようにした。

　　ラベルをつけるにあたっては，必ず，その意味内容まで検討するため，メモを記入した(分析シートの「Nメモ」)。

⑤　コード名をつける。

　　個々につけられた「Nラベル」と，「Nメモ」，そして再度récitを読み込みながら，体験の意味内容を含むコードを「Nコード」として名づける作業を行った。「Nラベル」は，一つのrécitに一つの「Nラベル」が対応するものであったが，「Nコード」は，体験としての意味内容を同じくするいくつかの「Nラベル」の集まりであり，複数のrécitに1つの「Nコード」が対応している。「Nラベル」も「Nコード」もどちらもrécit内容を表す言葉であり起こったできごとが表されているものであるが，「Nコード」はより大枠で捉えたできごとを言葉に記したものである。

⑥　narration全体のストーリーを叙述する。

1回目のnarration，2回目のnarrationのストーリー，つまりは筋書きを，narration全体をとおして，さらに図6の「ナレーション」，「Nラベル」，「Nコード」，「Nメモ」とを再度読み込みながら，「narrationの軌跡」として叙述した(本論2.3.に記述)。

留意したのは，調査者である筆者の解釈が先走りせぬよう，常に，当事者のnarrationの流れに立ち戻って意味を理解するように努めた。

また，ここでは，専門用語に言い換えずに，当事者(調査協力者)が，病いと障害を抱えて生きる，生き抜く，そのさまをありのままに理解することを心がけた。

そして，その次に，1回目と2回目のnarrationの筋書きの変化を，「narrationの軌跡の変位分析」(本論2.3.5.に記述)としてまとめた。「軌跡」とは「筋書き」の意味で用い，「変位」とは「筋書きの変化」の意味を表す。この作業をとおして，5名の「narrationの軌跡の変位」の特徴を表すカテゴリ名を命名した。

⑦ 「自己コード」を名づけ，「文法コード」のアイディアを「文法メモ」に記す。

当事者の主観的体験の意味を自己の体験として読み解く目的において，「自己コード」とその文脈の綴り方の特徴について，メモ(分析シートでは「文法メモ」)をつけていき「文法コード」命名につながる筆者のアイディアを記していった。

当事者にとっての体験の意味にこだわり吟味し言葉をあてた。

⑧ 文法コードを名づける

⑦の作業の途中から，「文法コード」の列に，「綴り方カテゴリ」として，文脈の綴り方の特徴をカテゴリ名として名づけた。

⑨ 自己の成長と人生における体験の意味づけのプロセスを明らかにする。

体験と自己の対処との関係を明らかにし，体験の構造化の生成プロセスとして，「Nラベル」，「Nコード」，「自己コード」「綴り方カテゴリ」を用い，記述した(本論2.4.に記述)。

⑩ ⑧で名づけ⑨に用いながら比較分析した「綴り方カテゴリ」について，再

度データ間の比較分析を行い，カテゴリの概念内容を明らかにしていった（本論 2.5. に記述）。

引用文献

浅見順平(1996) 精神病棟の春 近代文芸社
浅野弘毅(1996) 第1部精神科デイケアの意義 精神科デイケアの実践的研究 岩崎学術出版社 1-24
Beers, Clifford Whittingham (1965) *A Mind That Found Itself*. The American Foundation for Mental Hygiene. (江畑敬介訳(1980) わが魂にあうまで 星和書店)
Chamberlin, Judi (1988) *On Our Own*. MIND. (中田智恵海監訳・大阪セルフヘルプ支援センター訳(1996) 精神病者自らの手で:今までの保健・医療・福祉に代わる試み 解放出版社)
江口重幸(2000) 病いの語りと人生の変容―「慢性分裂病」への臨床民族誌的アプローチ やまだようこ編著 人生を物語るⅡ ミネルヴァ書房 39-65
江口重幸(2001) 病いは物語である 精神療法 27(1) 30-37
江藤 淳(1971) 髪の花批評集 小林美代子著『髪の花』付録 講談社
Green, Hannah (1964) *I Never Promised You a Rose Garden*. Holt, Rinehart and Winston. (佐伯わか子・笠原嘉訳(1971) 分裂病の少女・デボラの世界 みすず書房)
蜂矢英彦(1981) 精神障害論試論 臨床精神医学 10 1653-1661
Herman, Judith Lewis (1992) *Trauma and Recovery*. Harper Collins Publishers. (中井久夫訳(1996) 心的外傷と回復 みすず書房)
日野原重明(1996) 推薦のことば シモーヌ・ローチ著 鈴木智之・操華子・森岡崇訳 アクト・オブ・ケアリング ゆみる出版 1-3
本田哲三・南雲直二・江端広樹・渡辺俊之(1994) 障害受容の概念をめぐって 綜合リハビリテーション 22(10) 819-823
星野文男・人村祐二・香野英勇(1998) 精神障害者にとって働くとは やどかり出版
星野文男・大村祐二・香野英勇・宗野政美(2000) 精神障害者がいきいきと働く やどかり出版
池淵恵美(2000) 今日の精神科治療2000 4,社会・生活療法 デイケア 臨床精神医学増刊号 301-305
池淵恵美・安西信雄(1995) 精神科デイケア治療論の今日的課題 精神医学 37(9) 908-919
伊勢田 堯(1999) 精神障害概念と障害受容論 精神障害者の自立と社会参加 創造出版 161-170
Jamison, Kay Redfield (1995) *An Unquiet Mind*. Alfred A. Knopf, Inc. (田中啓

子訳(1998) 躁うつ病を生きる 新曜社)

Janet, Pierre (1928) L'Évolution de la mémoire et de la notion du temps. 247. A. Chahine.

Janet, Pierre (1929) L'Évolution Psychologique de la Personnalité. (関計夫訳(1955) 人格の心理的発達 慶応通信)

Janet, Pierre (1984) L'Évolution Psychologique de la Personnalité. Édition Chahine, 8, Rue de L'odéon.

柏木 昭(2000) デイケアの現状と展望 デイケア実践研究4 3-11

柏木 昭・荒田 寛(2000) 精神科デイケアのパラダイム転換の展望 聖学院大学論叢 12(2) 65-81

葛西康子(1998) 地域に住む精神障害者とケアリング 寺内礼編著 心の時代を考える 第2部3節 サンワコーポレーション 209-233

葛西康子・古塚 孝(1999) 地域にすむ精神障害者の障害認識と対処努力—精神障害者の主観的体験に基づく分析 看護研究32(2) 143-152

河合隼雄(1983) 「ヒルベルという子がいた」を読んで感じたこと ピーター＝ヘルトリング著 上田真而子訳 ヒルベルという子がいた 136-163

Kleinman, Arther (1988) The Illness Narratives. Basic Books. (江口重幸・五木田 紳・上野豪志訳(1996) 病いの語り 誠信書房)

小林美代子(1971) 髪の花 講談社

小林美代子(1972) 繭となった女 講談社

香野英勇(1999) 僕のこころに聞いてみる—マイベストフレンド やどかり出版

Kuiper, Piet C. (1988) Ver Heen : Verslag Van Een Depressie. SDU Uitgeverij Koninginnegracht. (那須弘之訳(1997) うつ，その深き淵より 創元社)

松本昭夫(1981) 精神病棟の20年 新潮文庫

Mayeroff, Milton (1971) On Caring. Harper & Row. (田村真・向野宣之訳(1987) ケアの本質—生きることの意味 ゆみる出版)

Montgomery, Carol Leppanen (1993) The Practice of Caring. Healing Through Communication, Sage. (神郡博・濱畑章子訳(1995) ケアリングの理論と実践 医学書院 34-36)

森近美智恵・葛西康子他(2000) こころの恢復機能を持つ「場」としてのデイケア；精神科リハビリテーション・ケアの「場」へのコンサルテーションを考える 第8回日本精神障害者リハビリテーション学会北海道大会抄録集 65

村田信男(1981) 「分裂病のリハビリテーション過程」について—自己価値の再編を中心に 藤縄昭編 分裂病の精神病理10 東京大学出版会 251-281

村田信男(1982) 続「分裂病のリハビリテーション過程」について—障害相互受容のプロセスを中心に 吉松和哉編 分裂病の精神病理11 東京大学出版会 275-302

村田信男(1989) 障害論に基づくリハビリテーション論 蜂矢英彦・村田信男編 精神障害者の地域リハビリテーション 第3章 医学書院 35-57

南雲直二(1994) 脊髄損傷患者の障害受容—stage theory再考 綜合リハビリテーション 22(10) 832-836
南雲直二(1998) 障害受容 荘道社
南雲直二(1999) リハビリテーション医療期における外傷性脊髄損傷患者のうつ状態 総合リハビリテーション 27(8) 763-768
南雲直二(2000) 在宅脊髄損傷者における軽症慢性うつ状態とその関連要因の検討 心理学研究 71(3) 205-210
中井久夫(1974) 精神分裂病状態からの寛解過程 宮本忠雄編 分裂病の精神病理(2) 東京大学出版会 173-217
西園昌久(1988) 慢性分裂病の治療への挑戦 精神科治療学 3(5) 775-780
西園昌久(2000) 精神科デイ・ケアがつくりだす精神医学 精神科デイ・ケアふくおか別冊号;シンポジウム編 3-10
西園昌久(2001) 精神分裂病治療におけるデイケアの位置づけ 臨床精神医学 30(2) 135-140
野田文隆(2000) デイケアのいくつかのモデルとその適用 精神科デイ・ケア研究ふくおか 18 35-45
大江健三郎・上田 敏(1990) 人間共通の課題としての「障害の受容」 大江健三郎・正村公宏・川島みどり・上田敏著 自立と共生を語る 三輪書店 42-84
Peabody, Francis W. (1927) The Care of the Patient. The Journal of the American Medical Association, 88, 877-882.
Rawnsley, M. M. (1992) Chronic Mental illness; Timeless trajectory. Pierre Woog (ed). The Chronic illness Trajectory framework; The Corbin and Strauss Nursing Model. New York, Springer, 59-72.
Roach, M. Simone (1992) The Human Act of Caring. Canadian Hospital Association Press. (鈴木智之・操華子・森岡崇訳(1996) アクト・オブ・ケアリング ゆみる出版 19-46)
佐治正昭(1996) 精神病棟からの・への訴状—わたしの闘病記 近代文芸社
坂本智代枝(2000) 新しい組織としての生長を求められた6年間のあゆみ やどかりの里30周年記念出版編集委員会編 職員主導から共に創り合うやどかりの里への転換 やどかり出版 16-32
Schwing, Gertrud (1940) Ein Weg Zur Seele Des Geisteskranken. Racchor Vorlag. (小川信男・船渡川佐和子訳 精神病者の魂への道 みすず書房)
Sechehaye, M.-A. (1950) Journal D'une Schizophrene. Universitaire de France. (村上仁・平野恵訳(1960) 分裂病の少女の手記 みすず書房)
「精神障害者の主張」編集委員会編(1994) 精神障害者の主張;世界会議の場から 解放出版社
瀬谷 健(1991) 精神病棟閉ざされた200日 恒友出版
Shorter, Edward (1997) A History of Psychiatry; From the Era of the Asylum

to the Age of Prozac. John Wiley & Sons.（木村定訳(1999)　精神医学の歴史；隔離の時代から薬物治療の時代まで　青土社　184-387)
操　華子(1996)　解説—米国におけるケアリング理論の探求　シモーヌ・ローチ著　鈴木智之・操華子・森岡崇訳　アクト・オブ・ケアリング　ゆみる出版　206-224
菅原和子・菅原　進(1999)　過去があるから今がある 今があるから未来がある・1—2 人の旅人がやどかりの里にたどり着くまでの軌跡　やどかり出版
高畑　隆・辻井和男(1997)　精神科デイケアの構造化について　東京都衛生局学会誌：職員業務研究発表報告　97 号　180-181
田中美恵子(2000a)　ある精神障害者・当事者にとっての病いの意味；地域生活を送るNさんのライフヒストリーとその解釈　看護研究　33(1)　37-59
田中美恵子(2000b)　ある精神障害・当事者にとっての病いの意味—S さんのライフヒストリーとその解釈：スティグマからの自己奪還と語り　聖路加看護学会誌　4(1)　1-8
上田　敏(1983)　障害をどう捉えるか　リハビリテーションを考える—障害者の全人間的復権　第 1 章　青木書店
上田　敏(1998)　目で見るリハビリテーション医学　第 2 版　東京大学出版会
上田　敏(2001)　リハビリテーションの理念　リハビリテーションの思想—人間復権の医療を求めて　第 1 章　医学書院
上田　敏(2002)　国際障害分類初版(ICIDH)から国際生活機能分類(ICF)へ—改定の経過・趣旨・内容・特徴　ノーマライゼーション 6 月号　9-14
鷲田清一(1999)　聴くことの力　TBS ブリタニカ
WHO 発行・WHO 国際障害分類日本協力センター訳(2000)　ICIDH-2：生活機能と障害の国際分類　ベータ 2 案　WHO 国際障害分類日本協力センター発行
Williams, Brian & Healy, David (2001) Perceptions of illness causation among new referrals to a community mental health team: "explanatory model" or "exploratory map"? Social Science & Medicine, 53, 465-476.
谷中輝雄編集(1997)　地域で生きる；精神障害者の生活と意見　やどかり出版
横山　薫(2001)　精神障害者同士の結婚にいたるプロセスから看護支援のあり方を検討する　響きあう街で　16　59-78
吉村栄一・金沢都代子・小島三保子・尾崎　新・三宅由子(1995)　若年精神障害者に対するデイケアの治療的課題—東京都立中部総合精神保健センター・デイケアの調査から　病院・地域精神医学　37(2)　110-115
全国精神障害者団体連合会準備会・全国精神障害者家族会連合会編(1993)　こころの病い：私達 100 人の体験　中央法規

おわりに

　本書において自慢できるものが一つだけあります。
　それはインタビューに応じてくださった方々の言葉です。彼ら彼女らが綴った言葉はみな珠玉の宝物です。インタビューに協力してくださった方々には，本当に感謝の念でいっぱいです。学位論文から本書をまとめなおすにあたり，再度，調査協力者の方々へ掲載の承諾を得るためのお手紙を差し上げたときにも，暖かい言葉をかけていただきました。改めて敬意を表したいと思います。

　出版を目前に控え，ただ一つの気がかりがあります。
　それは，調査協力者の方々に対して不利益があっては絶対にならないということです。
　調査協力いただいた方々の個人情報に関わる部分や調査時期などは，すべて明確に示さず改変を加えたりし，調査協力者のプライバシー保護には細心の注意を払いましたが，なお活字になり世に出ることで，予測しえない事態が起こりはしないかと不安になります。
　本書は，インタビューを主に構成されており，単著というよりは編著に近いものであります。編著と示すべきではないかとも思っています。しかし，著作内容に関する責任はすべて私にあります。narrationの読みは別の視点から理解することも可能でしょうし，私はそこからまた，新たな対話と議論が展開してゆくことを期待しております。本書に関わるご意見ご批判などは，忌憚なく，すべて私に向けてお寄せいただきますよう，よろしくお願いいたします。
　インタビューを始めてからもうかなりの年月が経っており，調査協力いただいた方々の状況も変化し，また新たな綴りが展開しているはずです。彼ら彼女らの日々の暮しに波風を立てるようなことだけはあってはならないのです。
　ぐすぐすとこうした気がかりを抱えつつも，なぜ出版を思い立ったか。

それは，幾度となく述べたことでもありますが，もっともっとケアの担い手とされる専門家は，彼ら彼女らを知ることが必要であると考えているからです。

　本書には，あえてデータ収集の場と時期は明記いたしませんでした。それは研究協力者のプライバシー保護の観点から判断したことです。しかしながら，研究協力者の方々が利用する医療機関，地域の精神保健福祉関連の社会資源に関わるスタッフ・利用者の皆様，そしてご家族の日々の関わりへの信頼と敬意なくして本研究を進めることはできませんでした。明記せぬままの無礼をここでお詫びいたします。

　私の臨床実践における原点は，デイケアで出会ったあるメンバーの一言から始まります。
　まだ，精神障害者が利用できる地域の社会資源などほとんどない時代，30年の入院生活を経たのち彼は退院しました。歯を食いしばって単身生活を実現させ1年経ったとき，彼は私に呟きました。「僕は必死にこの1年やってきた。だけど病院の職員は僕をいまだに患者扱いする。僕はそれが一番悔しい」。彼のこの言葉は17年経った今でもいまだに私の心のなかに響いてきます。彼の願いに応えられる人間になりえているか，しっかりと心地よい環境となりえているか，日々，自らに問いただし臨床に身をおいています。
　彼ら彼女らが，穏やかな日々を過ごせるよう，あたりまえに幸せに暮らせる日々が訪れるよう，祈らずにはいられません。
　それが私の幸せな暮らしの日々でもあるのです。

　本書は2002年度に北海道大学に提出した博士論文に加筆修正したものです。刊行は，独立行政法人日本学術振興会平成17年度科学研究費補助金（研究成果公開促進費）の交付を受けて実現しました。

　私はケアの担い手として，精神科臨床に17年携わって参りました。しかしながら研究者としてはまだまだひよっこのままです。いたらぬ私に今までご指

導くださり，つきあってくださった大学の先生方には本当にご苦労をおかけいたしました。また，刊行にあたり，適切なアドバイスを下さった諸先生方，歯切れよくそれを伝えて下さった北海道大学図書刊行会，前田次郎さん，編集の任にあたりずぼらな私の性格そのものの原稿に丁寧に目をとおしてくださった今中智佳子さんにも大変お世話になりました。この場をかりてお礼申し上げます。

　そして最後にもう一度，研究協力いただいた皆様へ，そして今までおつきあいいただいたすべての皆様に感謝申し上げます。

〈著者紹介〉

葛西康子（かさい　やすこ）
　1961年東京都に生まれる
　現在，北海道大学大学院教育学研究科助手
　看護師，臨床心理士

青年期を生きる精神障害者へのケアリング
──縦断的narration分析をとおして
2006年2月28日　第1刷発行

著　者　　葛　西　康　子

発行者　　佐　伯　　　浩

発行所　　北海道大学出版会
札幌市北区北9条西8丁目北海道大学構内（〒 060-0809）
Tel. 011(747)2308・Fax. 011(736)8605・http://www.hup.gr.jp

岩橋印刷／石田製本　　　　　　　　　　　Ⓒ 2006　葛西康子
ISBN4-8329-6551-4

脳障害者の心理療法 －病識回復の試み－	小山　充道　著	A5・262頁 定価4500円
日本における 　　作業療法教育の歴史	鈴木　明子　著	A5・320頁 定価4000円
東北アジア諸民族の文化動態	煎本　孝　編著	A5・580頁 定価9500円
Tai-jin Kyofu or 　　Delusional Social Phobia	山下　格　著	A5・160頁 定価4500円
Periodic Psychosis 　　of Adolescence	山下　格　著	A5・200頁 定価5000円
Circumpolar Animism 　　and Shamanism	山田　孝子 煎本　孝　編著	B5・348頁 定価18000円

〈定価は消費税を含まず〉

―――― 北海道大学出版会 ――――